AF177928

GOLDMANN
Lesen erleben

Buch

Über zwei Millionen Menschen werden in Deutschland Tag für Tag gemobbt. Kinder, Jugendliche und Erwachsene sind gleichermaßen betroffen. Niemand kann sich davor schützen. Und niemand wird davor beschützt. Was ist los mit unserer Gesellschaft, in der jeder jederzeit der Nächste sein kann? Und warum wehren wir uns nicht und lassen uns so viel gefallen?

Dr. Holger Wyrwa, seit 20 Jahren in der Mobbingtherapie und -beratung tätig, zeigt auf, dass wir nur in der Lage sind, uns angemessen gegen Ungerechtigkeiten aller Art zur Wehr zu setzen, wenn wir die zugrunde liegenden Mechanismen verstehen. Darüber hinaus erläutert er konkrete Strategien, die Betroffenen helfen, Blockaden im Kopf zu lösen und sich selbst zu verteidigen. Damit es endlich heißt: Mobbing – nicht mit uns!

Autor

Dr. Holger Wyrwa ist promovierter Erziehungswissenschaftler, Vertragspsychotherapeut, Supervisor, Coach sowie Leiter des Instituts für berufliche Fort- und Weiterbildung (IBF). Seine Tätigkeitsbereiche sind unter anderem Coaching, Persönlichkeitsentwicklung, Mitarbeiterführung und Mobbingberatung. Der Autor wurde selbst eineinhalb Jahre lang gemobbt und hat sich erfolgreich dagegen zur Wehr gesetzt.

Außerdem von Holger Wyrwa im Programm
Mobbt die Mobber!

Dr. Holger Wyrwa

Mobbing –
nicht mit mir!

Warum es jeden treffen kann
Wie man sich wehrt

Mit Cybermobbing

GOLDMANN

Verlagsgruppe Random House FSC® N001967

 Dieses Buch ist auch als E-Book erhältlich.

1. Auflage
Originalausgabe Januar 2017
Wilhelm Goldmann Verlag, München,
in der Verlagsgruppe Random House GmbH
Copyright © 2017 der Originalausgabe
Wilhelm Goldmann Verlag, München,
in der Verlagsgruppe Random House GmbH,
Neumarkter Str. 28, 81673 München
Umschlaggestaltung: Uno Werbeagentur, München
Satz: Uhl + Massopust, Aalen
Druck und Bindung: GGP Media GmbH, Pößneck
KW · Herstellung: CB
Printed in Germany
ISBN 978-3-442-17620-5
www.goldmann-verlag.de

Besuchen Sie den Goldmann Verlag im Netz.

Inhalt

All denen gewidmet,
die von Mobbing betroffen sind.

In einer Gesellschaft, in welcher der Mensch wenig zählt, in der das Recht des Stärkeren immer weiter um sich greift, wird der Terror gegen die Psyche zwar moralisch verurteilt, aber dennoch stillschweigend geduldet. Diese Widersprüchlichkeit erzeugt ein Klima massiver Verunsicherung und bringt wieder einmal das Schlimmste im Menschen zum Vorschein: sich selbst aufzuwerten, indem andere erniedrigt, abgewertet und ausgegrenzt werden.

Einleitung

In einer Gesellschaft, in der über zwei Millionen Menschen – Kinder, Jugendliche, Erwachsene – massivstem Psychoterror ausgesetzt sind, läuft etwas grundlegend falsch.

Tagtäglich werden sie rücksichtslos und systematisch von ihren Mitmenschen ausgegrenzt. Ihre psychische und physische Gesundheit wird zerstört. Die Folgen sind katastrophal: Angststörungen, Depressionen, posttraumatische Belastungsstörungen, psychosomatische Erkrankungen. Manchmal bis hin zum Suizid. Geschätzte Zahl für Deutschland: 3000 Tote pro Jahr.

Jederzeit kann es jeden treffen. Niemand kann sich vor Mobbing schützen. Zu vielschichtig und miteinander verwoben sind die Faktoren, die das Mobbing – sei es nun am Arbeitsplatz oder in der Schule – auslösen können: Es reicht aus, attraktiv oder unattraktiv zu sein, intelligent oder weniger intelligent, kompetent oder inkompetent, beliebt oder unbeliebt, erfolgreich oder erfolglos, alt oder jung und, und, und ...

Für eine Gesellschaft, die sich als zivilisiert und human bezeichnet, die großen Wert auf ihre sozialen Errungenschaften legt, ist Mobbing ein Phänomen, das diesem Anspruch zutiefst entgegensteht. Obwohl der Terror gegen die

Psyche mittlerweile von der Öffentlichkeit nicht mehr vollständig ignoriert und bagatellisiert werden kann, wird er nur allzu oft noch an den Rand unseres Bewusstseins gedrängt.

Man stelle sich vor, dass in Deutschland Tag für Tag zwei Millionen Menschen auf offener Straße verprügelt werden würden. Ein nicht zu überhörender Aufschrei ginge durch die Republik. Doch beim Mobbing hört man diese Schreie nicht.

Das Problem beim Mobbing ist, dass die davon Betroffenen nicht öffentlich bedroht werden, sondern die Vorfälle hinter den geschlossenen Türen von Schulen und Unternehmen stattfinden.

Der Psychoterror ist kriminell. Er ist reinste Gewalt – und findet dennoch in einem rechtsfreien Raum statt, da Mobbing in Deutschland – im Gegensatz zu anderen Ländern – keinen Straftatbestand darstellt.

Zwei Millionen Betroffene stehen wenigstens zwei Millionen Tätern und Täterinnen gegenüber. Berücksichtigt man, dass fast jeder Mobber Verbündete hat – vor allem im schulischen Umfeld –, kann man wohl mindestens weitere zwei Millionen Menschen den Tätern zuordnen.

Mindestens sechs Millionen Menschen, Täter, Mittäter und Betroffene, sind somit am Mobbing beteiligt.

Hinzuzurechnen wären auch die indirekt Betroffenen – die Partner, die Eltern der Gemobbten –, die nicht vergessen werden sollten. Und aus sechs Millionen Menschen werden so acht Millionen oder mehr.

Würde man auch die indirekt Beteiligten noch hinzurechnen – die Wegseher, ohne die das Mobbing in keiner Gesellschaft existieren könnte –, kämen weitere Millionen hinzu.

Betrachtet man diese Zahlen, nährt sich der Verdacht, es hier mit einem kriegsähnlichen Zustand innerhalb einer Gesellschaft zu tun zu haben. Doch es ist kein Krieg, der mit konventionellen Waffen ausgetragen wird. Die Mobber nutzen nicht ihre Fäuste, auch keine Schuss- und Stichwaffen. Sie benutzen eine viel effektivere Waffe, um Menschen bewusst und nachhaltig zu schädigen, sie zu zerstören und sie damit letztlich ihrer Menschlichkeit zu berauben: die Lüge. Über Zehntausende von Jahren erfolgreich genutzt und immer weiter perfektioniert.

Die Lüge ist ein gängiges Mittel, um ohne Rücksicht auf Einzelne oder die Gemeinschaft eigene Interessen skrupellos durchsetzen zu können. Die Lüge ist die Waffe der Moderne. Sie verschleiert. Sie maskiert. Sie verdunkelt die Wahrheit. In einem verhängnisvollen Mix aus Halbwahrheiten, Gegenbehauptungen, Verkomplizierungen steht man ihr hilflos gegenüber. Denn die systematisch eingesetzte Lüge löst einen Prozess der Invisibilität – der Unsichtbarkeit – aus. Alles, was gesagt und getan wird, kann direkt wieder geleugnet werden.

Die Lüge in diesem Zusammenhang als ein Instrument des Krieges zu sehen fällt vielen zunächst schwer. Zu sehr sind wir noch in dem Gedanken gefangen, dass bei einem Krieg Schüsse fallen und jede Menge Blut fließt. Ein verhängnisvoller Trugschluss. Denn psychische Gewalt steht körperlicher Gewalt in nichts nach. Jede Zeit hat ihre spezielle

Form von Gewalt. Häufig erkennt man ihre Unrechtmäßigkeit jedoch erst dann, wenn sie schon viele Opfer gekostet hat.

In diesem modernen Krieg, in dem die Lüge in all ihren Formen als Taktik und auch als Strategie eingesetzt wird, um Menschen bewusst und gezielt auszugrenzen, muss man noch nicht einmal selbst von Mobbing betroffen sein.

Denn wir stoßen beim Psychoterror zum einen auf die nur scheinbar verborgene Gewalt- und Zerstörungsbereitschaft von Menschen, zum anderen auf ein gesellschaftliches Phänomen: die unter einer dünnen Schicht Humanität verborgene Bereitschaft, Menschen auszugrenzen, um als Gesellschaft bestehen zu können.

Der Terror gegen die Psyche ist somit nur eine Facette von vielen im pathologischen Zwangsverhalten einer Gesellschaft, die Menschen unentwegt in Sieger und Verlierer einteilen muss. Arme, Kranke, Schwache, Arbeitslose, Alte, Migranten werden oft systematisch ausgegrenzt. Sie werden benachteiligt, geschädigt, entmenschlicht. Ihre Ausgrenzung ist keine offensichtliche, sondern durch eine vermeintliche Zugehörigkeit zur Gesellschaft getarnt.

Das betrifft zahlreiche Menschen: Kranke, die aus Kostengründen aus ihrer Krankenkasse vertrieben werden; Versicherte, die keine Unterstützung erhalten, wenn der Ernstfall eingetreten ist, obwohl es ihnen in Verträgen zugesichert wurde; Alte, die als überflüssig betrachtet werden und in Altenheimen unter teils menschenunwürdigen Verhältnissen vor sich hin vegetieren; Verarmte und Arbeitslose, die das Stigma des Schmarotzers tragen, obwohl sie nichts lieber tun würden, als zu arbeiten; von Mobbing Betroffene natürlich, die ihrer beruflichen, finanziellen und menschlichen Existenz beraubt werden; auf die Ehrlichkeit von Bankern Vertrauende, die um ihre Altersvorsorge betrogen werden; aber auch von Ausgrenzung Bedrohte, die von ihren Arbeitgebern ausgebeutet werden. Allen ist gemeinsam: Ein Mensch wird zum Objekt gemacht, das beliebig hin und her geschoben wird wie eine Schachfigur. Denn Ausgrenzung heißt auch immer: dem Menschen seine Menschlichkeit zu nehmen, ihn zu verdinglichen, ihn seiner Verwirklichungsmöglichkeiten zu berauben und ihn darüber an den Rand der Gesellschaft zu katapultieren.

Doch was sind die Gründe dafür, dass jederzeit jeder Mensch in unserer Gesellschaft den kleinen Tod des Lebens – den Tod der Ausgrenzung – sterben kann? Es ist nicht nur der einzelne »böse« Mensch oder eine Gruppe von »bösen« Menschen, die andere um ihrer Vorteile willen systematisch ausgrenzen. Es ist nicht nur die Gesellschaft, dieses abstrakte Gebilde, das von der Ausgrenzung von Menschen profitiert.

Es ist ebenso die grundlegende Funktion unseres Gehirns: Wir müssen Ordnungen herstellen, eine Tatsache, die unser Denken, Fühlen und Handeln massiv beeinflusst und den Nährboden für Mobbing mit bereitet.

All die Zusammenhänge werden in diesem Buch exemplarisch verdeutlicht am Beispiel des Mobbings. Denn dabei zeigt sich die Ausgrenzung sehr deutlich. Ein Phänomen, das nicht so neu ist: Ein Blick in die Geschichte der Menschheit zeigt, dass Ausgrenzung in ihren verschiedenen Formen immer ein Bestandteil des menschlichen Denkens und Handelns und somit einer jeden Gesellschaft war.

In der jüngeren Geschichte etwa zeigte sich der Hang des Menschen zur Ausgrenzung anderer am verheerenden Beispiel des Nationalsozialismus und des Stalinismus, wo Millionen Menschen aufgrund ihrer Andersartigkeit oder ihrer Inkompatibilität mit dem politischen System systematisch getötet wurden.

Aber nicht nur, dass das Mobbing als neue Form der Ausgrenzung in unserer Gesellschaft aus der Mitte der Gesellschaft heraus geboren wurde und sich wie eine Seuche ausbreitet, ist katastrophal. Ebenso brisant ist der Umstand, dass wir uns gegen sie kaum zur Wehr setzen, wenn wir von ihr betroffen sind. Dass wir anscheinend verlernt haben, unser Schicksal in die eigenen Hände zu nehmen, wenn die angeblichen Mechanismen des Staates zum Schutz seiner Bürger versagen. Wenn niemand mehr bereit und fähig ist zu helfen. Die Verursacher von Ausgrenzung halten sich in dieser Situation für unangreifbar. Solange sie sich im – häufig weitgesteckten – Rahmen gültiger Gesetze bewegen, können sie mittels Lüge ungestraft ihre Spiele mit Menschen spielen. Sie haben sich daran gewöhnt, dass nur sie die Sieger sein können, ganz gleich, was sie tun.

Erst wenn wir bereit sind, uns mit allen denkbaren und zur Verfügung stehenden Mitteln – auch unkonventionellen – zur Wehr zu setzen, haben wir überhaupt eine Chance, aus der Opferrolle herauszutreten.

Es ist ein verhängnisvoller Irrtum unserer Zeit zu glauben, dass jedes Problem mit etwas gutem Willen lösbar sei. Dennoch geht es in diesem Buch nicht um ein simples Auge-um-Auge-, Zahn-um-Zahn-Prinzip. Wer sich mit Ungeheuern einlässt – so einst der Philosoph Friedrich Nietzsche –, muss zusehen, dass er nicht selbst dabei zum Ungeheuer wird. Aus diesem Grund ist eine Ethik der Selbst-Verteidigung gegen Mobber unerlässlich, wenn es darum geht, sich wirkungsvoll zu verteidigen.

Doch weshalb fällt es uns so schwer zu begreifen, dass wir unser Recht auf Gerechtigkeit auch gegen massiven Druck durchsetzen müssen? Dass wir angesichts eines gesellschaftlichen Systems, das immer weniger Wert auf Menschlichkeit legt und in dem der Einzelne wenig zählt, dabei sind, unser Erbe der Humanität zu verspielen? Sind wir zu einer Gesellschaft von Schafen geworden, die sich von Wölfen – viele davon in Schafspelze gehüllt – fressen lassen?

Das ist die eigentliche Katastrophe des 21. Jahrhunderts: dass wir zu wehrlosen Marionetten geworden sind, die sich widerstandslos zur Schlachtbank führen lassen.

Auf diese Weise geht jede Demokratie zugrunde.

Dem »Wie soll ich mich wehren« sind in diesem Buch vor allem – wenn auch nicht nur – die Voraussetzungen für dieses »Wie« vorgeschaltet. Es ist ein Sachbuch, das durch einen Ratgeberanteil ergänzt wird. Denn ohne die Lösung der uns anerzogenen Blockaden in unseren Köpfen sind und bleiben wir hilflos. Erst durch das Überwinden dieser Blockaden kann es uns gelingen, uns angemessen, druckvoll und ohne falsches Mitleid gegen die Zerstörung unserer Psyche und gegen erlittenes Unrecht zur Wehr zu setzen.

In diesem Buch geht es deshalb darum herauszustellen,

dass wir in einer Gesellschaft leben, die sich hinsichtlich der Ausgrenzung nicht grundlegend von den Gesellschaften der Vergangenheit unterscheidet. Nur die Art, wie es geschieht, hat sich verändert, und bedauerlicherweise ist unser Blick für ebendiesen Wandel noch nicht ausreichend geschärft.

Erst wenn wir diesen Blick verändern, können wir dem Verfall von Menschlichkeit effektiven Widerstand entgegensetzen: mit ausgefallenen Ideen, Einfallsreichtum, der nötigen Entschlossenheit und im Zusammenschluss von Menschen, die sich gegenseitig unterstützen. Denn die Gesellschaft als abstraktes System wird es nicht tun. Zu sehr hat sie sich bereits von ihrer Basis – den Menschen – entfernt, als dass sie dazu noch in der Lage und Verfassung wäre. So braucht sie dringend Impulse von ebendieser Basis, um ihren einmal eingeschlagenen Weg korrigieren zu können.

Während im ersten Teil des Buches das Massenphänomen Mobbing vorgestellt wird, geht es im zweiten Teil darum zu verdeutlichen, dass jedes Kind, jeder Jugendliche, jeder Erwachsene ein Opfer von Mobbing werden kann.

Im dritten Teil wird herausgestellt, was die Motive der Mobber sind und dass diese letztlich alle darin gipfeln, Menschen zu erniedrigen, auszugrenzen und psychisch zu zerstören. Hier ergibt sich – zwar nicht inhaltlich, aber strukturell –, wie noch zu zeigen sein wird, eine Parallele zum Ausgrenzungswahn des Dritten Reiches.

Im vierten Teil des Buches werden die gesellschaftlichen Grundlagen des Mobbings durchleuchtet und als Nährboden für jede Form von Ausgrenzung betrachtet.

Der letzte Teil des Buches ist der Kunst der subtilen Gegenwehr vorbehalten. Ziel ist aufzuzeigen, wie sich Betroffene mittels eines Notwehr-Mobbings auch zur Wehr setzen können, wenn alle bisherigen konventionellen Möglichkeiten gescheitert sind.

Teil 1

Die Anatomie des Mobbings

»Was niemand sieht!« –
Ein Tagebuchauszug

Montag, 6.30 Uhr

Die ganze Nacht schlecht geschlafen. Immer wieder hochgeschreckt. Wieder mehrere Albträume, wie jede Nacht. Kann mich nicht an alle erinnern. Meine Frau schläft im Kinderzimmer. Seit drei Wochen. War meine Idee. Sie denkt, bald dreht er durch. Hat nicht ganz unrecht. Nicht mehr lange. Alles nur noch eine Frage der Zeit.

Sie hat Angst. Um mich. Wenigstens eine. Immerhin. Sie darf mich nicht verlassen.

Heute ist Personalgespräch. Die werden mich fertigmachen. Der Betriebsrat ist feige. Keine Hilfe von dieser Seite zu erwarten. Der Chef und Uli duzen sich.

Ich will aufstehen.

Die Decke ist schwer wie Blei.

Liegen bleiben. Weiterschlafen. Für immer. Das wäre schön. Ich muss aufstehen.

Ich muss.

Natürlich stehe ich auf. Ich tue es immer.

Bleibe ich liegen, ist es aus.

Montag, 7.55 Uhr

Sitze im Wagen. Es ist kalt. Keine Standheizung. Bloß keine Minute zu früh zur Arbeit. Der Zeiger der Uhr. Er macht mich nervös. Er bewegt sich zu schnell. Ich sehe Jan. Er geht auf die Stechuhr zu. Langsam. Ein bisschen Morgenmüdigkeit vielleicht. Aber ausgeschlafen. Ich beneide ihn. Er versteht mich. Sagt er. Glaube ich aber nicht mehr. Helfen wird er nicht. Hat Angst um seinen Job. Kann es verstehen. Hätte ich wohl auch. Vielleicht ist er der Nächste.

Die Uhr zeigt 8.01 Uhr. Eine Minute zu spät zur Arbeit. Bis zur Stechuhr weitere zwei Minuten. Insgesamt drei Minuten. Drehen mir bestimmt einen Strick daraus. Unpünktlichkeit. Jede Kleinigkeit wird vermerkt. Ist mir egal. Ich will da nicht rein. Ich will da nicht rein.

Aber ich muss da rein.

Ich öffne die Wagentür.

Montag, 8.10 Uhr

Der Flur ist leer. Seit dem neuen Chef. Keine Tür-und-Angel-Gespräche mehr. Jeder macht nur noch seine Arbeit. Ich sehe mich um. Kein Chef in Sicht. Manchmal steht er vor meiner Bürotür. Wartet auf mich. Oder seine Sekretärin.

Ich halte die Anspannung kaum aus. Wie ein unendlicher Fluss von Strom rast sie durch meinen Körper.

Die Angst frisst mich an.

Ich beeile mich. Schnell in mein Büro. Tür zu. Aufatmen. Nur kurz.

Ich stehe unter Quarantäne. Niemand redet mit mir. Alle wissen: Ich stehe auf der Abschussliste. Zu alt. Zu ineffektiv.

Leistungshöhepunkt überschritten. Ich bin 45. Was für ein Witz.

Meine Hände zittern. Ich lache. Leise.

Keiner sieht die Verzweiflung. Sie tobt in mir. Keiner will sie sehen.

Montag, 10.00 Uhr

Kein Personalgespräch. Abgesagt. In letzter Minute. Frau Beier teilt es mir mit. Süffisant. Die Götterbotin des Chefs. Teilhaberin der Macht.

Das dritte Mal in diesem Monat. Fühle mich wie vor einem Exekutionskommando. Alle legen auf mich an. Drücken ab. Platzpatronen. Ab zurück in die Zelle. Auf ein nächstes Mal.

Will meine Frau anrufen. Ihr alles erzählen. Ich weiß, sie kann es nicht mehr hören. Ich tue es nicht. Ich verstehe sie.

Versuche, zu arbeiten. Werde mit Arbeit überhäuft. Schaffe das nicht. Die wissen das ganz genau. Wieder ein Grund mehr, mich auszumustern.

Ich schreie. Ganz laut: in mir. Ununterbrochen. Ich kann mich hören.

Schritte auf dem Gang. Ich lausche. Ich kenne diesen Schritt. Er ist es.

Er bleibt stehen.

Hoffnung, dass er abbiegt. Rechts in sein Büro. Tut er nicht. Schritte in meine Richtung. Es ist klar. Er will zu mir. Er will immer zu mir. In wenigen Sekunden klopft er an meine Tür.

Mein Herz schlägt wie verrückt.

Ich setze eine gelassene Miene auf. Ich schreie immer noch.

Er steht vor meiner Tür.

Seine Füße scharren wie ein brünstiges Pferd.

Ich sehe sein Gesicht: grinsende Fettvisage.

Er weiß, dass ich ihn höre.

Er kostet es aus.

Seine Hand hebt sich, ballt sich zur Faust, nähert sich der Tür.

Wenn es dich gibt, Gott: Lass es ihn sich anders überlegen.

Analyse eines Massenphänomens – Eine Erfolgsgeschichte

Vom Ende der Solidarität – Die Faktenlage

> Seelische Gewalt ist, ganz gleich für welche Definition man
> sich entscheidet, eine Gewalt der kleinen Treffer. Man sieht
> sie nicht, und dennoch wirken sie ungemein zerstörerisch.
> Jeder Angriff, für sich betrachtet, ist eigentlich nicht
> schlimm – was die Gewalt ausmacht, ist die Häufung
> der winzigen Traumata.
> Marie-France Hirigoyen, Mobbing

Schon immer in der ereignisreichen, von Gewalt durchzogenen Geschichte der Menschheit gab es eine Form der Gewalt, die eher ein Schattendasein führte. Die zwar nicht sichtbar, aber äußerst zerstörerisch ist. Eine, die einem »elitären« Kreis von Menschen vorbehalten war: Heerführern, Monarchen, Adeligen, Kirchenfürsten, reichen Kaufleuten und Politikern unterschiedlichster Couleur. Diese Form von Gewalt war einer breiten Masse nicht bekannt, weil sie sich auf einer äußerst subtilen Ebene abspielte. Ihre Wirkungsweise hingegen stand der weitverbreiteten physischen Gewalt in nichts nach. Es wurde nur nicht mittels Waffen getötet, sondern mittels mehr oder weniger ausgeklügelter

Pläne, die alle nur ein einziges Ziel hatten: Menschen so zu täuschen, zu verwirren und unter Druck zu setzen, dass sie früher oder später nicht mehr dazu in der Lage waren, ihren eigenen Interessen zu folgen oder sie überhaupt noch zu erkennen. Sie systematisch zu demoralisieren, sie in Fallen zu locken, aus denen es kein Entkommen mehr gab.

Ein Beispiel dafür waren die »médisance« (üble Nachrede, Verleumdung), die höfischen Kleinkriege, die Adelige, insbesondere am Hof des französischen Königs Ludwig XV., anwandten, um mit heimtückischen Bosheiten ihre Gegner zu zerstören.[1] Ein anderes Beispiel ist die psychologische Kriegsführung, die von den Zeiten Trojas bis heute eingesetzt wird, um Menschen Dinge vorzugaukeln, die nicht der Wahrheit entsprechen.[2]

Diese invisiblen – unsichtbaren – Methoden psychischer Gewalt, deren Urform die Intrige ist, haben nichts an Aktualität eingebüßt. Was sich hingegen verändert hat, ist die enorme Ausweitung ihres Aktionsradius. Denn heute sind es nicht ausschließlich die sogenannten Eliten, die einige ihrer Mit-Menschen psychisch zerstören wollen, sondern immer mehr sind es die »ganz normalen Menschen von nebenan«, die ihre Kollegen oder Mitschüler mit Psychoterror überziehen und auf deren Untergang hinarbeiten.

Es ist dem Pionier der Mobbingforschung Hans Leymann zu verdanken, dass er dieses bisher nicht ausreichend beachtete Phänomen in den 1980er-Jahren publik machte.[3] So führte er in das wissenschaftliche Denken den Begriff Mobbing ein, der aus dem Englischen (to mob) heraus übersetzt so viel bedeutet wie jemanden bedrängen, ihn anpöbeln, ihn attackieren.[4] Letztlich beschrieb Leymann nichts grundlegend Neues. Denn zu allen Zeiten wurden Menschen in Fallen gelockt, systematisch ausgegrenzt und isoliert. Doch neu war, dass das Phänomen namens Mobbing wohl mehr in unseren Gesellschaftssystemen verankert war und ist, als man es sich bis dahin vorstellen konnte.

Nach der dritten europäischen Erhebung der Europäischen Agentur für Sicherheit und Gesundheitsschutz am Arbeitsplatz 2000 sind europaweit circa 12 Millionen Menschen von Mobbing betroffen.[5] In Deutschland sind es etwa 1 bis 1,5 Millionen Menschen, Erwachsene wohlgemerkt, die von Mobbing betroffen sind.[6] Und nimmt man Kinder und Jugendliche hinzu – an Deutschlands Schulen werden zwischen 500 000 und 750 000 von ihnen gemobbt –, dann sind wir bei mindestens 2 Millionen Gemobbten.[7]

Das ist eine sehr hohe Zahl. Doch sie täuscht insofern, als sie nur die Betroffenen auflistet. Denn Gemobbte müssen nun einmal von ganz realen Menschen gemobbt werden. Das heißt, dass etwa zwei Millionen Betroffenen mindestens genauso viele Mobber gegenüberstehen. Rechnen wir hinzu, dass es gerade in Schulen nicht nur Einzelmobber sind, sondern Mitmobber beteiligt sind, und auch im Arbeitsbereich nicht immer nur Einzelpersonen sind, die mobben, dann erhöht sich die Zahl auf geschätzte vier Millionen aktiv Mobbende. Darüber hinaus müssen auch die indirekt Betroffenen berücksichtigt werden: Die Partner der Gemobbten, die Familie, die Eltern, die nicht viel weniger leiden als die direkt Betroffenen. Ziehen wir alle diese Zahlen zusammen, kommen wir auf über acht Millionen Menschen, die direkt wie indirekt von Mobbing in unserer Gesellschaft betroffen sind. Und rechnen wir hinzu, dass es neben den aktiv Mobbenden die noch viel größere Anzahl der passiven Zuseher oder Wegseher gibt, dann würde sich die Zahl vervier- oder gar verfünffachen.

Die Zahlen sind erschreckend. Aber wesentlich erschreckender ist, dass es im öffentlichen Bewusstsein keine entsprechende Resonanz darauf gibt. Abgesehen von wenigen »Skandalberichten« wird Mobbing in unserer Gesellschaft nicht allzu sehr beachtet, weder von der Politik, dem Gesundheitswesen noch vom Justizsystem. Denn sie stehen diesem Massenphänomen weitgehend hilflos gegenüber. Hinzu kommt, dass die Gefahr, die vom Mobbing für unsere Gesellschaft ausgeht, bei Weitem unterschätzt wird. Denn setzt sich das Mobbing ungebremst fort, frisst sich unsere Gesellschaft von innen heraus auf.

Doch wie wird das Phänomen Mobbing definiert? Wie unterscheidet es sich von mehr oder weniger alltäglichen Konflikten am Arbeitsplatz oder in der Schule?

Es ist nicht einfach, Mobbing von alltäglichen Konflikten zu unterscheiden,[8] denn letztlich basiert Mobbing auch immer auf Konflikten.[9] Es geht nur weit darüber hinaus.[10] Mobbing ist mehr als nur eine Auseinandersetzung zwischen Menschen, eine Streiterei zwischen Schülern.[11] Es geht nicht darum, dass man eine unterschiedliche Sicht auf die Dinge hat, unterschiedlich arbeitet, mal aufeinander neidisch ist oder feststellt, dass man unterschiedliche Werte im Leben hat. Das alles kann zu Mobbing führen – muss es aber nicht.

Mobbing unterscheidet sich von alltäglichen Konflikten durch fünf zentrale Wesensmerkmale.

1. Gerüchte und Verleumdungen

Der Psychoterror des Mobbings besteht erstens aus systematischen, destruktiven – also zerstörerischen – Handlungen. Das können am Arbeitsplatz etwa das Verbreiten von Gerüchten, Falschbewertungen von Arbeitsleistungen oder Beleidigungen sein.[12]

Im Kontext Schule spielen unter anderem ebenfalls Gerüchte und Beleidigungen eine Rolle, aber oft auch körperliche Handlungen wie Spucken, Treten oder Schlagen,[13] ebenso Cybermobbing. Im später folgenden Kapitel über das Arsenal der Zerstörung wird das ganze Spektrum der Mobbing-Techniken deutlicher werden.

2. Bestimmte Personen werden gezielt gemobbt

Sowohl für den Kontext Arbeit wie auch für den Kontext Schule ist entscheidend, dass zum Zweiten diese Mobbinghandlungen zielgerichtet erfolgen. Sie betreffen also nicht etwa das ganze Personal einer Firma oder eine ganze Schulklasse, sondern jeweils Einzelpersonen in ihnen, wobei diese durchaus wechseln können.

3. Mobbing dauert an

Zum Dritten erfolgt das Mobbing über einen längeren Zeitraum. Was das genau bedeutet, darüber gibt es unterschiedliche Ansichten: So verweist etwa Leymann darauf, dass der Psychoterror mindestens ein halbes Jahr andauern muss, um Mobbing genannt zu werden.[14] Andere Autoren betonen, dass Mobbing beispielsweise auch schon während der Probezeit erfolgen kann.[15] Es ist durchaus denkbar, dass Mobbing bereits am ersten Arbeits- oder Schultag beginnt. Das Thüringer Landgericht verweist darauf, dass zur Feststellung des Psychoterrors das Mobbing nicht an eine Mindestlaufzeit oder wöchentliche Frequenz gebunden ist, sondern vom Einzelfall abhängt.[16]

4. Es geht um Macht

Viertens ist, um von Mobbing zu sprechen, wichtig, dass das Machtverhältnis klar ist. Das heißt: Der oder die Mobber verfügen über Durchsetzungsmacht, über die der Gemobbte nicht verfügt. Durchsetzungsmacht bedeutet in diesem Zusammenhang, dass der oder die Mobber sich in einer stärkeren offiziellen oder inoffiziellen Position befinden.[17] Aufgrund dessen ist der von Mobbing Betroffene von vornherein schon immer der Schwächere.

Betrachten wir diesen Umstand etwas genauer.

So gibt es einmal das sogenannte Bossing. Hier sind es die

Vorgesetzten, die ihre Mitarbeiter systematisch und zielgerichtet und über einen längeren Zeitraum psychisch unter Druck setzen. Es ist die häufigste Form von Mobbing. Die bisher einzige Repräsentativstudie von 2002 für Deutschland zum Thema Mobbing stellt fest, dass in der Hälfte aller Mobbingfälle Mitarbeiter von Vorgesetzten gemobbt wurden.[18]

Daneben gibt es allerdings auch das horizontale Mobbing. Hier mobben Kollegen einen anderen Kollegen. Die Macht der Kollegen über den Gemobbten zeigt sich zum einen darin, dass sie zahlenmäßig in der Überzahl sind. Zum anderen kann es ein einzelner Kollege sein, der mobbt, der aber durch seine inoffizielle Position im Team eine Machtposition hat, der sich alle anderen Kollegen mehr oder weniger freiwillig unterwerfen. Schließlich gibt es noch das Staffing: Hier mobbt ein Mitarbeiter oder mehrere Kollegen zusammen einen Vorgesetzten. Diese Variante des Psychoterrors kommt eher selten vor, ist aber nicht auszuschließen. Die Durchsetzungsmacht beim Staffing entsteht, indem die mobbenden Mitarbeiter tatsächliches oder vorgebliches Fehlverhalten eines Vorgesetzten gemeinsam öffentlich machen oder gezielt Gerüchte streuen. Zudem gibt es noch das strategische Mobbing, etwa, wenn Mitarbeiter aus Altersgründen zur Kündigung getrieben werden sollen, ohne dass man ihnen eine entsprechende Abfindung zahlen will. Hierbei gibt es in der Regel keine persönlichen Motive der Mobber, sondern es wird gemobbt, um Kosten zu sparen.

5. Mobbing ist zielgerichtet

Der fünfte Aspekt, der Mobbing von alltäglichen Konflikten abgrenzt, ist, dass die Ziele des Mobbings offensichtlich sind: Es geht am Arbeitsplatz beispielsweise darum, einen Mitarbeiter von anderen Kollegen zu isolieren und damit auszugrenzen. Allerdings ist dies nur eine Art Zwischenziel. Denn das eigentliche Ziel ist im Allgemeinen, dass der Mitarbeiter so lange gemobbt wird, bis er seinen Arbeitsplatz »freiwillig« aufgibt oder gekündigt werden kann.

Das Ziel bei Mobbing und Cybermobbing in der Schule hingegen sieht anders aus. Auch hier geht es um Isolation und um Ausgrenzung. Aber der gemobbte Schüler soll nicht die Schule verlassen. Vielmehr soll er bleiben, damit er weiterhin gemobbt werden kann.

Mobbing in der Schule – was ist hier anders?

In der Schule tritt das horizontale Mobbing besonders häufig auf. Ein strategisches Mobbing kommt unter Schülern praktisch nicht vor. Eine Art von Bossing ist das Mobben von Schülern durch Lehrkräfte. Hier kann sich auf verhängnisvolle Art – wie auch beim Erwachsenenmobbing – das Bossing mit dem horizontalen Mobbing verbinden, sodass die von Mobbing betroffenen Schüler einen Zweifrontenkrieg erleben.

Eine weitere Variante des Mobbings in Schulen ist, dass Schüler Lehrer mobben.

Nicht unerwähnt bleiben soll, dass beim Mobbing unter Schülern die körperliche Variante des Psychoterrors oft eine wichtige Rolle spielt, ebenso das Cybermobbing. Körperliche Auseinandersetzungen spielen im Gegensatz zum Mobbing unter Erwachsenen eine herausragende Rolle.[19] Während sie im Erwachsenenbereich eher selten sind, sind sie beim Mobbing unter Schülern nicht wegzudenken. Erst an weiterführenden Schulen ähnelt das Mobbing unter Schülern mehr und mehr dem unter Erwachsenen.

Ein 6. Aspekt: Mobbing ist Gewalt

In diesem Buch wird nun noch ein weiteres – ein sechstes – Wesensmerkmal des Mobbings hinzugefügt. Es wird im Folgenden noch häufiger erwähnt werden. Mobbing wird hier auch als ein Akt der Gewalt definiert.[20]

Denn eines darf nicht vergessen werden: Dem Psychoterror liegt eine bewusste Schädigungsabsicht zugrunde.

Die Täter und Täterinnen wollen die Psyche ihrer Opfer zerstören. Sie wollen um jeden Preis sich selbst erhöhen, indem sie andere erniedrigen. Mobbing ist aus diesem Grund – ganz gleich, ob in der Schule oder unter Erwachsenen – psychische Gewalt,[21] die körperlichen Formen von Gewalt in nichts nachsteht. Doch dazu im späteren Verlauf mehr.

Schauen wir noch auf einige grundlegende Fakten des Mobbings: Die bereits erwähnte Repräsentativstudie stellt fest, dass das Geschlecht und das Alter eine entscheidende

Rolle beim Mobbing spielen. So liegt das Mobbingrisiko für Frauen etwa 75% höher als für Männer. Eine mögliche Begründung: Männer werden laut der Studie eher von Männern gemobbt, Frauen hingegen von Männern und Frauen.[22]

Welche Altersgruppen in besonderer Weise von Mobbing betroffen sind, führt die Studie ebenfalls aus: Es sind die unter 25-Jährigen und die über 55-Jährigen.[23] Natürlich stellt sich auch die Frage, in welchen Berufsgruppen am häufigsten gemobbt wird. Auch hier hat die Studie eine Antwort: vor allem im sozialen Bereich. Unter anderem in den Berufsfeldern wie Sozialarbeit, Sozialpädagogik, Erziehung und Altenpflege. Fast ebenso häufig sind Verkaufspersonal, Mitarbeiter in Banken und Bausparkassen, Versicherungsfachleute, Techniker/innen und übrige Gesundheitsberufe (etwa in der Krankenpflege), Rechnungskaufleute, Informatiker/innen und Büroangestellte betroffen. Waldarbeiter finden sich auf der letzten Position im Ranking.[24]

Die Fakten werfen Fragen auf. Unangenehme Fragen.

Denn was spielt sich in unserer, aber auch in anderen westlich geprägten Gesellschaften ab, dass sich Mobbing so massiv ausbreiten konnte und sich weiter ausbreiten wird? Was sind die Motive der Täter? Was die der Mitläufer? Was sind die Gründe der Wegseher? Und was die der Gesellschaft als abstraktes System?

Bevor wir uns an die Beantwortung dieser Fragen machen, ist es wichtig, sich noch etwas genauer anzuschauen, was unter dem Begriff Mobbing firmiert. Denn erst, wenn der zutiefst inhumane Charakter dieser Form von Gewalt begriffen wird, kann man darüber nachdenken, was dagegen zu tun ist.

Ein postmoderner Krieg –
Das Arsenal der Zerstörung

Der Krieg ist der Vater aller Dinge.
Heraklit

Mobbing ist Krieg. Dabei gibt es kein definiertes Schlacht-feld, auf dem dieser Kampf ausgetragen wird. Sondern Millionen von Orten. Und ein gesammeltes Heer von Mob-bern gibt es auch nicht. Ein merkwürdiger Krieg, zugegeben.

General von Clausewitz definierte den Krieg einmal als einen erweiterten Zweikampf.[25] So gesehen gehören auch Ehekriege und Familienkriege dazu. Und der Psychiater und Autor Fritz Simon verortet den Krieg nicht nur auf den Schlachtfeldern dieser Welt, sondern auch in jenen Begeg-nungen, bei denen nicht zwingend Blut fließen muss.[26]

Mobbing ist ein Krieg im Kleinen. Die Dimensionen, in denen er sich abspielt hingegen, sind groß: Eine ganze Ge-sellschaft ist betroffen.

War in früheren Zeiten der mehr oder weniger konkrete Kontakt zwischen Kämpfenden noch nötig, ist er heute nicht mehr zwingend vorgegeben. Nicht annähernd.

Heute können Soldaten hunderte Kilometer vom Austragungsort des Krieges entfernt sein und dennoch effektiv ihre Gegner angreifen. In Containern und vor Bildschirmen sitzend drücken sie Knöpfe und bedienen Schalter, um ihre Feinde per Mausklick durch bewaffnete Drohnen ausschalten zu lassen. Und danach kann man nach Hause oder in die Kantine gehen, sich das Mittagessen servieren lassen und entspannen.

Die große Bühne des Krieges ist jedoch weiterhin Staaten vorbehalten. Die kleine Bühne des Krieges hingegen steht jedem offen, der sich dazu berufen fühlt, Kollegen oder Mitschüler zu bekämpfen.

Beim Mobbing unter Schülern ist der Face-to-Face-Kontakt noch weitgehend unvermeidbar – es sei denn, man widmet sich der immer beliebter werdenden und oft besonders infamen »Spielart« des Cybermobbings.

Am Arbeitsplatz kann der Krieg im Kleinen jedoch auch genauso gut aus dem Sessel geführt werden, ohne dass die Täter ihre Opfer sehen müssen. Der Mobber sieht aus der sicheren Entfernung zu, wie sein Opfer mit der Zeit psychisch zerstört wird und nicht selten körperlich zusammenbricht. Er setzt »nur« mittels Worten Handlungen in Gang, deren unmittelbarer Zerstörungskraft er nicht beiwohnen muss – wenn er es nicht will. So bekommt er das von ihm angerichtete Leid nur aus zweiter Hand mit: durch den langsamen, für ihn sichtbaren Verfall seines von ihm ausgewählten Opfers. Das direkte Leid des Gemobbten, dessen schlaflose Nächte, dessen bohrende Zweifel, seine Ängste, die kaum im Zaum zu halten sind, Tag für Tag... all das bleibt fern, muss dem Mobber nicht nahegehen. Letztlich ist es ihm allerdings auch gleichgültig, wie es seinem Opfer geht. Aber durch das Handeln aus der sicheren Entfernung heraus läuft er nie Gefahr, die unmittelbaren Auswirkungen zu erleben.

Die Bandbreite an Mobbing-Handlungen ist auf negative Weise beeindruckend. Das Arsenal der Zerstörung reicht von primitiven und plumpen Handlungen bis hin zu fein gesponnenen Aktionen.

An erster Stelle steht hier das Verbreiten von Gerüchten, gefolgt von Falschbewertungen der Arbeitsleistungen, von Sticheleien, die Verweigerung wichtiger Informationen, massiver ungerechtfertigte Kritik an der Arbeit, der Isolierung/ Ausgrenzung am Arbeitsplatz, der Unterstellung von Unfähigkeit, Beleidigungen, Arbeitsbehinderungen und Arbeitsentzug.[27]

Sie alle im Einzelnen auszuführen bringt nicht viel weiter. Allerdings sind sie einzelnen Klassen von Mobbinghandlungen zuzuordnen. Dieter Zapf, Arbeitspsychologe an der Universität Frankfurt a.M., unterscheidet so zwischen organisationellen Mobbinghandlungen, sozialer Isolation, Angriffen auf die Person und auf ihre Privatsphäre, verbalen Aggressionen, Androhung oder Ausübung von körperlicher Gewalt und dem Einsatz von Gerüchten. [28]

Organisationelle Mobbinghandlungen sind etwa der Entzug von Kompetenzen oder von Arbeitsaufgaben. Soziale Isolation bezeichnet unter anderem die Einschränkung, mit Kollegen zu kommunizieren. Angriffe auf die Person und ihre Privatsphäre bedeutet, etwa eine Person lächerlich zu machen. In seiner primitivsten Form zeigt sich das Mobbing im schulischen Kontext. Hier werden die von Mobbing Betroffenen Opfer – wie schon erwähnt – sowohl von verbalen als auch körperlichen Angriffen wie Spucken, Treten, Beleidigungen, Hänseleien, Schubsen, Schlagen, körperlichen Demütigungen, Beschädigungen von Eigentum.[29] Das sind die gängigsten Methoden. Mit höherem Alter und steigendem Bildungsniveau wird es durch indirekte Methoden ersetzt oder auch ergänzt: im Verbreiten von Gerüchten und dem damit verwandten Mobbing mittels elektronischer und digitaler Medien.

Das Internet lässt grüßen –
Die zweite Welle des Psychoterrors

Nichts ist schneller als das Gerücht.

Titus Livius

Der Fortschritt macht auch vor dem Massenphänomen Mobbing nicht Halt. Das kann man bedauern. Doch es ändert nichts an der Tatsache, dass letztlich alles, was der Mensch erfindet, verfeinert, verbessert oder subtiler gemacht werden kann. Die zweite Welle des Psychoterrors erscheint daher in Form von Cybermobbing.[30]

Im Methodenrepertoire des Mobbings nimmt es insofern einen herausragenden Platz ein, weil die Verbreitung von Gerüchten, Lügen, Beleidigungen, Beschimpfungen mittels elektronischer bzw. digitaler Medien erfolgt. Sei es per E-Mail, Instant Messenger oder über die sozialen Medien wie Facebook, Snapchat, Twitter und WhatsApp.

Hinzu kommt, dass das Medium erlaubt, den Psychoterror nicht nur in Textform, sondern auch in Bildform zu verbreiten, indem zum Beispiel Persönlichkeitsrechte verletzende Fotos und Videos online gestellt werden können.

Dabei stellt diese zweite Welle des Psychoterrors keine völlig neue Form von Mobbing dar oder beinhaltet gar neue Mobbing-Handlungen.[31]

Was fraglos neu ist, sind die Transportwege, über welche die altbekannten Mobbing-Handlungen stattfinden. Handlungen, die bisher – je nach Kontext – mehr oder weniger von Angesicht zu Angesicht begangen wurden, werden nun auch oder nur per elektronischer bzw. digitaler Medien verbreitet. Ansonsten aber treffen für das Cybermobbing die gleichen Kriterien zu, die auch für das klassische Mobbing gelten.

So erfolgt das Cybermobbing als elektronische und digitale Handlung ebenfalls zielgerichtet, das heißt, nicht die Welt oder eine Gruppe von Personen wird zum öffentlichen Opfer gemacht, sondern immer eine einzige vom Mobber ausgewählte Person.

Es stellt des Weiteren ein Oben-unten-Verhältnis her, wobei der Cybermobber sogar an Macht gewinnt, solange es ihm gelingt, dauerhaft unsichtbar zu bleiben. Denn ein Gegner, der aus dem Verborgenen heraus handelt und so dem Betroffenen auch immer einen Schritt voraus ist, wirkt weitaus bedrohlicher und stärker als einer, der dem Betroffenen bekannt ist.

Die Problematik des »längeren« Zeitraums ist beim Cybermobbing genauso vorhanden wie beim klassischen Mobbing, insofern man die Definition von Leymann verwendet. Denn ein einmaliges Gerücht, das verbreitet wird – wobei der Transportweg völlig unbedeutend ist –, kann augenblicklich seine mobbende Wirkung entfalten. Einmal verbreitet, ist es aus den Köpfen der Adressaten nicht mehr zu löschen.

Dieser Umstand wiegt beim Cybermobbing allerdings besonders schwer. Denn im Gegensatz zum traditionellen Verbreiten von Gerüchten ist hier das Gerücht in seiner verschriftlichten oder verbildlichten Form im Internet permanent sichtbar. Durch ein simples Anklicken kann es jederzeit abgerufen werden und verankert sich auf diese Weise noch tiefer in das Bewusstsein der jeweiligen Adressaten und Interessenten.

Das Gerücht nimmt in diesem Zusammenhang eher eine Sonderrolle ein und kann – trotz der einmaligen Aktion – bereits als Mobbing bezeichnet werden, während das für Beleidigungen und Beschimpfungen nicht gilt, außer sie werden mehr oder weniger regelmäßig wiederholt.

Auch das Ziel des Cybermobbings stimmt mit den Zielen des klassischen Mobbings überein. Es geht darum, den Verleumdeten, Beleidigten, Beschimpften, der Lächerlichkeit Preisgegebenen öffentlich zu diffamieren, um ihn vor einer Gruppe – seien es nun Mitschüler oder Kollegen – zu isolieren oder auszugrenzen.

Auch das bereits erläuterte sechste Kriterium, wonach Mobbing, in welcher Form auch immer, einen Akt psychischer Gewalt darstellt, trifft auf das Cybermobbing zu. Die psychischen und auch physischen Folgen von Cybermobbing und »herkömmlichem« Mobbing, die noch genauer beschrieben werden, unterscheiden sich in keinerlei Weise voneinander.

Cybermobbing ist darüber hinaus gefahrloser zu praktizieren als das klassische Mobbing, bei dem immerhin die nicht auszuschließende Gefahr besteht, früher oder später als Mobber identifiziert zu werden. Beim Mobbing via Internet wird ein verhängnisvoller Pakt geschlossen, der die Unsichtbarkeit der Mobber mit der Macht der Bilder vereint. Wenn man also dafür gesorgt hat, seine Spuren im Internet zu verwischen, sinkt die Hemmschwelle dafür, Psychoterror anzuwenden, fast zwangsläufig.

Im Kontext Schule ist das Cybermobbing alleine schon deshalb weiter verbreitet als unter Erwachsenen, weil Kinder und Jugendliche zum einen mit den digitalen Medien aufgewachsen sind und es als »natürlich« empfinden, darüber zu kommunizieren. Zum anderen stellt es für viele das Kommunikationsmedium überhaupt dar, da sozialer Austausch vermehrt darüber erfolgt. So wird Cybermobbing von Kindern und Jugendlichen, die als Täter auftreten, ausgiebiger und intensiver genutzt.[32] Es vermischt sich allerdings häufig mit dem klassischen Mobbing.

Umso angreifbarer sind Kinder und Jugendliche, die zu Opfern von Cybermobbern werden. In Sekundenschnelle wird über sie per Handy oder Internet Unwahres, Beleidigendes oder Obszönes verbreitet.

Es gibt kein grausameres und erbarmungsloseres Schlachtfeld als Mobbing und Cybermobbing unter Kindern und Jugendlichen. Hier bietet sich dem Betrachter ein weitgehend unverstellter Blick auf eine Mikro-Gesellschaft, in der eine noch ungeschminkte Brutalität und Grausamkeit diejenigen trifft, die als schwach oder defizitär wahrgenommen werden. Cybermobbing unter Schülern kann darin bestehen, dass die Mobber in Textform – über soziale Netze, per SMS, E-Mail, MMS, Instant Messaging, Chatrooms und so weiter – ihre Opfer beleidigen, ihnen das Gefühl vermitteln, überflüssig zu sein oder zu nichts zu taugen.[33]

Nichts trifft Kinder und Jugendliche mehr und behindert eine gesunde Entwicklung ihrer Identität, als zum Gespött von Gleichaltrigen und vor ihnen bloßgestellt zu werden.

Dabei tritt die Textform des Psychoterrors hinter der Bildform zurück: peinliche Fotos der Opfer, meist bearbeitet und gefälscht, oder erniedrigende Videos haben eine weitaus nachhaltigere Wirkung und sind nicht mehr zurückzuholen, sobald sie einmal veröffentlicht wurden. Hierbei stellt das sogenannte Happy Slapping (»Lustiges Draufschlagen«) eine besonders brutale Möglichkeit dar, einen Menschen zu erniedrigen. Vor laufender Handykamera werden die Opfer gedemütigt, geschlagen und das dabei aufgenommene Video auf den gängigen Portalen veröffentlicht.

Cybermobbing im Kontext Arbeit vermischt sich häufig mit dem klassischen Mobbing und stellt eine zusätzliche Möglichkeit der Mobber dar, Kollegen und Mitarbeiter zu terrorisieren und zu demoralisieren.[34] So können im Internet die schlimmsten Beleidigungen und Beschimpfungen erfolgen, die im direkten Kontakt nie so ausgesprochen werden könnten.

Auf anonymen Websites kann den Gemobbten alles nur Denkbare unterstellt werden: Kriminalität, ein abnormes Sexualleben, Unterschlagungen am Arbeitsplatz, Beleidigungen Dritter, Pädophilie und vieles mehr.

Das alles ist natürlich auch über die klassischen Wege

möglich. Aber hier wäre ein besonders hohes Maß an Vorsicht seitens der Mobbenden nötig. Vor allem, wenn derartige Gerüchte mündlich weitergegeben würden. Und selbst, wenn es nur auf Papier vervielfältigt und den Kollegen heimlich zugänglich gemacht würde, bestände – sowohl theoretisch wie auch praktisch – die Gefahr der Entdeckung. Eine Vorsicht, die im Internet nicht nötig ist, wenn man einen Anbieter im Ausland hat wie etwa bei Google oder Facebook.

Welche Möglichkeiten bestehen, um die von Mobbing Betroffenen psychisch zu destabilisieren und zu zerstören, wurde hier überblicksartig behandelt. Doch die »Hauptwaffe«, die allen Mobbing-Handlungen zugrunde liegt, wurde bisher noch nicht ausreichend hervorgehoben.

Es ist die Sprache.

Das Wort.

Und damit eng verbunden – die Lüge.

Sehen wir uns also die Macht der Sprache etwas genauer an und ihre grundlegende Möglichkeit, alles, was gesagt wird, auch gleichzeitig nicht zu sagen.

Ein ungeschehenes Geschehen –
Das Phänomen der Invisibilität

Die Gewalt von Worten kann manchmal schlimmer sein
als die von Ohrfeigen und Pistolen.
Heinrich Böll

Im zweiten Teil der Verfilmung von Mario Puzos Roman
»Der Pate« gibt es zwei Szenen, die den Unterschied zwischen sichtbarer physischer und unsichtbarer psychischer
Gewalt am prägnantesten verdeutlichen.

In der einen wird ein hochrangiger Mafioso in eine Bar gelockt. Ihm wird von hinten eine Schlinge um den Hals gelegt.
Verzweifelt kämpft er um sein Leben. Ein zufällig die Bar betretender Polizist verhindert schließlich den Mord.

In der zweiten Szene gegen Ende des Films sucht der Anwalt der Mafia-Familie Corleone den mittlerweile in einem
Hochsicherheitstrakt untergebrachten Mafioso auf. Sie gehen im Hof des Gefängnisses spazieren. Der Anwalt spricht
von einer Sitte im alten Rom, wo Personen, die den Unwillen
des Kaisers erregten, die Gelegenheit erhielten, sich selbst
umzubringen, um auf diese Weise ihre eigene Familie vor

dem Untergang zu retten. Am Schluss des Films liegt der Mafioso tot in der Badewanne, mit aufgeschnittenen Pulsadern. Nur ein Beispiel für die Gewalt von Worten.

Mobbing am Arbeitsplatz ist ein invisibles – ein unsichtbares – Geschehen. Paradoxerweise geschieht es, und gleichzeitig geschieht es nicht. Denn jederzeit kann eine ausgeführte Mobbing-Handlung problemlos abgestritten werden.[35]

Der Leiter einer Verwaltungsabteilung begegnet auf dem Flur einer neuen Mitarbeiterin, die gegen seinen Willen eingestellt wurde. Im Vorbeigehen flüstert er ihr zu: »Hier werden Sie nicht lange bleiben.« Dann geht er weiter.

Wie soll die Mitarbeiterin auf diese Bemerkung reagieren?

Was ist mit dieser Information, die weit mehr ist als nur eine Information, anzufangen? Soll sie ihren Vorgesetzten zur Rede stellen und ihn fragen, was er mit seiner Bemerkung gemeint hat? Sehr wahrscheinlich würde dieser daraufhin mit einer Gegenfrage reagieren, was sie denn für eine Bemerkung meine und was sie ihm unterstellen wolle – dergleichen hätte er nie gesagt!

Soll sie sich bei dem nächsthöheren Vorgesetzten über ihn beschweren? Sehr wahrscheinlich würde der Verwaltungsleiter auch hier vor Zeugen alles abstreiten, und sie würde als Lügnerin oder Querulantin dastehen.

Was also soll sie tun?

Sie kann nichts tun. Nicht das Geringste.

Sie wird sich denken, dass ihr Vorgesetzter alles versuchen wird, sie als unfähige Mitarbeiterin darzustellen, um sie auf diese Weise loszuwerden. Das gelingt schließlich besonders einfach in der Probezeit. Also wird sie von nun an ihre Arbeit mit äußerster Präzision verrichten und ständig auf der Hut sein.

Das wahrscheinliche Resultat: Sie wird früher oder später an die natürlichen Grenzen ihrer Konzentrationsfähigkeit gelangen. Sie weiß, dass da ein Feind ist, der ihren beruflichen Untergang will. Sie wird irgendwann einen Fehler machen. Und dann wird der Vorgesetzte zur Stelle sein.

»Hier werden Sie nicht lange bleiben.« Ein kurzer Satz mit einer enormen Durchschlagskraft. Ohne nachweisbar zu werden, hinterlassen Worte wie diese Spuren im Bewusstsein eines Menschen: Schlaflosigkeit, Kopfschmerzen, Ängste und andere Beschwerden.

Die Macht der Worte ist groß.

Mobbing besteht aus einem solchen Netz aus Lügen. Es ist die Hintergrundfolie, auf der sich jede Art von Psychoterror abspielt. Sie ist die zentrale Waffe eines jeden Mobbers. Es gehört nicht viel dazu, Behauptungen aufzustellen, die jeglicher Grundlage entbehren und doch ein Maximum an Schaden anrichten.

Doch ein Gerücht muss mehr sein als ein Gerücht, wenn es seine maximale Wirkungskraft entfalten will. Es muss auf die Persönlichkeit des Opfers abgestimmt sein, damit der Schaden auch wirklich verheerend ist.

Im Allgemeinen reicht eine einzige feindselige Handlung nicht aus, um ein Mobbing zu begründen.

Manchmal aber schon.

Ein älterer Mitarbeiter in einem Altenheim wird durch ein nicht mehr auf seinen Ursprung zurückverfolgbares Gerücht beschuldigt, Geld aus der Kaffeekasse gestohlen zu haben.

Die Anschuldigung ist für ihn nicht zu ertragen. Er versucht, das Gerücht mit allen ihm zur Verfügung stehenden Argumenten zu entkräften. Immer wieder versucht er, seine Kollegen von seiner Unschuld zu überzeugen. Die hören ihm schließlich kaum noch zu. Dieses Verhalten interpretiert er in dem Sinne, dass sie ihm nicht glauben wollen. Schließlich kündigt er, um den Blicken seiner Kollegen nicht mehr täglich ausgesetzt sein zu müssen.

Nur ein Beispiel dafür, dass ein »gut« platziertes, einmaliges und auf die jeweilige Person abgestimmtes Gerücht ausreichen kann, um die Psyche eines Menschen so zu destabilisieren, dass dieser »freiwillig« die Konsequenzen daraus zieht.[36]

In seinem ganzen Ablauf ist das Mobbing ausgesprochen vage, verschleiert, uneindeutig. Selbst dann, wenn es sich nicht um ein Gerücht handelt.

Denn die destruktiven Handlungen gegenüber einem Betroffenen können jederzeit anders gedeutet werden. Ein Beispiel auch hierfür: Der Abteilungsleiter einer Firma erhält über die Sekretärin des Geschäftsführers einen Termin für ein Meeting. Er erscheint. Doch das Meeting ist bereits im vollen Gange. Vor allen Anwesenden wird der Abteilungsleiter wegen seines Zuspätkommens gerügt. Dieser verweist darauf, dass die Sekretärin ihm einen falschen Termin genannt hat, was der Geschäftsführer jedoch ungläubig abschmettert. Als einmaliger Vorfall wäre das sicher unangenehm für den Betroffenen, aber zwangsläufig hinnehmbar und noch lange kein Mobbing.

Wiederholt sich dieser Vorfall oder kommen andere gezielt destruktive Handlungen gegen den Abteilungsleiter hinzu, wird sich zunehmend der Verdacht verstärken, dass er gemobbt wird. Doch da dies stets vom Geschäftsführer abgestritten werden würde und es keine eindeutigen, vor Gericht verwertbaren Beweise gäbe, bliebe das Mobbing unsichtbar. Denn es gibt alternative, ebenso plausibel erscheinende Erklärungen, die gegen ein Mobbing sprechen könnten: die Unkonzentriertheit des Abteilungsleiters, seine Unzuverlässigkeit, sein paranoides Denken, eine möglicherweise vorliegende psychische Störung...[37]

Auf unnachahmliche Weise wird im Monty-Pythons-Film »Das Leben des Brian« die Macht der Sprache verdeutlicht. Der Film spielt zu Jesus' Zeiten und zeigt eine Szene, in der mehrere zum Tod durch Kreuzigung verurteilte Männer von einem außergewöhnlich freundlichen römischen Offizier nacheinander gebeten werden, bitte immer nur ein Kreuz aus einer Reihe an einer Wand gelehnten Kreuze zu nehmen. Die Brutalität der Hinrichtung wird durch die Freundlichkeit des Offiziers ad absurdum geführt. Die Freundlichkeit passt nicht zum eigentlichen Vorgang: der brutalen Tötung von Menschen. Es wird so getan, als handele es sich um ein alltägliches, nicht weiter beunruhigendes Geschehen.

Mit der Sprache, die ja nicht nur aus reinen Worten besteht, sondern auch mit unserer Gestik, Mimik, Körperhaltung, Tonlage und Betonung auf das Engste verbunden ist, kann ein Eindruck suggeriert werden, der in keiner Weise das widerspiegelt, was der wahre Inhalt einer Botschaft ist.

Ein Alltagsbeispiel hierfür: Der Geschäftsführer eines mittelständischen Unternehmens versucht, einen Mitarbeiter zur freiwilligen Kündigung zu zwingen, indem er ihn vor dessen Kollegen als einen außergewöhnlich kompetenten Mitarbeiter darstellt. In Teamsitzungen lobt der Chef den Mitarbeiter ständig vor den anderen Kollegen, die selbst im gleichen Atemzug von ihm massiv kritisiert und abgewertet werden. Eifersucht breitet sich im Laufe der Zeit bei den Kollegen aus. Schließlich beginnen sie, den hochgelobten Mitarbeiter zu meiden, machen ihn schlecht. Es kommt zu Auseinandersetzungen, das Betriebsklima verschlechtert sich. Der Geschäftsführer hält jedoch weiter zu dem von den Kollegen ausgegrenzten Mitarbeiter. Als die zwischenmenschlichen Probleme unter den Kollegen zu groß werden, kündigt er ihn schließlich. Die Begründung: Gefährdung des Betriebsfriedens. Der Mitarbeiter nimmt die Kündigung an, da er in der Firma keine Möglichkeiten mehr sieht, seiner Arbeit nachzugehen. Der Geschäftsführer drückt sein größtes Bedauern dafür aus, dass er einem so fähigen Mitarbeiter unter so widrigen Umständen kündigen muss.

Ein in diesem Fall nahezu perfektes Verbrechen.

Dieser Mitarbeiter hat womöglich das Mobbing durch seinen Chef gar nicht bemerkt. In den meisten Fällen jedoch entwickelt sich bei den Betroffenen früher oder später der Verdacht, gemobbt zu werden. Wobei der größte Teil der Betroffenen die Ursache des Problems dann zuerst in ihrer eigenen Person suchen. Sie überlegen, welchen Fehler sie gemacht haben könnten. Die an einem Menschen begangenen Mobbing-Handlungen sind desaströs genug. Doch die Verschleierung des Mobbings ist die eigentliche Katastrophe.

Denn den von Mobbing Betroffenen wird jene Klarheit verweigert, die für sie zwingend notwendig ist, um die geschehenen Ereignisse zwar in einen schlimmen, aber immerhin erkennbaren Kontext einordnen zu können.

Die Inkongruenz – das Nichtübereinstimmen des Gesagten mit dem Gemeinten oder Getanen – kostet den Gemobbten viel Kraft.

Auch die nicht direkt vom Mobbing betroffenen Kollegen unterliegen dem Phänomen der Invisibilität. Denn – je nach Geschicklichkeit des Mobbers – ist auch für sie nicht zwangsläufig ersichtlich, dass ein Kollege gemobbt wird. Der Einzige, der wirklich vom Mobbing Kenntnis hat, ist der Mobber selbst. Für ihn allein ist alles sichtbar. Er hat die Kontrolle. Er hält als Einziger die Fäden in der Hand.

Die Unsichtbarkeit des Mobbings hat für den Mobber den Vorteil, dass alle anderen Zeit und Energie investieren müssten, um die »Spielzüge« des Mobbers zu erkennen. Zeit und Energie, die überlastete und unter Stress stehende Kollegen im Allgemeinen nicht haben oder nicht aufbringen können oder möchten.

Beim Mobbing unter Schülern hingegen ist der Psychoterror oft durchaus sichtbar: Viele mobbende Schüler wollen, dass gesehen wird, wer mobbt und wie genau er das tut. Denn erst über das Publikum sieht sich der Mobber in seinem Tun bestätigt. Invisibel ist der Mobbingterror nur dort, wo die Mobber ihr Tun vor den Augen der Lehrer geheim halten wollen, falls sie wissen, dass es von diesen nicht geduldet würde. Anders sieht es aus, wenn die Mobber wissen, dass es den Lehrern gleichgültig ist, dass sie ihre Mitschüler terrorisieren, oder wenn Lehrer nicht in der Lage dazu sind, überhaupt zu erkennen, dass sich Mobbing vor ihren Augen abspielt. Und das ist leider nicht selten der Fall.

Ein Albtraum, der nicht enden will –
Die gesundheitlichen Folgen

Wenn sich niemand zu uns umdrehte, wenn wir den Raum
betreten; wenn niemand antwortete, wenn wir sprechen;
wenn niemand wahrnähme, was wir tun; wenn wir von
allen geschnitten und als nicht existierend behandelt
würden, dann würde eine derartige Wut und ohnmächtige
Verzweiflung in uns aufsteigen, dass im Vergleich dazu
die grausamste körperliche Qual eine Erlösung wäre.
William James zitiert in Bauer, Schmerzgrenze

Ein Rentner sitzt gefesselt auf einem Stuhl und wird von
zwei Männern so lange geschlagen, bis er bereit ist, zu
sagen, wo er sein Geld aufbewahrt. Jeder würde diese Handlung als einen Akt körperlicher Gewalt bezeichnen. Häma-
tome sind sichtbar, die aufgesprungene Lippe blutet, ein
Auge ist zugeschwollen. Polizeifotografen dokumentieren
die Folgen der Gewalt. Ein besseres Beweismittel für eine erlittene körperliche Tortur gibt es nicht.

Zweifel? Nicht der geringste.

Völlig anders hingegen sieht die Sachlage aus, wenn eine

Person Opfer eines Angriffs wird, der keine sichtbaren Spuren am Körper hinterlässt. Wie soll hier Dritten verdeutlicht werden, dass Gewalt stattgefunden hat? Auf die Frage, wo es wehtut, kann keine sichtbare Wunde gezeigt werden. Niemand würde bezweifeln, dass die Luft, die wir atmen, nicht existiert, nur weil wir sie nicht sehen. Doch einen Sinn für das Unsichtbare haben wir nicht. Wir können unsichtbare Prozesse – die nicht weniger real sind als die sichtbaren – nur durch Reflexion erschließen.

Der Neurobiologe Joachim Bauer stellt fest, dass die für das bloße Auge nicht erkennbaren Schmerzzentren des Gehirns nicht nur bei körperlichem, sondern auch bei psychisch verursachtem Schmerz reagieren.[38] Wird ein Mensch sozial ausgegrenzt oder gedemütigt, reagieren sie. Für ihn bedeutet diese Erkenntnis einen Durchbruch im Verständnis menschlicher Aggression.[39] So führt er weiter aus, dass über Millionen von Jahren der Ausschluss aus der Gruppe von Artgenossen ein Todesurteil bedeutete, sodass das menschliche Gehirn von damals bis heute soziale Ausgrenzung ebenso wie körperliche Versehrtheit als in gleicher Weise alarmierend einschätzt.[40]

Mobbing zerstört sukzessive die Psyche der davon Betroffenen. Die Lügen, die Invisibilität der Situation, die Unsicherheit bezüglich der eigenen Zukunft, die Zerstörung der Reputation führen früher oder später zu körperlichen Ausfallerscheinungen, psychischen Auffälligkeiten und psychischen Störungen. Hinzu kommt die psychosoziale Ausgrenzung, also die Isolation vom sozialen Umfeld, ohne das kein Mensch auf Dauer gesund bleiben kann.

Das fragile Gleichgewicht zwischen positiven und negativen Gedanken und Gefühlen, zwischen Gegenwartsängsten und Zukunftshoffnungen wird empfindlich gestört. Es neigt sich zunehmend der negativen Seite zu.

Die von Mobbing Betroffenen werden reizbarer, unkonzentrierter. Stück für Stück verlieren sie die Kontrolle über sich und ihre Leben. Genau dies ist das Ziel der Mobber. Die Mobbingopfer sollen in einen Zustand versetzt werden, in dem sie nicht mehr Herr der Lage sind. Sie sollen unkonzentriert sein. Sie sollen Fehler machen. Sie sollen verzweifelt sein. Sie sollen nicht mehr zur Ruhe kommen. Sie sollen einem Dauerfeuerwerk von Angriffen ausgesetzt werden.

Die wissenschaftliche Erkenntnis, dass psychische Gewalt unser Gehirn krank macht, dass der durch das Mobbing erlebte Schmerz dem körperlichen Schmerz gleichzusetzen ist, ist den meisten Menschen noch weitgehend fremd.

Natürlich löst eine einmalige oder sehr selten vorkommende unverschämte Bemerkung eines Vorgesetzten, die einmalige Falschbewertung einer Arbeitsleistung, eine einzelne Beleidigung in der Schule, ein Streich, der einem gespielt wird, Stress in uns aus. Aber unser Organismus ist in der Lage, diese kurzfristigen Belastungen relativ schnell und gut zu verarbeiten. Anders sieht es mit den Belastungen aus, die tagtäglich und innerhalb des Tages wiederholt geschehen.

Jeder Mensch ist einzigartig. Somit kann nicht generell von einer einheitlichen »Stufenfolge« ausgegangen werden, auf der sich psychisches Leid bei einem Gemobbten entwickelt.[41] Jeder Mensch hat seine persönliche Stressgrenze, die zu überschreiten auf Dauer gefährlich ist. Denn je länger ein Mensch unter Dauerstress steht,[42] umso anfälliger wird er für eine psychische Störung oder für eine psychosomatische Erkrankung. Der Grund dafür: Der Körper wird fast ununterbrochen mit dem Stresshormon Cortisol geflutet, das ihn in ständiger Alarmbereitschaft hält. Denn jeden Moment könnte vom Mobber oder von den Mobbenden der nächste zerstörerische Angriff ausgehen. Dabei empfindet der Gemobbte die Belastung rund um die Uhr. Sie setzt sich auch nach Schul- oder Arbeitsschluss im privaten Umfeld fort. Gedanklich und gefühlsmäßig ist das Mobbing nicht abzulegen wie eine Jacke oder ein Mantel. Allein die Angst vor dem nächsten Tag hält die negativen Gedanken und Gefühle permanent aufrecht. Selbst nachts bleiben Körper und Geist durch diese Gedanken so aufgewühlt, dass der Mensch nicht zum notwendigen und erholsamen Schlaf findet.

Zunächst können es nur »leichtere« Beschwerden sein, die den Gemobbten beeinträchtigen, wie Schlafprobleme, Kopfschmerzen, Magenbeschwerden, Unruhe, Konzentrationsschwierigkeiten, Reizbarkeit, Aggressionen und Grübelneigung.

Schlimmer wird es, wenn sich im Verlauf eines nicht enden wollenden Mobbings psychische Störungen entwickeln. Prinzipiell kann jeder Mensch an allen möglichen psychischen Störung erkranken.[43] Die wohl am häufigsten vorkommende psychische Erkrankung bei Mobbing ist die Depression.[44]

Wie aus der modernen Depressionsforschung bekannt ist, ist eine Depression eine besondere Form einer Stresskrankheit,[45] die unter anderem aufgrund anhaltender Belastungen entsteht.[46]

Die häufigsten Anzeichen und Symptome von Depressionen sind: traurige, niedergeschlagene Stimmung, Appetit- und Gewichtsverlust oder gesteigerter Appetit und Gewichtszunahme, Schlaflosigkeit, Einschlaf- oder Durchschlafstörungen, Verlust von Interesse und Vergnügen an gewohnten Aktivitäten, ein negatives Selbstkonzept, Selbstvorwürfe, Gefühle der Wertlosigkeit und Schuld, Konzentrationsschwierigkeiten, verlangsamtes Denken, Unentschlossenheit, wiederkehrende Todes- und Suizidgedanken. Dem Psychiater Argeo Bämayr zufolge sterben jährlich etwa 3000 Menschen durch Suizid aufgrund von Mobbing.[47]

Neben Depressionen treten bei Menschen, die Mobbing aushalten müssen, auch Ängste sehr häufig auf.[48] Die Unkalkulierbarkeit der Mobbingsituation, die Hilflosigkeits- und Ohnmachtserfahrung führt zu einem massiven Kontrollverlust in einem Lebensbereich, der bisher als mehr oder weniger sicher galt.

Die Angst ist eine reale Angst, denn sie basiert nicht darauf, eine an sich harmlose Situation falsch einzuschätzen und als gefährliche Bedrohung zu empfinden, wie dies bei den klassischen Angststörungen zum Beispiel der Fall ist.[49]

Mögliche körperliche Reaktionen auf die Angst sind: Atemnot oder Erstickungsanfälle, Schwindel, beschleunigter Herzschlag, Zittern, Schwitzen, Würgegefühl, Übelkeit oder abdominelle Beschwerden, Schmerzen oder Unwohlsein in der Brust.

So kann der von Mobbing Betroffene beispielsweise nicht

mehr in der Lage sein, die Wohnung zu verlassen, weil er diese Symptome dann sofort massiv empfindet. Der Anblick des Bürogebäudes oder der Schule, wo gemobbt wird, kann diese Symptome auslösen, sodass dieses Gebäude für ihn nicht mehr betretbar ist. Oder er bekommt Panikattacken, sei es, wenn er an die Arbeit oder die Schule denkt, oder auch völlig unabhängig davon. Die Anfälle können Minuten andauern, aber auch über eine Stunde und länger, und sich mehrmals am Tag wiederholen.[50]

Die posttraumatische Belastungsstörung (PTBS) als dritte hier vorgestellte psychische Störung ist die Folge eines extrem belastenden Ereignisses aufgrund einer außergewöhnlichen Bedrohung. Hierzu gehören unter anderem Ereignisse wie Folter, Vergewaltigung, Naturkatastrophen, Betroffener einer Kampfhandlung oder Opfer eines Verbrechens zu sein – und auch durch anhaltendes Mobbing kann eine PTBS ausgelöst werden.[51]

Bei einer posttraumatischen Belastungsstörung kommen Flashbacks vor. Dies sind Symptome des Wiedererlebens. Tagsüber können sie in Form von Erinnerungen an das Trauma auftauchen oder als Tagträume. Nachts können sie sich in Angstträumen manifestieren.

Gemobbte können beispielsweise durch das harmlose Klingeln des Telefons oder der Klingel in der eigenen Wohnung an das Läuten des Telefons im Büro oder den Pausengong in der Schule erinnert werden. Die Intensität der Angst gleicht dabei der, die man direkt am Arbeitsplatz oder in der Schule empfinden würde. Neben diesen Flashbacks können Vermeidungssymptome auftreten: emotionale Stumpfheit, Gleichgültigkeit und Teilnahmslosigkeit gegenüber der Umgebung und anderen Menschen. Auch ein Zustand von Übererregtheit kann auftreten, der sich unter anderem in Konzentrationsschwierigkeiten und Schlaflosigkeit zeigt.[52]

Das Risiko für den Gemobbten, an einer posttraumatischen Belastungsstörung zu erkranken, nimmt zu, je länger das Mobbing andauert und je größer das subjektive Empfinden des Schreckens ist.[53]

Die drei genannten psychischen Zustände müssen nicht auftreten, können aber entstehen – und in jeder Kombination miteinander vorkommen. Hinzu kommen mögliche Persönlichkeitsveränderungen, die sich nach einem sehr lang anhaltenden Mobbing entwickeln können. Das bedeutet, dass sich das Denken, Fühlen und Verhalten einer Person so grundlegend von seiner bisherigen Persönlichkeit unterscheidet, dass sie Außenstehenden ebenfalls verändert erscheint.[54] Häufig werden Betroffene von Persönlichkeitsveränderungen sehr starr in ihrem Denken, können sich nur noch schwer an reale Gegebenheiten anpassen, sind ausgesprochen misstrauisch, fühlen sich allen Menschen entfremdet und sind verbittert.[55]

Psychosomatische Erkrankungen können sich ebenfalls im Rahmen des Mobbings entwickeln. Hierbei wirkt sich ein psychischer Faktor – die Belastung durch das Mobbing – so stark aus, dass es zu massiven körperlichen Beschwerden kommt. Jeder Organismus hat irgendwo eine Schwachstelle, die unter normalen Bedingungen nicht reagieren würde. Unter Stress hingegen werden sie aktiviert oder verstärken sich, wie etwa Kopfschmerzen, Schlafprobleme, Rückenbeschwerden, Tinnitus und Hörsturz oder sexuelle Funktionsstörungen.[56]

Neben den verschiedenen psychischen und psychosomatischen Störungen gibt es zusätzliche Probleme, die sich entwickeln können. Das zentrale Gefühl bei wohl fast jedem von Mobbing Betroffenen ist die Hilflosigkeit: das Wissen, keine Kontrolle mehr über die Abläufe seines Lebens zu haben. Es geschieht etwas mit einem, was man nicht oder nur unzureichend beeinflussen kann. Der Mensch ist gefangen in einem Kreislauf des Terrors. Die Spuren dieser andauernden Belastungen zeigen sich dann unter Umständen darin, dass der Betroffene einen Rededrang entwickelt, der es seinem Umfeld – der Familie, Freunden, Kollegen, professionell Helfenden – sehr schwer macht, diesem noch die nötige Aufmerksamkeit zu schenken.

Gerade über einen sehr langen Zeitraum und intensiv Gemobbte versuchen verständlicherweise, einen Sinn im Mobbing zu finden, indem sie mehr oder weniger ständig über die erlebten Mobbinghandlungen berichten. Die häufig detailgenauen und weitschweifigen Beschreibungen erschöpfen sich jedoch meist in der Aneinanderreihung von Variationen des Geschehenen. Sie kreisen um das Problem, ohne auf eine Lösung hinzuarbeiten. Die Betroffenen sind so eingenommen von ihrem Problem, dass sie praktisch nicht aufhören können, es wieder und wieder zu beschreiben.[57]

Das permanente Reden über die traumatischen Ereignisse hat im besten Fall eine Entlastungsfunktion. Im schlimmsten Fall fixiert und vertieft es das Mobbingproblem und verhindert so seine angemessene Bearbeitung.[58]

Das Tragische dabei: Das Umfeld zieht sich langsam, aber konsequent immer weiter zurück, was neue Probleme bei Gemobbten auslöst: Ihre Isolation verstärkt sich. Da sich die Betroffenen in einem permanenten Ausnahmezustand befinden, wollen sie eigentlich nur, dass alles wieder so wird, wie es vor dem Mobbing war. Doch das ist unmöglich.

So wie einmal verschüttete Milch nicht wieder aufgesammelt werden kann – wie ein altes chinesisches Sprichwort sagt –, gibt es keine Möglichkeit, die Mobbinguhr auf null zurückzustellen. Der Gemobbte kann aber oft nicht mit dem Versuch aufhören, auf diese unrealistische Weise der unkontrollierbaren Situation wieder Herr zu werden, mit dem Ziel »alles muss so werden, wie es einmal war«. Daran hält er fest, auch wenn es objektiv nicht die geringste Chance gibt, dieses Ziel zu erreichen. Vereinzelt kann dies dann zu einem Effekt führen, der in Anlehnung an Heinrich von Kleists gleichnamige Erzählung als Michael-Kohlhaas-Effekt bezeichnet werden kann.[59] Michael Kohlhaas ist in Kleists Geschichte ein Rosshändler, der von einem Junker gezwungen wird, ihm zwei Pferde als Pfand zu überlassen, weil er keinen Pass besitzt. Als Kohlhaas erfährt, dass dies unrechtmäßig geschehen ist, will er seine Pferde zurückholen, und stellt fest, dass sie sich inzwischen in einem schlechten Zustand befinden. Kohlhaas verklagt den Junker. Nach einem Jahr erfährt er, dass seine Klage aufgrund einer Intrige niedergeschlagen wurde. Michael Kohlhaas überfällt die Burg des Junkers und zieht mit einer immer größer werdenden Heerschar durch das Land. Sein Fall wird vor Gericht wieder aufgerollt, und Kohlhaas soll Recht bekommen. Durch Winkelzüge gelingt es dem Junker, dies zu verhindern. Zum Schluss wird Kohlhaas zum Tode verurteilt.[60]

Beim Michael-Kohlhaas-Effekt ist zu beobachten, dass der vom Mobbing Betroffene (fast) zwanghaft seine unrealistischen Ziele verfolgt.[61] Kein Nachgeben, keine Flexibilisierung der Ansichten kommt für ihn infrage. Die Fixierung auf die vollständige Rehabilitation ist vorherrschend und unumstößlich. Dies kann so weit gehen, dass der Gemobbte sich auf einem Rachefeldzug befindet, bei dem es ihm schon nicht mehr darauf ankommt, die Situation zu bereinigen, sondern es ihm ausreicht, seinen Gegner oder seine Gegner – aus seiner Sicht – bloßzustellen, im Wissen um seine eigene unangefochtene »rechtliche« Stellung.[62]

In einem Fall versuchte der Mitarbeiter einer Firma, bei dem das Mobbing bereits mehrere Jahre zurücklag, noch immer ein Gespräch mit der Geschäftsleitung zu initiieren, um diese von seiner Unschuld zu überzeugen. Obwohl niemand mehr Interesse an seiner Problematik hatte und ihm dies auch deutlich zu verstehen gegeben wurde, war er immer noch davon überzeugt, sich rehabilitieren zu können.[63] Hinzu kann ein exzessiver Durchhaltewille kommen. Weil der Betroffene sich unschuldig weiß, gibt es für ihn keinen Grund nachzugeben, sich versetzen, sich krankschreiben zu lassen oder zu kündigen, unabhängig von den physischen und psychischen Auswirkungen, die bereits eingetreten sind. Das hartnäckige Beharren auf dem eigenen Standpunkt wie: »Ich bin im Recht!«, »Mir ist Unrecht widerfahren!«, »Ich lasse mich nicht unterkriegen!«, »Sie wollen den Krieg, jetzt können Sie ihn haben!« ist letztlich Ausdruck der Überforderung des Gemobbten.[64] Nicht zuletzt kann die Erfahrung, verleumdet, hintergangen, unterdrückt, gedemütigt zu werden, beim Gemobbten ein tief sitzendes Misstrauen gegenüber Menschen erzeugen, das auch vor vertrauten Personen nicht Halt machen muss.[65]

Mobbing und ärztliche Versorgung

Wie reagiert unser Gesundheitssystem auf das Phänomen Mobbing? Denkbar schlecht. Es ist auf diese enorme Gewaltwelle überhaupt nicht vorbereitet. Obwohl bereits vor Jahren auf einem Ärztetag darauf hingewiesen wurde, dass die Folgen von Mobbing ein zentrales Gesundheitsproblem in unserem Land darstellen, hat sich bis heute nichts geändert.[66] Auf eine psychotherapeutische Behandlung müssen die meisten Menschen hierzulande ohnehin bis zu einem Jahr warten.[67] Denn obwohl unter anderem Depressionen, Ängste und posttraumatische Belastungsstörungen mit bekannten Methoden gut behandelbar sind, gibt es im Umgang mit von Mobbing Betroffenen wichtige Besonderheiten, die beachtet werden müssen.[68]

Häufig können sich Ärzte und Therapeuten nicht vorstellen, wie brutal und perfide Mobber vorgehen, und kommen zu dem Schluss, dass das eigentliche Problem nicht das Mobbing ist, sondern die Persönlichkeit des vermeintlich davon Betroffenen. So werden die Gemobbten doppelt demoralisiert, wenn ihnen Experten nicht glauben oder die Vorkommnisse bagatellisieren, kleinreden oder leugnen.

Dies alles geschieht nicht aus böser Absicht, sondern aus Unkenntnis. Und basierend auf einem Friedfertigkeitsmythos, der davon ausgeht, dass es so etwas wie die von den Betroffenen geschilderten extremen Mobbing-Handlungen einfach nicht geben kann.

Man stelle sich nur einmal vor, wie ein von Mobbing Betroffener seinem Arzt erzählt, dass ihm seine Kollegen oder seine Vorgesetzten Fallen stellen, um ihn zu einem Fehlverhalten zu provozieren. Dass er sich schützen muss und ständig darüber nachdenkt, welche Fallen das sein könnten und wie man sie umgeht. Schnell steht dann eine »Diagnose«: paranoide Persönlichkeitsstörung, narzisstische Persönlichkeitsstörung ...

Eine solche Fehldiagnose ist besonders wahrscheinlich, wenn aufgrund von Arbeitsplatzverlust Begutachtungen vom Jobcenter gefordert werden. Arbeitslos gewordene Gemobbte sind fast immer von diesbezüglichen »Sanktionen« bedroht.[69] Durch ein falsches Vorgehen im Umgang mit dem Gemobbten können falsche Eindrücke aufseiten der Gutachter entstehen.[70]

Das alles sind zusätzliche Bestrafungen für Menschen, die schon genug gelitten haben und deren Leid dadurch infrage gestellt wird. Niemand hört ihnen zu. Niemand versteht sie. Stattdessen wird ihnen die notwendige Hilfe verweigert, und sie werden konfrontiert mit einer strukturellen Form der Gewalt.[71] Diese zeigt sich darin, dass ihr Leiden erstickt wird durch gesetzliche Bestimmungen, Verfahrens- und Dienstanweisungen, die von ausführenden Organen blindlings angewandt werden.

Doch auch Ärzte, Therapeuten – ganz gleich, ob sie nun ambulant arbeiten oder in einer Klinik beschäftigt sind – stehen selbst beim besten Willen dem Phänomen Mobbing weitgehend hilflos gegenüber. Denn es ist durch therapeutische Gespräche allein nicht lösbar. Weder durch die ambulante noch durch die stationäre Behandlung. Klinikaufenthalte sind zwar durchaus Möglichkeiten, um für eine gewisse Zeit auf einer Insel der Ruhe zu leben, im besten Fall mit regelmäßigen therapeutischen Gesprächen. Die Betroffenen können psychisch stabilisiert werden, indem mit ihnen zum Beispiel alternative Denk- und Umgangsweisen mit sich selbst und den Mobbern entwickelt werden. Aber das Mobbing vor Ort ist nicht veränderbar. Hier stoßen alle helfenden Berufe an ihre natürlichen Grenzen. Denn nach dem »Insel-Aufenthalt« in der Klinik geht es für die Gemobbten zurück in das brutale Leben. Und selbst die besten Kommunikationsstrategien scheitern, wenn die Mobber darauf nur mit einem abfälligen Lächeln reagieren oder mit noch perfideren Methoden ihre Folter fortsetzen.

Es ist auch wenig hilfreich, Gemobbten zu suggerieren, dass man schon eine Lösung finden wird. Die gibt es nur durch Kündigung oder Schulwechsel. Eine solche Lösung ist jedoch häufig eine weitere Demütigung des Gemobbten.

Denn er ist unschuldig.

Die Schuldigen können bleiben. Sie müssen sich nicht den unbequemen Folgen einer Neuorientierung in ihrem Leben stellen.

Und nicht immer ist eine Kündigung möglich. Sei es aus finanziellen Gründen, weil das Haus noch abbezahlt werden muss, Kredite bedient werden müssen. Sei es aus Altersgründen, weil man absehbar keine Chance hat, noch einmal im Leben eine gleich bezahlte Stellung in einem anderen Unternehmen zu finden.

Für Schüler sieht es ähnlich aus: Auch ein Schulwechsel löst nicht immer das Problem. Oft warten in der neuen Schule schon die nächsten Mobber, die von denen der vorigen Schule direkt oder per Internet darüber informiert werden, dass ein neues Opfer kommt. Immer kennt jemand einen, der jemanden kennt.

Den Betroffenen geht es also nicht allein dadurch besser, dass sie den Arbeitsplatz wechseln oder die Schule. Denn der psychische Schaden ist angerichtet und wirkt selbst noch nach Jahren. In einer Studie wurde festgestellt, dass gemobbte Schüler in späteren Jahren eine höhere Wahrscheinlichkeit haben, an einer Depression zu erkranken, als nicht gemobbte Schüler.[72] Und so mancher, der ein Mobbing durchlitten hat, bringt sich später um, obwohl er sich in einer neuen beruflichen Stellung befindet.

Kurz: Unser Gesundheitssystem reagiert mit falscher Routine auf ein Phänomen, das mit Routinehandlungen nicht gelöst werden kann.

Ein krimineller Akt –
Die Grenzen der Gerechtigkeit

Es gibt viele Arten zu töten. Man kann einem ein Messer
in den Bauch stechen, einem das Brot entziehen, einen
von einer Krankheit nicht heilen, einen in eine schlechte
Wohnung stecken, einen zum Selbstmord treiben, durch
Arbeit zu Tode schinden, einen in den Krieg führen usw.
Nur weniges daran ist in unserem Staat verboten.
Bertolt Brecht

Auch wenn die körperliche Gewalt zum Gewaltmonopol
des Staates geworden ist, sie also aus dem öffentlichen
Alltag der Bürger verbannt sein sollte, hat sich damit leider
nicht das Bedürfnis des Menschen reduziert, sich anderen
Menschen gegenüber gewalttätig zu verhalten. Die »Lücke«
im Gesetz wird ausgenutzt – nämlich die Möglichkeit, psychische Gewalt im Kontext Mobbing so gut wie straffrei auszuüben. So versagt nicht nur unser Gesundheitssystem angesichts des Phänomens Mobbing. Auch unser Justizsystem
steht ihm weitgehend hilflos gegenüber.

In Deutschland gehen von 100 Mobbingfällen, die vor

Gericht landen, 90 Prozent zuungunsten der Gemobbten aus.[73] Die Richter und die Anwälte der Gemobbten stehen vor einem großen Problem: das der Beweisbarkeit des Mobbings. Ein Richter steht hilflos vor einem nichtgeschehenen Geschehen. Er ist in seinen Möglichkeiten begrenzt. Er ist kein Detektiv.

Die Überforderung des Gerichts führt in der Regel zu einem Vergleich. Doch ein Vergleich ist nicht das, was die von Mobbing Betroffenen wollen. Sie wollen keine Abfindung. Was sie vor allen Dingen erwarten, ist Gerechtigkeit: die Anerkennung dessen, dass sie Opfer von psychischer Gewalt geworden sind, dass man sie ihrer physischen und psychischen Gesundheit beraubt hat, ihre Persönlichkeitsrechte missachtet wurden, dass man ihnen ihre Würde genommen hat.

Doch diese Art von Gerechtigkeit ist vor Gericht nicht zu erhalten. Denn dort geht es nicht um Gerechtigkeit, sondern um Recht. Es geht um das, was zwischen zwei Aktendeckeln zu fassen ist, um das, was beweisbar ist.

Und damit kollidiert das Sichtbare – das eher Beweisbare – mit dem Unsichtbaren – dem kaum Beweisbaren. Denn selbst das Führen eines Mobbing-Tagebuchs ist kein gültiger Beweis vor Gericht. Ein Indiz vielleicht. Doch könnte ein vermeintlich Gemobbter sich nicht alles ausgedacht haben? Was »beweisen« Einträge von Mobbing-Handlungen in einem Tagebuch, wenn die dort aufgelisteten Handlungen nicht bewiesen werden können? Sind sie möglicherweise nur die Hirngespinste einer kranken Person oder eines Querulanten?

Jeder gegnerische Anwalt weiß die Brüchigkeit dieser Art von Wahrheitsfindung auszunutzen. Es sei denn, es gibt Zeugen für das Mobbing – und diese sind auch noch bereit, vor Gericht auszusagen. Denn das ist das nächste Problem: Jedem Zeugen ist klar, dass er seine eigene berufliche Position riskiert, wenn er zugunsten des Gemobbten und zuungunsten seines Vorgesetzten oder der mobbenden Kollegen aussagt. Für das Gericht ist entscheidend, ob es sich um ein systematisches, zielgerichtetes Vorgehen handelt, ob ein Rechtsgut (die Persönlichkeit, Gesundheit) verletzt worden ist und ob eine Täter-Opfer-Konstellation vorliegt.[74]

Aus juristischer Sicht handelt es sich beim Mobbing um einen eigenständigen juristischen Tatbestand. Das Thüringer Landesarbeitsgericht hat als erstes deutsches Arbeitsgericht eine Mobbingdefinition aufgestellt, die Grundlage für Urteile in Mobbingprozessen ist.[75]

Jeder Mobber, der seine Handlungen gezielt und systematisch ausführt, weiß, dass er bei seinem Psychoterror so vorgehen muss, dass seine Handlungen nicht beweisbar sind. Aus diesem Grunde hat es das Gericht schwer, die Wahrheit zu ermitteln. Es orientiert sich dabei an einer Reihe von Gesetzen, unter anderem dem Arbeitsschutzgesetz, dem Allgemeinen Gleichstellungsgesetz – das im Übrigen den Begriff Mobbing nicht erwähnt.[76] Doch dies alles sind Gesetze aus dem Arbeits- und Zivilrecht. Im Strafrecht hingegen kommt Mobbing nicht vor.

Es gibt in Deutschland kein Anti-Mobbing-Gesetz, das eine strafrechtliche Relevanz hätte. Im Gegensatz etwa zu Frankreich und Schweden, wo das Handeln der Mobber strafrechtlich verfolgt werden kann. So muss in Frankreich ein überführter Mobber mit einer Gefängnisstrafe und einer Geldstrafe von bis zu 15 000 Euro rechnen.[77]

Doch würde die Aufnahme des Mobbings in das Strafrecht überhaupt etwas verändern? Zumindest hätte es eine symbolische Bedeutung. Allein durch die Aufnahme in das Strafrecht würde aber natürlich die Beweislage nicht einfacher. Es würde aber zumindest – so die Hoffnung – manche zum Mobbing bereiten Menschen davon abhalten, diesen Psychoterror auszuüben. Wie stark dies das Mobbing generell einschränken würde? Niemand kann das wissen.[78]

Sicher ist: Die Komplexität des Mobbings zu erkennen erfordert viel Zeit. Denn es liegt nun einmal in der »Natur« des Mobbings, unsichtbar zu sein. Und um das Unsichtbare sichtbar zu machen, braucht es viel Geduld und eben: viel Zeit, die Gerichte nicht unbedingt haben. Zeit, die Rechtsanwälte nicht unbedingt für ihre Mandanten aufbringen wollen.

Cybermobbing und Gesetz

Immerhin: Beim Cybermobbing sieht die Rechtslage etwas besser aus, wenn auch nur wenig. Doch hier liegen oft Belege vor, die nicht geleugnet werden können und Beweiskraft haben, etwa, wenn Screenshots angefertigt oder die belastenden Machwerke anderweitig gesichert werden konnten. Die Schwierigkeit ist beim Cybermobbing jedoch oft immer noch, die Verbreiter von Beleidigungen, Drohungen,

Verleumdungen, peinlichen, gefälschten bzw. bearbeiteten Fotos, ehrverletzenden Videos ausfindig zu machen. Was bei jugendlichen Cybermobbern durchaus erfolgversprechend sein kann, ist bei erwachsenen Cybermobbern schon weniger erfolgreich, insofern sie es verstehen, sich unsichtbar zu machen.

Werden Persönlichkeitsrechte und das Recht am eigenen Bild verletzt, berührt dieser Umstand das Strafrecht. Werden Personen etwa per E-Mail permanent beleidigt oder belästigt, kann eventuell das Anti-Stalking-Gesetz greifen.

Das Strafrecht kann unter anderem Anwendung finden bei Beleidigung, übler Nachrede, Verleumdung, Nachstellung, Gewaltdarstellung.

Erwachsene, die vom Cybermobbing betroffen sind, stehen vor einem riesigen Problem, wenn zum Beispiel das Unternehmen oder die Einrichtung mobben, in denen sie angestellt sind.

Es ist erschreckend zu sehen, wie häufig Mobbing in unserer Gesellschaft vorkommt und wie es Menschen psychisch und physisch krank macht. Nicht weniger erschreckend ist es, dass das Gesundheits- und das Justizsystem mit diesem Phänomen der Invisibilität des Psychoterrors völlig überfordert sind.

Bevor wir uns den Gründen für das Mobbing zuwenden – den Tätern und den gesellschaftlichen Faktoren –, die das Mobbing ermöglichen und aufrechterhalten, soll es zunächst um die Gruppe von Menschen gehen, ohne die es kein Mobbing geben könnte: die Wegseher.

Menschliches Versagen inklusive – Ein Trauerspiel

Die Macht der invisiblen Strukturen – Das Romeo-Dilemma

In großen Dingen zeigen sich die Menschen so, wie man es von ihnen erwartet, in kleinen geben sie sich so, wie sie sind.

Nicolas Chamfort

Gehen wir zurück in das Jahr 1964. Im New Yorker Bezirk Queens ist Kitty Genovese auf dem Nachhauseweg. Dabei wird sie von einem Mann mit einen Messer attackiert. Sie schreit. Sie wehrt sich. Die Fenster der umliegenden Häuser werden aufgerissen. Lichter gehen an. Bewohner schauen aus den Fenstern. Fast vierzig Menschen werden von den Schreien der jungen Frau geweckt. Die erleuchteten Fenster lassen den Angreifer flüchten. Kitty Genovese ist noch am Leben. Sie blutet.

Doch niemand ruft die Polizei. Die Anwohner sehen zu, wie der Mann flieht. Und kurz darauf zurückkehrt. Er bringt nun die Frau um. Ihr Todeskampf dauert länger als eine halbe Stunde. Niemand holt die Polizei. Kitty Genovese ist schon tot, als sich einer der Anwohner entschließt, die Polizei zu rufen, nachdem er sich vorher telefonisch bei einem Freund Rat geholt hat. [79]

Ein kaum vorstellbares Ereignis. Und doch hat es sich 1964 in Queens so zugetragen. Was muss passieren, dass Menschen einem anderen Menschen in Not nicht helfen? Hätte nicht einer von ihnen die Polizei rufen können? Rechtzeitig?

Die Psychologen Darley und Latané stellten daraufhin die Theorie der Verantwortungsdiffusion auf. Sie besagt, kurzgefasst, dass die Wahrscheinlichkeit sinkt, Hilfe zu bekommen, wenn mehrere Menschen einem Ereignis beiwohnen, bei dem eine Person Hilfe benötigt. Und dies aus dem Grund, weil sich niemand dafür verantwortlich fühlt, zu helfen, weil es die neben einem stehenden Menschen auch nicht tun.[80]

Übertragen wir die Theorie der Verantwortungsdiffusion auf einen Mobbingfall. Ein Beispiel: Ein Mitarbeiter wird in einer Teamsitzung vor anwesenden Kollegen von seinem Vorgesetzten auf erniedrigende Art und Weise der Unfähigkeit bezichtigt. Niemand greift ein. Keiner macht deutlich, dass mit Menschen so nicht umgegangen werden darf.

Jeder der Anwesenden ist zunächst schockiert über die öffentliche Demütigung des Kollegen. Jeder spürt die Unangemessenheit des Angriffs durch den Vorgesetzten. ***Jeder*** möchte etwas dazu sagen. Doch die Sekunden, wo es noch möglich wäre, dazu eine eindeutige Stellung zu beziehen, verrinnen. Denn jeder wartet darauf, dass ein anderer als Erster das Wort ergreift. Doch alle schweigen. Wenn aber niemand etwas sagt, tauchen bei den Anwesenden Zweifel auf, ob es überhaupt berechtigt wäre, etwas zu diesem Vorfall zu sagen. Denn sonst würde doch einer der anderen etwas dazu sagen. Vielleicht, so könnten sie denken, war die Reaktion des Vorgesetzten doch berechtigt, so unverschämt sie auch erschien? Unsicherheit breitet sich aus. Das Verhalten des Vorgesetzten wird stillschweigend hingenommen und damit letztlich akzeptiert. Keiner ist nun mehr bereit, sich gegen eine vermutete Gruppenmeinung zu stellen.

Das Schweigen aller anderen stellt für jeden Einzelnen in der Gruppe eine Botschaft dar. Denn durch das Schweigen der Kollegen hat sich spontan, ohne dass jemand dies auszusprechen brauchte, eine invisible Struktur oder anders formuliert ein »ungeschriebenes und damit gleichzeitig unsichtbares Gesetz« gebildet. So könnte es lauten: »Mische dich nicht ein, denn da keiner sich einmischt, ist es wohl trotz deines schlechten Gefühls in Ordnung.«

Diese invisible Struktur beeinflusst fortan, wie die Kollegen mit weiteren ähnlichen Situationen umgehen werden. Natürlich haben sie immer die Möglichkeit, anders zu reagieren, als sie es bisher taten. Doch dafür müsste jemand sein Verhalten verändern und deutlich machen, dass die Reaktion des Vorgesetzten unpassend war. Geschieht dies nicht, stabilisiert sich diese invisible Struktur und wird schließlich zu einer Gewohnheit. Von nun an bedeutet diese spezielle invisible Struktur, dass der Vorgesetzte den betreffenden Mitarbeiter vor allen Anwesenden demütigen darf. Und eventuell auch andere.

Bleiben wir noch für einen etwas längeren Moment bei dem, was hier invisible Struktur genannt wird. Denn sie wird im Folgenden noch eine große Bedeutung für die Analyse des Mobbings auch aus gesellschaftlicher Perspektive haben.

Unser gesamtes Leben ist auf die Bildung von Strukturen – also auf Ordnung – ausgerichtet. Die von Menschen geschaffenen Ordnungen und Strukturen haben einen enormen Einfluss auf unser Denken, Fühlen und Handeln.

Dazu einige Beispiele: Immer dann, wenn wenigstens zwei Menschen zusammenkommen, entwickelt sich zwischen ihnen ein anonymes Drittes. Dieses anonyme Dritte – die invisible und nicht materielle Struktur – wird von diesen beiden Menschen über die Art und Weise, in der sie miteinander sprechen, wie sie sich zueinander verhalten, spontan und ohne Absprache erzeugt. Und hat eine Bedeutung, die ein ganzes Leben massiv beeinflussen kann.

Stellen wir uns zwei Menschen vor, die sich gerade kennenlernen. Sie treffen unter anderem mit ihren jeweiligen Bedürfnissen, Wünschen, Lebenseinstellungen, Lebenserfahrungen, mit ihren Gefühlen, Persönlichkeitsmerkmalen, ihrem Streben nach Nähe, nach Distanz, nach Dominanz, nach Harmonie aufeinander.[81]

Ist ihre Begegnung nur flüchtiger Art, hat sie keine sonderlichen Auswirkungen auf beide Personen. Begegnen sie sich jedoch regelmäßig und baut sich beispielsweise eine Paarbeziehung zwischen ihnen auf, entwickeln sich automatisch zwischen ihnen dauerhafte invisible Strukturen. Nehmen wir weiter an, dass in der Beziehung dieser beiden Menschen der eine im Laufe seines Lebens ein starkes Dominanzstreben entwickelt hat und die andere Person ein eher harmoniebedürftiger Mensch ist. Bereits in den ersten Augenblicken ihrer

Begegnung ist unausgesprochen klar, wer in der Beziehung der Dominantere sein wird – und wer nicht.

Diese spezielle invisible Struktur hat sich zwischen ihnen spontan gebildet. Wird sie durch zahllose Wiederholungen stabilisiert, wird sie schließlich früher oder später von beiden Personen als mehr oder weniger selbstverständlich erlebt.

Dabei entwickelt diese invisible Struktur eine besondere Eigendynamik. Obwohl von ihren Erzeugern – dem Paar – nicht bewusst und spontan erschaffen, koppelt sich die invisible Struktur von diesen beiden Personen insofern ab, als sie nun ein ungeschriebenes und apersonales Gesetz darstellt. So könnte diese spezielle, nur diese beiden Personen betreffende invisible Struktur lauten: Der eine darf sich mehr herausnehmen als der andere. So könnte beispielsweise in einer Begegnung mit einer dritten Person dieser auffallen, dass der eine Partner den anderen unterbrechen darf, wann immer er will, das aber umgekehrt nicht der Fall ist. Weil das Paar diese invisible Struktur nicht bewusst befolgt, schwebt diese Struktur quasi wie ein von ihnen losgelöstes Gesetz über ihnen und bestimmt, wie sie sich zueinander zu verhalten haben. Sie orientieren sich an diesem letztlich von ihnen selbst geschaffenen, aber eben nicht von ihnen bewusst hergestellten »Gesetz«. Eine Ordnung hat sich entwickelt, stabilisiert und aufrechterhalten, an der sich beide nun für immer oder für eine gewisse Zeit in ihrem Leben orientieren. Dabei ist die invisible Struktur nicht prinzipiell negativ oder positiv. Solange damit beide gut leben können, wird sie möglicherweise nie bewusst auffallen. Erst über den Prozess der Bewusstmachung, dass sich die Beziehung nach bisher nicht hinterfragten Regeln gestaltet hat, kann die jetzt visible Struktur unter Umständen aufgelöst werden.

Nehmen wir an, dass dieses Paar ein Kind in die Welt setzt. Nun wird aus der Paardynamik eine Familiendynamik.

Ein Kind verändert im Allgemeinen die Art und Weise, wie das Paar – jetzt auch als Eltern – miteinander umgeht: Neue invisible Strukturen bilden sich. Etwa, dass der Ehemann, jetzt Vater, weniger häufig seinen Freizeitaktivitäten nachgeht, weil er sich als Vater verpflichtet fühlt, sich um sein Kind zu kümmern. Oder aber: Es bleibt alles beim Alten. Die Mutter muss sich mehr oder weniger allein um das Kind kümmern, ist für die Harmonie in der Familie zuständig, und der Vater lebt weiterhin sein Dominanzverhalten aus.

Das Kind nimmt aus seiner Perspektive die invisiblen Strukturen, die zwischen Vater und Mutter herrschen, durch Beobachtung wahr. Es registriert sehr schnell, wer in der Familie der Einflussreichere ist. Je älter das Kind wird, umso mehr orientiert es sich an diesen invisiblen Strukturen.

Es hat diese Strukturen nicht geschaffen. Sie haben deshalb einen historischen Effekt für das Kind. Es ist in diese hineingeboren und erlebt sie aufgrund dessen als selbstverständlich. In Abhängigkeit von seiner genetischen Beschaffenheit wird es sich entweder zu einer mehr dominanten oder mehr nach Harmonie strebenden Person entwickeln oder aber einen ganz anderen Weg einschlagen. Aber welche Form sich auch immer entwickeln wird: In den meisten Fällen wird das Kind ihren Ursprung auch später als Erwachsener nicht so ohne Weiteres bewusst wahrnehmen.

Natürlich gibt es auch visible Strukturen beim Paar und in der Familie, die offen kommuniziert, abgesprochen und eingehalten werden, wie etwa Regeln oder Absprachen, wer wann und wie welche Tätigkeiten in der Familie übernimmt.

Die Familiendynamik beinhaltet mindestens drei Personen. Damit kommt sie der Dynamik in Gruppen schon sehr nahe, die ab mindestens drei Teilnehmern so definiert wird. Eine Gruppe, ein Team, eine Schulklasse hat jedoch in der Regel keine familiäre Grundlage. Hier treffen fremde Menschen mit ihren Neigungen und Abneigungen, ihren Persönlichkeiten, Wünschen etc. aufeinander. Sie kommen aufgrund eines Arbeits- oder eines Lernverhältnisses zusammen und orientieren sich an bereits vorhandenen visiblen Strukturen wie Dienstanweisungen, Arbeitsabläufen, Umgangsweisen mit Kunden oder Lehrern, Hierarchien, Unternehmensrichtlinien oder einer Schulordnung.

Die invisiblen Strukturen in Teams oder Klassen sind solche, die in den meisten Fällen schon eine lange Geschichte haben und die ein neu hinzukommender Kollege oder Schüler rechtzeitig erkennen sollte, um nicht in die sprichwörtlichen Fettnäpfchen zu treten. Es sind historische invisible Strukturen, die in einem Team oder in einer Klasse vorherrschen, wie etwa: »Hier wird niemand verpfiffen«, »Hier wird nur so getan, als ob gearbeitet wird«, »Hier hat sich jeder widerspruchslos einzufügen«, »Hier darf man keine ›große Lippe‹ riskieren«, »Leg dich nicht mit Kevin an«, die schon seit Jahren gültig sind und gegen die zu verstoßen einem Neuankömmling große Probleme bereiten kann.

Wir können zwischen historisch gewachsenen invisiblen Strukturen unterscheiden und solchen, die gegenwärtig aktuell im Zusammenleben und -arbeiten zwischen Menschen geschaffen werden, die sich aber immer auf die historisch gewachsenen Strukturen beziehen.

Eine historisch invisible Struktur kann auch sein, dass bereits seit Jahren in einem Unternehmen oder in einer Schule regelmäßig gemobbt wird und dies stillschweigend von der Leitung geduldet oder sogar noch unterstützt wird.

Kehren wir zurück zu dem vorher geschilderten Beispiel, in dem ein Mitarbeiter vor seinen Kollegen von seinem Vorgesetzten gedemütigt wurde. Alle Kollegen waren überrascht vom Vorgehen ihres Vorgesetzten. Sie schwiegen, schufen damit eine invisible Struktur, die sich noch nicht stabilisiert hat und deshalb – zumindest theoretisch – noch verändert werden könnte. Deshalb hat sich auch noch kein Romeo-Dilemma entwickelt. Dies geschieht erst, wenn sich die invisible Struktur des »Misch dich nicht ein!« stabilisiert hat. Denn ganz gleich, was die Kollegen untereinander nach der Teamsitzung zueinander oder auch zu dem gedemütigten Mitarbeiter sagen werden: Es spielt alles keine Rolle, wenn es nicht öffentlich vor dem Vorgesetzten geschieht.

Wiederholen sich nun die Demütigungen des Mitarbeiters in jeder Teamsitzung, kommen vielleicht noch andere Handlungen vom Vorgesetzten hinzu, und der Verdacht reift in den Köpfen der Kollegen, dass hier ein Kollege gemobbt wird, dann erleben die Beteiligten das sogenannte **Romeo-Dilemma**: Romeo – eine Figur aus dem Drama »Romeo und Julia« von William Shakespeare – muss sich bekanntlich entscheiden, ob er seiner Liebe folgt oder den Regeln seiner Familie. Denn er verliebt sich in eine junge Frau, die einer verfeindeten Familie angehört. Sie ist bereits einem anderen Mann versprochen. Romeos Eltern würden einer Heirat zwischen ihm und Julia nie zustimmen. Zu dieser Zeit ein riesiges Problem, denn man musste sich an die Regeln (Strukturen) der Familie und der Gesellschaft halten. Geriet man wie Romeo in eine Situation, in der man sich gegen etwas entscheiden musste, was einem das Herz diktierte, befand man sich in einem Dilemma: Heiratet er Julia und lebt er seine Liebe, werden beide von ihren Familien verstoßen und sind allein. Heiratet er sie nicht, sind er und auch sie weiterhin Teil ihrer Familien und letztlich auch der Gesellschaft, müssen jedoch auf ihre Liebe verzichten.

Die eine Seite des Dilemmas für den Wegseher ist, dass ihm weitgehend klar ist, dass hier ein Kollege gemobbt wird. Er hat Verständnis für ihn, »ist auf dessen Seite«. Er kann sich gut in dessen psychische Verfassung hineinversetzen. Er weiß, dass es ungerecht, infam, perfide ist, was hier passiert. Er weiß, er müsste dem Kollegen beistehen, Partei für ihn ergreifen, etwas tun. Auf der anderen Seite lauern Gefahren: Er könnte das nächste Mobbingopfer sein, wenn er sich für den Kollegen einsetzt. Die eigene Karriere ist unter Umständen gefährdet. Vielleicht stände man dann generell auf der Abschussliste der Firma. Und da sind noch die finanziellen Verpflichtungen: das noch nicht abbezahlte Haus, die zu ernährende Familie, die kostspieligen Hobbys der Kinder, ein paar Kredite, die bedient werden müssen.

Das Romeo-Dilemma ist ein innerer Konflikt. Man muss sich entscheiden: für sich selbst und damit für das eigene

Wohlergehen und weil man weiterhin Teil des Teams oder einer Klasse bleiben will. Oder dafür, einem gemobbtem Kollegen oder Mitschüler konkret zu helfen. Das spricht gegen unser Bedürfnis nach sicherer Zugehörigkeit: Und dessen Befriedigung ist nur zu dem Preis zu haben, dass man sich folgsam in das bestehende System einfügt.

Die Entscheidung ist so schwer wie einfach: Die Kollegen werden sich dafür entscheiden, sich nicht einzumischen. Doch um das eigene schlechte Gewissen zu beruhigen, muss eine Begründung her, die es leichter macht, sich aus allem herauszuhalten. Das führt uns zum sogenannten Pilatus-Effekt.

Ohne Wegseher geht es nicht –
Der Pilatus-Effekt

Die Welt wird nicht von Menschen bedroht, die böse sind,
sondern von denen, die das Böse zulassen.

Albert Einstein, zitiert in Gruen

Nach dem Matthäus-Evangelium wusste der römische Staathalter Pontius Pilatus, dass man ihm Jesus nur aus Neid vorgeführt hatte. Pilatus selbst wollte Jesus nicht kreuzigen, da er dessen Schuld nicht sah. Pilatus' Ehefrau beschwor ihn, Jesus freizulassen, da er unschuldig sei. Doch die Menge vor ihm forderte Jesu Tod. Als Pilatus klar wurde, dass er nichts gegen die Volksmenge ausrichten konnte, ohne größere Unruhen zu riskieren, verurteilte er Jesus zur Kreuzigung. Dann nahm er Wasser und wusch sich vor der Menschenmenge die Hände und sprach: »Ich habe keine Schuld am Tod dieses Mannes. Das habt ihr zu verantworten!«

Seitdem ist der Satz »Ich wasche meine Hände in Unschuld« ein geflügeltes Wort geworden. Und das beste Beispiel dafür, dass passives Zusehen oder Wegsehen das Böse erst ermöglicht.

Wenn sich beim Mobbing am Arbeitsplatz Kollegen dafür entschieden haben, Wegseher zu sein, brauchen sie eine Begründung, die es ihnen erlaubt, sich unschuldig zu fühlen. Denn ein schlechtes Gewissen belastet zu sehr und konfrontiert mit den eigenen Unzulänglichkeiten.

Natürlich gibt es Gründe für das Wegsehen: Da wäre zum einen das Bedürfnis, weiterhin Teil eines Teams zu sein, was bedeutet, sich nicht auffällig zu verhalten und nicht aus der sprichwörtlichen Reihe zu tanzen. Doch diese Begründung reicht dem Wegseher nicht aus, sie bestätigt noch nicht seine eigene Unschuld. Die zweite Begründung ist die der Angst. Die Angst vor dem eigenen Karriereknick. Die Angst, selbst ein Gemobbter zu werden oder ein Außenseiter. Doch diese Angst muss man sich erst einmal eingestehen können. Ihr Eingeständnis würde dazu führen, sich als Feigling zu fühlen. So ist sie eher eine unangenehm vibrierende Hintergrundbegründung, deren Berechtigung man zwar spürt, aber sich nicht eingestehen will.

Im Kontext Schule sieht das hingegen anders aus. Denn hier ist die Angst das vorherrschende Motiv, um sich aus allem herauszuhalten. Und jeder der nicht betroffenen Mitschüler weiß das und akzeptiert es. Es ist die Angst vor dem in der Klasse beliebten Mobber oder vor dem körperlich starken Mobber, die einen zurückhält, sich für den Gemobbten einzusetzen. Es ist die Angst, sich gegen die Klasse zu stellen, da eine offen bekundete Solidarität oder Mitgefühl mit dem Gemobbten nur in einem Fiasko enden kann. Und im schlimmsten Fall würde ein solches Vorgehen sogar dazu führen können, nicht nur das nächste Opfer zu werden, sondern, dass der bisher Gemobbte sich nun mit seinen Mobbern verbündet, um nicht mehr das letzte Glied in der Klasse zu sein. Eine weitere Begründung ist es, sich selbst zu sagen, dass man dem Betroffenen helfen würde, wenn die anderen das ebenfalls täten. Das eigene Nichteingreifen ist also nur eine Folge des Nichteingreifens der anderen, weil ein alleiniges Unterstützen des Gemobbten ohnehin nichts ausrichten würde. Auf diese Weise kann man die »Schuld« auf die anderen schieben, was diese ihrerseits ebenfalls tun. Und die Verantwortungsdiffusion nimmt ihren verhängnisvollen Lauf.

Doch die beste Begründung, um seine Hände in Unschuld waschen zu können, ist die, dass auf die Undurchschaubarkeit des ganzen Geschehens verwiesen wird. Denn woher weiß man, dass das, was sich da vor aller Augen abspielt, tatsächlich Mobbing ist? Wird eine Situation für Menschen undurchschaubar, neigen sie dazu, sich aus ihr zurückzuziehen, sobald sie die Gelegenheit dazu haben.

Der invisible Charakter des Mobbings führt dazu, dass die nicht direkt am Mobbing Beteiligten sich in einer Lage befinden, in der sie letztlich und mit gutem Gewissen keine Entscheidung für oder gegen den Gemobbten treffen können. Zwar beobachten sie das Geschehen, aber es entzieht sich einer eindeutigen Beurteilung. Dies aber ist eine entscheidende Voraussetzung dafür, überhaupt einzugreifen, wenn sich im näheren Umfeld ein Missstand zu zeigen beginnt. Beim Mobbing ist dies bekanntermaßen nicht so einfach. Zu komplex ist das gesamte Geschehen.

Unter Umständen wäre es sogar möglich. Aber dies würde wiederum voraussetzen, sich intensiv mit einem Problem auseinanderzusetzen, das einen zunächst einmal nicht direkt betrifft. Da ist es einfacher, sich aufgrund der Undurchschaubarkeit des Mobbings zurückzuhalten.

Doch es kann noch ein weiterer Umstand hinzukommen, der die Entscheidung zur Nichteinmischung unterstützt: Es ist denkbar, dass jemand das sich abspielende Geschehen als Mobbing wahrnimmt, doch sich insgeheim fragt, ob das Mobbing nicht möglicherweise »berechtigt« ist. Diese Frage taucht vor allem dann auf, wenn der gemobbte Kollege sich schon immer zu allem allzu kritisch äußerte, vielleicht arrogant war, sich der Teamarbeit entzog oder seine eigenen Interessen rücksichtslos über die der Kollegen stellte.

Ob am Arbeitsplatz oder in der Schule – alles Genannte rechtfertigt das Nichteinmischen nicht im Geringsten. Es erleichtert den Wegsehern lediglich die Entscheidung, wegzusehen und sich selbst zu sagen: »Ich habe damit nichts zu tun!«

Kann man es den Wegsehern grundsätzlich verübeln, dass sie wegsehen? Aus Überforderung? Aus Angst? Aus gruppendynamischen Verwicklungen heraus?

Eigentlich nicht.

Und doch stellt es für den von Mobbing Betroffenen einen einzigartigen Verrat dar, der bei ihm zu einem Verlust, einer Enttäuschung führt, die bisher unvorstellbar war. Seit Jahren hat man mit seinen Kollegen zusammengearbeitet. Vielleicht haben sich Freundschaften entwickelt. Von einem Moment zum anderen ist dies für alle Zeiten vorbei.

Und die Erkenntnis zwängt sich in jede Ecke des Bewusstseins eines von Mobbing Betroffenen, dass jeder sich selbst der Nächste ist und man in der Not allein bleibt.

Eine bittere Erkenntnis für jemanden, der so dringend auf Hilfe und Unterstützung angewiesen ist. Wo auch die hinter vorgehaltener Hand ausgesprochenen Solidaritätsbekundungen nichts daran ändern, dass mehr nicht zu erwarten sein wird. Und man noch dankbar dafür sein kann, dass sich die wegsehenden Kollegen nicht mit dem Mobber verbünden.

Teil II

Die Mobbingfalle

»Von jetzt auf gleich gehörte ich nicht mehr dazu!« – Eine Gemobbte erzählt

Frau Lerrenfeld, 40 Jahre, ist Sachbearbeiterin in einer großen Firma. Sie arbeitet seit fast 15 Jahren im Unternehmen. Nachdem der bisherige Abteilungsleiter in Rente gegangen war, wurde ihr und ihren Kollegen ein neuer Abteilungsleiter (Herr Pertes) aus einer anderen Filiale zugewiesen. Seitdem wird Frau Lerrenfeld vom Abteilungsleiter gemobbt. Das Mobbing dauerte etwa zwei Jahre an.

Wie haben Sie das Mobbing erlebt?

»Es fing ganz harmlos an. Herr Pertes rief uns in sein Büro. Er gab ein Frühstück aus. Er gab jedem die Hand. Ganz anders als unser vorheriger Abteilungsleiter. Er sagte uns, dass er auf gute Zusammenarbeit hoffe, und machte klar, dass wir bei Problemen jederzeit zu ihm kommen könnten. Das gefiel uns allen. Denn zu unserem vorherigen Vorgesetzten hatten wir kaum Zugang. Zunächst lief auch alles gut an. Wir hatten alle den Eindruck, dass wir uns auf ihn verlassen konnten.«

Das änderte sich aber?

»Ja. Eigentlich sogar sehr schnell. Wegen angeblich falscher Buchungen wurde ich zu ihm zitiert. Er empfing mich schon sehr unfreundlich: Was das denn solle, ob ich meine Arbeit nicht könne, in der Ausbildung nicht aufgepasst habe ... Er bot mir nicht einmal einen Sitzplatz an. Er schimpfte und ging um mich herum wie ein Unteroffizier um einen Rekruten. Ich habe mich sehr mies gefühlt.«

Wie ging es weiter?

»Ich wurde immer öfter zu ihm gerufen. Wegen jeder Kleinigkeit. Mein alter Chef hatte meine Arbeit nie beanstandet. Es war immer alles in Ordnung gewesen. Jetzt versuchte mich der Neue darzustellen als eine Person, die völlig unfähig ist. Er ließ mich nicht ausreden, lachte mich aus, wenn ich mich verteidigen wollte.«

Das geschah immer unter vier Augen?

»Ja. Immer. Wenn andere dabei waren, war er sehr freundlich zu mir, lachte mich an. Mehrmals lobte er mich sogar vor den Kollegen.«

Wie lange ging das so?

»Fast ein Dreivierteljahr. Ich wurde immer nervöser. Ich machte immer mehr Fehler. Und sobald ich einen machte – also einen wirklichen Fehler –, musste ich sofort zu ihm kommen und mich rechtfertigen. Manchmal ließ er mich ausreden. Manchmal hörte er überhaupt nicht zu. Das Resultat war jedoch immer das gleiche: Ich sei unfähig, ich sei überbezahlt, ich hätte im Unternehmen nichts mehr zu suchen. Dabei bekam ich immer mehr Arbeit zugewiesen. Mehr Arbeit, mehr Fehler!«

Wie gingen Ihre Kollegen damit um?

»Natürlich erzählte ich einigen davon. Die konnten es nicht glauben, weil Herr Pertes doch immer so freundlich zu mir war. Und dann wurde es schlimmer!«

Was war passiert?

»Er rief mich zu sich und beschimpfte mich auf das Übelste. Ich hätte mich in meine jetzige Position hochgeschlafen. Gut im Bett und schlecht bei der Arbeit. Ich sei eine Last für das Unternehmen. Meine Zeit sei endgültig vorbei. Mit mir wolle niemand mehr ins Bett, so wie ich aussehen würde. Wenn ich genug Anstand hätte, würde ich kündigen und einen Fähigeren auf meine Stelle lassen!«

Wie war Ihre Reaktion?

»Ich fing zu weinen an. Ich konnte mich überhaupt nicht beruhigen. Ich war ganz aufgelöst. Ich habe mit niemandem geschlafen, um in meine Position zu kommen. Ich sagte es ihm. Er lachte nur und machte mit der Hand eine widerliche Geste. Dann riss er die Bürotür auf und schrie laut in den Flur, dass er sich von mir nicht beleidigen lassen würde, und warf mich aus seinem Büro. Seine Sekretärin bekam alles mit. Und auch ein paar Leute auf dem Flur bekamen es mit. Ich war völlig außer mir. Nach ein paar Tagen ging das Gerücht, ich hätte Herrn Pertes ins Gesicht gesagt, dass er ein Versager und ein Hochstapler sei. Von da an behandelten mich meine Kollegen wie eine Aussätzige.«

Haben Sie versucht, Ihren Kollegen zu erklären, dass Sie Ihren Chef nicht derartig beleidigt haben?

»Natürlich habe ich das versucht. Anfangs hatte ich das Gefühl, die meisten haben mir auch geglaubt. Heute bin ich mir da nicht mehr so sicher. Herr Pertes grüßte mich nur noch ganz förmlich. In den Teamsitzungen machte er deutlich, dass er meine Arbeitsfehler nicht mehr durchgehen lassen würde. Und dann wiederholte er in den Sitzungen immer wieder, dass ich unfähig sei. Als ich etwas darauf erwidern wollte, schnitt er mir das Wort ab. Ich durfte mich nicht einmal rechtfertigen. Meine Kollegen begannen, mich vollständig zu meiden.«

Wie hat sich das Verhalten Ihrer Kollegen verändert?

»Sie grüßten mich nicht einmal mehr. Von einem Tag auf den anderen gehörte ich nicht mehr dazu. Wenn ich auf einige Kollegen zuging, verstummte jedes Gespräch. Das Schweigen war zu peinlich, sodass ich es nicht mehr aushielt. Kaum war ich weg, redeten sie wieder miteinander. Eine Kollegin, mit der ich immer zum Mittagstisch gegangen war, setzte sich woanders hin. Ich kam mir vor, als hätte ich eine ansteckende Krankheit und alle wollten vermeiden, sich bei mir anzustecken.«

Das muss schwer für Sie gewesen sein.

»Das können Sie glauben. Ich habe mich immer gut mit meinen Kollegen verstanden. Wie eine kleine verschworene Gemeinschaft waren wir. Hatte ich zumindest bis dahin gedacht. Doch nun: Kein Wort mehr. Kein Lächeln. Als wäre ich überhaupt nicht da. Ich hätte nie gedacht, wie wichtig es ist, sich gut mit seinen Kollegen zu verstehen!«

Erzählen Sie bitte weiter!

»Wir gehen ja immer davon aus, dass das alles selbstverständlich ist. Ich meine, dieses Miteinander und so. Wir identifizieren uns mit der Firma, sind solidarisch zu den Kollegen, jedenfalls meistens. Aber das ist alles nur brüchiges Eis. Auf einmal ist die ganze Gemeinsamkeit weg, als hätte es sie nie gegeben.«

Sie haben sich Ihrer Firma sehr verbunden gefühlt?

»Ich will nicht sagen, dass sie mein Sinn und Lebenszweck war. Aber, ja: Diese Firma war mir sehr wichtig. Vor allem die Kollegen. Die kleinen Späße. Die Gespräche in der Cafeteria. Die neuesten Geschichten. Wenn ich mal Langeweile hatte, war immer einer da, der mir zuhörte. Man ist über acht Stunden am Tag auf der Arbeit. Fünf Tage die Woche. Mein Gott, das ist mehr Zeit, als ich mit meinem Partner verbringe!«

Wie ging es weiter?

»Ich konnte kaum noch schlafen und schluckte Tabletten ohne Ende. Meinen Mann schrie ich nur noch an. Meine Freunde zogen sich zurück. Schließlich stellte ich einen Versetzungsantrag in eine andere Filiale. Ich konnte nicht mehr. Die Versetzung wurde ziemlich schnell bewilligt. Er hat dabei bestimmt seine Finger im Spiel gehabt. Aber meine Fahrzeit war nun fast doppelt so lang. Das kostet. Und nicht nur Zeit, sondern auch Geld. Nach etwa einem Jahr hörte ich, dass zwei meiner alten Kollegen gekündigt worden waren. Einer rief mich an und erzählte mir, dass es wie bei mir begonnen hätte: Er wurde gelobt. Dann wurde ihm unterstellt, dass er den Chef beleidigt hätte. Das glaubte mittlerweile niemand mehr. Aber alle hatten Angst vor Pertes. Als der zweite Kollege entlassen wurde, waren alle nur in Panik, erzählte er mir. Er selbst würde auf Wiedereinstellung klagen. Der andere Kollege sei in der Psychiatrie gelandet. Wahrscheinlich mit dem Ergebnis einer Frühverrentung.«

Wie geht es Ihnen jetzt?

»Ich fühle mich so allein. Ich habe nie wieder so eine Beziehung zu meinen neuen Kollegen aufbauen können wie zu meinen alten. Das spüren die. Sie meiden mich nicht. Aber ich gehöre auch nicht dazu. Ich vermisse das so!«

Die Verlierer der Zukunft

Warum es jeden treffen kann – Das Mobbing-Roulett

Wie, du nimmst dir vor, die Situation zu kontrollieren?
Mit diesen nur hundert Klötzen baust du dir alles vom Leib
[…] Hundert Klötze sind dein freier Wille, da mußt du ja
das Kartenspiel für das Sinnbild des Lebens halten.
Oskar Wiener

Die hohe Zahl von über zwei Millionen Menschen, die in Deutschland von Mobbing betroffen sind, spricht für sich. Aber was sind diese zwei Millionen für Menschen?

Sind sie anders als die sogenannte Durchschnittsbevölkerung? Zeichnen sie sich durch spezielle Persönlichkeitsmerkmale und Verhaltensweisen aus, die sie – und nur sie – dafür empfänglich machen, dass sie gemobbt werden?

Würde dies im Umkehrschluss bedeuten, dass der Rest der Bevölkerung davon verschont bliebe?

Sichtet man die Literatur zum Thema Mobbing, kann man sich nur schwer des Eindrucks erwehren, dass den Betroffenen selbst eine gewisse Schuld an ihrem Zustand zuzukommen scheint. Akribisch wird in der Literatur beschrieben, woran man ein Mobbingopfer erkennen kann. So manches davon liest sich fast wie eine Anleitung zum »Wie werde ich zu einem Mobbing-Opfer«, die man nur »andersherum« lesen müsste, um sich davor zu bewahren, ein solches Opfer zu werden. Betrachtet man in diesem Zusammenhang die bevorzugten Lebensbereiche, in denen Mobbing entsteht und sich ausbreitet, so sind das vor allem Schule und Arbeitsplatz. Hier treffen Menschen in besonderer Dichte aufeinander, um miteinander zu lernen und miteinander zu arbeiten.

Dabei kann jahrelang alles gut gehen. Kollegen verstehen sich. Schüler kommen gut miteinander aus. Und plötzlich tritt eine nicht vorhersehbare oder lange nicht wahrgenommene Veränderung ein: Ein neuer Vorgesetzter, ein neuer Kollege, ein neuer Mitschüler betritt die Bühne. Arbeitsbedingungen ändern sich. Lern- und Konkurrenzdruck nehmen zu. Gesellschaftlicher Druck verstärkt sich.

Und das Schicksal kann seinen verhängnisvollen Lauf nehmen. Für manche wird das Leben nie mehr so sein, wie es einmal war.

Natürlich ist es dabei immer eine Frage der Perspektive, ob Mobbing als Bedrohung für die eigene Existenz wahrgenommen wird oder nicht. Für die von Mobbing Betroffenen ist die Antwort unmissverständlich klar. Sie erleben tagtäglich die damit einhergehende Reduktion ihrer Person zu einer bloßen Sache. Sie wissen: Sie werden gemobbt.

Für die Nichtbetroffenen oder besser Noch-nicht-Betroffenen hingegen sieht die Sache vollkommen anders aus: Eine Gruppe von ihnen wird durchaus mit Mobbing im Schul-

und Arbeitsalltag konfrontiert. Es sind die bereits bekannten Wegseher, *die aktiv Unbeteiligten*. Sie erleben zwar vor Ort, wie ihre Mitschüler, ihre Kollegen massiv unter Druck gesetzt und ausgegrenzt werden. Sie nehmen die Verzweiflung der Betroffenen auch wahr und spüren deren Ängste. Aber sie halten sich zurück und blenden das sich vor ihren Augen abspielende Szenario des Schreckens aus.

Ihre Weigerung, sich einzumischen, hat – wie im vorhergehenden Kapitel beschrieben – gute Gründe: Sie haben Angst. Sie sind überfordert. Sie unterliegen dem Gruppendruck.

Die Wahrscheinlichkeit, selbst zu einem Opfer zu werden, falls man sich einmischt, ist hoch. Hinzu kommt der bereits bekannte Pilatus-Effekt (siehe ab Seite 86), der zur Passivität geradezu einlädt.

Die zweite Gruppe der Nichtbetroffenen – und sie stellt mit Abstand die noch größere dar – erlebt den Terror gegen die Psyche ihrer Mitmenschen aus einer noch viel größeren Entfernung. Man hat im Fernsehen etwas darüber gesehen. Es in der Zeitung gelesen. Oder man kennt möglicherweise jemanden, der jemanden kennt, der meint gemobbt zu werden oder gemobbt wurde oder wird.

Während die erste Gruppe von der Hoffnung lebt, dass ihnen das Schicksal eines von Mobbing Betroffenen in der Zukunft erspart bleiben wird, geht die zweite Gruppe aufgrund ihrer weit größeren Distanz zum Geschehen davon aus, dass sie nie gemobbt werden könnte. Diese Menschen sind davon überzeugt, dass sie niemals dem Psychoterror ausgesetzt werden, weil sie eben anders sind als die von Mobbing Betroffenen.

Doch dies ist ein verhängnisvoller Trugschluss. Denn die Persönlichkeitsmerkmale und Verhaltensweisen der von Mobbing Betroffenen unterscheiden sich nicht grundlegend von denen, die (noch) nicht von Mobbing betroffen sind oder glauben, es nie zu werden. Denn eine Mobbing-Persönlichkeit gibt es nicht.[82] Allerdings scheint es eine Reihe von Risikofaktoren zu geben, die einen Menschen zu einem potentiellen Mobbingopfer werden lassen können.

In der Schule – und damit für Kinder und Jugendliche – ist die Anzahl dieser Risikofaktoren überschaubar. Zum einen sind es hier Äußerlichkeiten, die eine herausragende Rolle spielen, um zu einem potentiellen Opfer zu werden.[83] Ein übergewichtiges Kind hat es beispielsweise nicht gerade leicht in einer Subkultur wie der Schule, wo Äußerlichkeiten entscheidend dafür sein können, ob man »dazugehört oder nicht«. Abstehende Ohren zu haben oder feuerrote Haare, zu groß oder zu klein zu sein, eine körperliche Behinderung aufzuweisen, all das sind kaum zu übersehende Merkmale, um deutlich zu machen, dass man *irgendwie anders* als alle anderen ist. Doch nicht nur das »falsche« Aussehen kann ein Auslöser für Mobbing (auch Bullying genannt) sein.[84] Selbst ein von der jeweiligen Schulklasse nicht akzeptierter Kleidungsstil gehört dazu.

In einer Gesellschaft, die nur oberflächlich tolerant ist und wo Kinder als »Seismographen ihrer Umwelt«[85] genau spüren, dass es in dieser Welt darauf ankommt, sich auch auf Kosten anderer durchzusetzen und stärker als andere zu sein, stellt dieser Umstand ein Problem für ein friedliches Miteinanderleben von Menschen dar.

Gerade für Kinder und Jugendliche – die sich einer Gruppe zugehörig fühlen wollen, ja müssen, um darüber ihren Selbstwert, ihre Identität zu gewinnen – ist der Status »ich gehöre dazu« von existentieller Bedeutung. Nichtzugehörigkeit hingegen bedeutet: »Niemand will mich«, »Ich bin nichts wert«.

Neben all diesen sichtbaren Indizien für die Inkompatibilität, die Unvereinbarkeit, mit der Masse sind es selbstverständlich auch *Persönlichkeitsmerkmale* und *Verhaltensweisen* wie unter anderem etwa Schüchternheit, Exzentrik, Eigenbrötlerei, Strebertum, Besserwisserei, hohe Intelligenz, niedrige Intelligenz ... die einen schnell zu einem Außenseiter werden lassen können.

Beim Mobbing am Arbeitsplatz hingegen sind es insbesondere Persönlichkeitsmerkmale und Verhaltensweisen, die Risikofaktoren darstellen. Menschen etwa mit einem Hang zur Individualität, zu kritischem Denken, kreative Menschen, sehr leistungsorientierte Menschen, Perfektionisten – all das sind Personen mit einem hohen Risiko.[86] Nach der Repräsentativstudie für die Bundesrepublik Deutschland 2002, dem »Mobbing-Report«, wurden Mitarbeiter unter anderem gemobbt, weil sie unerwünscht Kritik äußerten (60,1 Prozent), als Konkurrenz empfunden wurden (58,9 Prozent), der Mobber neidisch war (39,7 Prozent), aufgrund starker Leistungsfähigkeit (37,3 Prozent), ein Sündenbock gesucht wurde (29,1 Prozent) oder weil der/die Mobber den Arbeitsbereich des Gemobbten an sich ziehen wollten (24,8 Prozent).[87]

Letztlich *jedes* Persönlichkeitsmerkmal eines Menschen, jede seiner Verhaltensweisen, jede Äußerlichkeit, jeder Lebensstil, jeder Satz, den er äußert, jede Handlung, die er ausführt, kann zum Auslöser für Mobbing werden. Es reicht aus, kompetent oder inkompetent zu sein, um gemobbt zu werden. Zu intelligent oder zu wenig intelligent. Zu attraktiv ebenso wie zu unattraktiv.

Hinzu kommen noch die Mobber selbst, die sich aus mehr oder weniger persönlichen Gründen von manchen ihrer Mitmenschen so bedroht, provoziert oder abgestoßen fühlen, dass ihnen jedes Mittel recht ist, um sie auf alle nur erdenkliche Arten auszugrenzen.

So gibt es keine Durchschnittspersönlichkeit, kein Durchschnittsaussehen, kein Durchschnittsverhalten, keine Durchschnittsintelligenz, die eine Person vor Mobbing bewahren könnte. Denn was die Mobber aufgrund der Beschaffenheit ihrer Persönlichkeit zu guter Letzt für eine Bedrohung oder für unerträglich halten, ist nicht vorhersehbar. Mobber im Kontext Arbeitsplatz zu erforschen ist insofern schwierig, da sich niemand von ihnen für Untersuchungszwecke zur Verfügung stellen würde. Wer psychische Gewalt ausübt, geht damit in der Regel nicht hausieren.

Ganz normale Persönlichkeitsmerkmale, Verhaltensweisen, Äußerlichkeiten, Lebensstile auf der Seite der Betroffenen vermischen sich so mit einer Vielzahl unterschiedlichster Neigungen und Abneigungen auf der Seite der Täter. Aus diesem Grund gibt es keine klaren Abgrenzungslinien, die eine Zuordnung mittels Risikofaktoren zwischen Gefährdeten und Nichtgefährdeten zuließe. Es gibt für jeden von uns den passenden Psychoterroristen. Ungeklärt ist nur, wann man ihm über den Weg laufen wird.

Doch reicht das soeben Ausgeführte nicht aus, um abschließend zu erklären, warum es jeden treffen kann. Denn neben den Neigungen und Abneigungen der Täter und deren psychischen Besonderheiten, die im nächsten Teil des Buches analysiert werden sollen, kommt noch etwas hinzu, was sich wie ein unsichtbares Netz über diese Besonderheiten legt.

Es geht um ein Phänomen, das so alt ist wie die Menschheit selbst: Es geht um die prinzipielle Bereitschaft von Menschen und Gesellschaften, ihre Mitmenschen auszugrenzen. Zunächst jedoch soll das Phänomen der Ausgrenzung in seinen Grundzügen näher beleuchtet werden.

Viagra für das Volk – Die Droge Exklusion

Wir sind fünf Freunde (...). Die Leute wurden auf uns
aufmerksam, zeigten auf uns und sagten: Die fünf sind
jetzt aus diesem Haus gekommen. Seitdem leben wir
zusammen, es wäre ein friedliches Leben, wenn sich
nicht immerfort ein sechster einmischen würde. (...)
Mag er noch so sehr die Lippen aufwerfen, wir stoßen
ihn mit dem Ellbogen weg, aber mögen wir ihn noch so
sehr wegstoßen, er kommt wieder.

Franz Kafka

Mobbing ist nur eine spezielle Form der Ausgrenzung, nur eines der Mittel, um Menschen in valide (gültig) und invalide (ungültig) zu spalten.

Ausgrenzung bedeutet, Menschen den Zugang zu einer Gemeinschaft oder einer Gesellschaft und die gleichzeitige Teilhabe an deren Errungenschaften wie zum Beispiel finanzielle Unterstützungen, Zugehörigkeitsgefühl oder soziale Anerkennung zu verweigern oder zu entziehen.[88] Ausgrenzung ist dabei nicht grundsätzlich etwas Negatives. Zu einer Familie gehört nun einmal nicht jeder Mensch. Zu einer

Feier wird nicht jeder eingeladen. Ein Paar besteht definitionsgemäß aus zwei Personen und nicht aus der ganzen Welt. Diese Form der Ausgrenzung, verstanden als ***Abgrenzung***, um sich von anderen zu unterscheiden, ist in der Regel nicht das Problem. Es ist ein natürlicher Prozess beim Bilden von Ordnungen, der von unserem Gehirn grundlegend gesteuert wird (siehe auch Seite 129).

Zu einem Problem wird diese Ausgrenzung immer dann, wenn es Menschen etwas wegnimmt oder verweigert, was diese dringend für das eigene physische und psychische Überleben benötigen. Ausgrenzung wird heute in der soziologischen Forschung als soziale Exklusion bezeichnet.[89] Sie betrifft in Gesellschaften westlicher Prägung insbesondere Arbeitslose – vor allem Langzeitarbeitslose – und Obdachlose. Zwar sind diese Menschen formal betrachtet Teil der Gesellschaft, doch sind sie de facto an deren Rand katapultiert. Die Ausgrenzung (Exklusion) findet also innerhalb der Eingrenzung (Inklusion) statt. Sie gehören dazu, aber gleichzeitig gehören sie auch nicht dazu.

Der Soziologe Martin Kronauer sieht es so: Die Ausgegrenzten gehören nicht zum erwerbstätigen Teil der Bevölkerung, wobei ihnen soziale Anerkennung entzogen wird, falls sie nicht wieder in die Erwerbsarbeit zurückfinden. Des Weiteren droht ihnen soziale Isolation: Vereinzelung und die Einschränkung der sozialen Kontakte auf die Menschen, die sich in gleicher Lage befinden. Ebenso werden sie von gesellschaftlichen Teilhabemöglichkeiten ausgeschlossen: Zum einen durch das Absinken des Lebensstandards. Zum anderen durch Abhängigkeit von Institutionen wie dem Jobcenter und, wie es der Psychiater Bämayr zusätzlich in diesem Zusammenhang formuliert, mit dem teilweisen Entzug bürgerlicher Grundrechte.[90] Und zum Dritten durch den Ausschluss von gesellschaftlich geteilten Lebenszielen wie dem Streben nach beruflichem Erfolg.[91] Es sind die Überflüssigen der Gesellschaft, menschlicher Abfall, den niemand mehr braucht und niemand mehr will, wie es der Soziologe Zygmunt Bauman pointiert auf den Punkt bringt.[92] Sie haben keinen Nutzen für den Erhalt einer Gesellschaft. Sie sind dauerhaft unproduktiv.

Aber selbst unter den Ausgegrenzten gibt es Hierarchien. Gemessen an den Teilhabemöglichkeiten, die einem jeden offenstehen, rangieren einige der Ausgegrenzten an unterster Stelle. Es sind in abstufender Reihenfolge Asylbewerber, illegale Einwanderer und illegal Beschäftigte.

Eine Ausgrenzung der besonderen Art trifft Kranke, Behinderte und vor allem alte Menschen in unserer Gesellschaft. Auch sie könnten als mehr oder weniger dauerhaft unproduktiv angesehen werden. Ihre Ausgrenzung besteht nicht darin, dass ihnen grundsätzlich die Teilhabemöglichkeiten verwehrt werden, sondern vielmehr darin, dass man versucht, ihre Schwäche oder Notlage auszunutzen, um Kosten einzusparen.

Sie sind Opfer einer strukturbedingten – hier bürokratisierten – Ausgrenzung. Sei es nun, dass Krankenkassen versuchen, besonders kostenintensive Mitglieder zum Verlassen der Krankenkasse zu bewegen. Sei es, dass Versicherungen im Schadensfall die vereinbarten Zahlungen verweigern. Sei es, dass alte Menschen in Altenheimen ihrer Grundrechte beraubt werden.[93]

Unter permanenter Behauptung des Gegenteils kann diese Form der Exklusion allerdings bis zur formalen Unkenntlichkeit verschleiert werden. Sie ist die invisibelste Form der Ausgrenzung.

Die wohl schlimmste und menschenverachtendste Form der Ausgrenzung ist die, Menschen zu töten, weil man ihnen das Menschsein an sich aberkennt. Die Geschichte ist voll davon: Angehörige indigener Völker, dunkelhäutige Menschen, Frauen, sogenannte primitive und minderwertige Völker, Geisteskranke, Juden.

Und gehen wir noch einen, wenn auch großen Schritt weiter in der Geschichte der Menschheit zurück, so zeigt sich Ausgrenzung selbst in den Anfängen der Menschheit, wo jeder, der sich der Gruppe verweigerte, von ihr ausgestoßen wurde und damit in der Regel sein eigenes Todesurteil unterschrieb.

Mobbing ist eine Facette von Ausgrenzung – psychosoziale Ausgrenzung. Sie nimmt einem Menschen etwas weg, was für sein psychisches, aber auch physisches Überleben wie für das eines jeden Menschen unverzichtbar ist: Teil einer wie auch immer gearteten Gemeinschaft zu sein, um darüber die Sicherheit zu erlangen, anerkannt, nützlich und gebraucht zu sein. Das wird dem von Mobbing Betroffenen verwehrt.

Die Folge: Isolation und massive psychische Verunsicherung mit allen bereits geschilderten gesundheitlichen Folgen.

So betrachtet, unterscheidet sich psychosoziale Exklusion in Form von Mobbing nicht sonderlich von anderen Arten der Ausgrenzung. Doch im Gegensatz zu den sozial Ausgegrenzten wird von Mobbing betroffenen Menschen buchstäblich von einem Augenblick zum anderen und ohne jegliche »Begründung« die Zugehörigkeit zu ihren jeweiligen unmittelbaren Bezugssystemen wie etwa zum Team, dem Unternehmen oder der Schulklasse entzogen.

Das ist das Traumatisierende, das Krankmachende am Mobbing: die Schnelligkeit des Geschehens und die relative Unsichtbarkeit der Gründe, warum man ausgegrenzt wird. Dies ist, auf den Punkt gebracht, der kleine Tod des Lebens.

Wird einem Menschen ein Zugehörigkeitsgefühl verweigert oder entzogen und kann er diesen Mangel nicht mehr kompensieren, wird er früher oder später krank. So der Sozialpsychologe Erich Fromm. Er verweist darauf, dass die größte Angst des Menschen nicht die vor dem Tod ist, sondern die vor der Isolation.[94]

Der Mensch ist grundlegend nicht darauf angelegt, ein vereinzeltes Wesen zu sein. Stattdessen ist er ein soziales Wesen, das den und die anderen benötigt, um physisch wie auch psychisch zu überleben.

Ausgeschlossen zu sein, ausgestoßen zu sein und infolgedessen als Mensch abgewertet zu werden, darüber schließlich seiner beruflichen, materiellen, persönlichen und sozialen Identität beraubt zu werden, das muss verkraftet werden. Nur den Wenigsten gelingt es. Denn jeder Mensch benötigt Sicherheit, was bedeutet: das Wissen und das Gefühl, eine gewisse Kontrolle über das eigene Leben zu haben, um darüber Kontinuität im Umgang mit sich und der umgebenden Welt zu erfahren.[95]

Bezugssysteme wie Familie, Partnerschaft, Freundschaften, Schule und Arbeit vermitteln genau diese Erfahrung und ermöglichen erst die Entwicklung und den Erhalt von Identität und Selbstbewusstsein. Eine unhintergehbare Voraussetzung, um als Kinder und Jugendliche gesund aufzuwachsen und als Erwachsene gesund zu bleiben.

Das Bewusstsein für solcherart existentiell wichtige Zusammenhänge ist allerdings alles andere als selbstverständlich. Es ist eine Erkenntnis, die ihren Siegeszug erst gegen Mitte des 20. Jahrhunderts antrat. Hier begann das »Zeitalter der Psyche«, das bis heute das menschliche Denken, Fühlen und Verhalten detailliert zu erforschen versucht.

Doch in den Köpfen der meisten Menschen hat sich seitdem nicht viel verändert. Dies mag auch ein Grund dafür sein, dass wir der psychischen Gewalt in unserer Gesellschaft immer noch so wenig Aufmerksamkeit schenken. Einen Menschen bewusst und gezielt seiner überlebensnotwendigen Sicherheit zu berauben und ihn in den Abgrund der Isolation zu stoßen, aus der er so leicht oder überhaupt nicht wieder herausfindet, ist psychische Gewalt in Reinkultur.

Das Interesse daran ist verschwindend gering. Wen wundert es in diesem Zusammenhang, wenn man sich wieder vergegenwärtigt, dass Mobbing in Deutschland weder strafrechtlich relevant noch im Gesundheitssystem als eigenständige Erkrankung anerkannt ist.[96] Solange kein Blut fließt, scheint alles in bester Ordnung zu sein. Ein Irrglaube ohnegleichen.

Werfen wir einen kurzen Blick in die Geschichte, um zu verdeutlichen, warum es uns im Allgemeinen so schwerfällt, neue Erkenntnisse in unser Denken zu integrieren.

Noch im 15. Jahrhundert gab es Gerichtsverhandlungen, in denen Tiere der Gotteslästerung angeklagt wurden.[97]

Was für uns heutige Menschen mehr als nur abstrus erscheint, war in den entsprechenden Epochen normales Denken. Es war so selbstverständlich wie die einen umgebende Luft. Und diese gemeinschaftlich geteilten Selbstverständlichkeiten (siehe auch Seite 175, Teil IV) durfte man nicht infrage stellen. Bis neue Erkenntnisse das öffentliche Bewusstsein allmählich veränderten, gingen häufig viele Jahrzehnte ins Land. So auch heute. Dass der Terror gegen die Psyche Wunden anderer Art schlägt als Schläge auf einen Körper, ist eher – wenn überhaupt – immer noch eine Randnotiz im Denken der vom Psychoterror Nichtbetroffenen. Und dies sind immer noch die meisten.

Wichtig ist festzustellen: Das Ziel einer jeden Ausgrenzung ist auf der anderen Seite die Eingrenzung. Denn nur darüber, dass Menschen ausgegrenzt werden, können sich die Nichtausgegrenzten als Eingegrenzte – als Dazugehörende – fühlen. Auf diese Weise entwickelt sich eine Hierarchie, die ein Machtverhältnis im Sinne eines Oben-und-unten-Verhältnisses festlegt. Diese hier menschenverachtende Funktion der Ausgrenzung stärkt das Überlegenheits- und Zusammengehörigkeitsgefühl der Eingegrenzten.

Ein kleiner Tod des Lebens –
Der Infarkt der Psyche

Im Labyrinth des Mobbings bleibt man allein.

Sehen wir uns die psychosoziale Ausgrenzung von Mobbing Betroffener ein wenig detaillierter an.

Vom Augenblick des Mobbings an ist der davon Betroffene ein Ausgegrenzter, der den Blicken der anderen – denen der Kollegen, der Vorgesetzten, der Mitschüler – wehrlos ausgeliefert ist. Ganz gleich, ob diese nun aktiv am Ausgrenzungsprozess beteiligt sind oder nicht. Blicken, denen er sich nicht zu entziehen vermag.

Der französische Philosoph Jean-Paul Sartre schrieb in seinem Buch »Das Sein und das Nichts« über den Blick. Er erzählt hier die Geschichte eines Mannes, der durch ein Schlüsselloch in das Zimmer eines Fremden blickt und genau in diesem Moment von einem anderen dabei ertappt wird. Was nun geschieht, entfesselt ein Drama der besonderen Art. Denn der Schlüssellochseher ist durch den Blick des anderen genau auf diese Tätigkeit hin eingefroren.

Was dies bedeutet, führt zu einer Ausgrenzung. Der

Schlüssellochseher wird bewertet, nur aufgrund dieser einen Tat. Alle seine guten und positiven Seiten, seine Verdienste in der Vergangenheit, seine noch möglichen Leistungen in der Zukunft haben im Augenblick der Bewertung durch den Beobachtenden keinerlei Bedeutung. Er kann auch nichts gegen die Gedanken des anderen unternehmen. Jede Erklärung würde ihn nur noch tiefer in den Morast der Hilflosigkeit reißen.

Nicht viel anders ergeht es dem von Mobbing Betroffenen. Er trägt ein Schandmal auf der Stirn: das des Losers, der Persona non grata, das – obwohl unsichtbar – für alle erkennbar ist. Denn er kann seine Unschuld nicht beweisen. Er kann sich rechtfertigen, so viel er will. Nichts davon muss ihm geglaubt werden. So ist er den Blicken der Mitschüler, der Kollegen, der Wegseher vollständig ausgeliefert.

Was sie über ihn denken, setzt ein gedankliches Horrorszenario in Gang. Was denken die anderen über ihn?

Dass er ein Verlierer ist, der im Kampf um seinen Arbeitsplatz versagt hat? Dass er ein Störenfried ist, der verdient hat, dass man ihn quält? Dass er ein Querulant ist, der nichts Besseres verdient hat? Dass er ein Schwächling ist, der endlich seine Quittung bekommen hat? Dass er ein Whistleblower ist, der so dumm war, seinen Mund nicht zu halten und gegen das (un-)geschriebene Gesetz der Verschwiegenheit verstoßen hat?

Wie geht es dem Gemobbten, wenn er auf Verständnis stößt? Auch hier steht die Frage im Raum: Wie echt ist dieses Verständnis, das man ihm entgegenzubringen scheint? Was hat es zu bedeuten?

Gleichgültigkeit?

Betroffenheit?

Täuschung?

Zufriedenheit darüber, dass man selbst von einem solchen Schicksal verschont geblieben ist?

Freude darüber, dass es ihm schlecht geht?

Natürlich können alle diese Antworten nur die Fehlinterpretationen einer an die Wand gepressten Seele sein.

Vielleicht.

Vielleicht aber auch nicht.

Und genau dieser Umstand ist es, der den Gemobbten in die Verzweiflung und Hilflosigkeit treibt. Er weiß nicht mehr, was er von seinen Mitmenschen halten soll. Weder vom Mobber, sofern er ihn hat identifizieren können, noch von den Kollegen oder den Mitschülern. Und selbst, wenn er wüsste, was die anderen über ihn denken. Könnte er es ändern, wenn es negativ wäre? Und wie könnte er sich sicher sein, dass er die anderen von seiner Unschuld überzeugt hätte?

Fragen über Fragen.

Alles befindet sich für den Gemobbten in einer unerträglichen und krankmachenden Schwebe. Nur eines ist sicher in dieser nicht enden wollenden Spirale der Verunsicherung und des Zustandes tiefster Isolation: Die Vertrautheit, die er im Umgang mit den anderen einst hatte, ist auf immer verloren. Ein Bezugssystem hat sich aufgelöst.

Was bleibt, ist für ihn eine Klarheit, die man in unserer modernen Gesellschaft nur noch selten erlebt: Es gibt einen Gewinner, und es gibt einen Verlierer. Ein schwacher Trost.

Und er weiß, wo er sich einordnen muss.

115

Er ist der Verlierer. Einer, mit dem niemand mehr etwas zu tun haben will. Nachtreteffekte inklusive. Das ist der kleine Tod des Lebens.

Nun könnte man argumentieren, dass der von Mobbing Betroffene doch noch andere Bezugssysteme hat, die den Verlust dieses einen kompensieren könnten. Der Verlust eines Arbeitsplatzes oder auch »nur« die Isolation am Arbeitsplatz mag auf den ersten Blick nicht so katastrophal erscheinen. Schließlich gibt es in der Regel noch weitere alternative Bezugssysteme, die den Betroffenen stützen: die Familie, die Partnerschaft, der Freundeskreis. Doch selbst diese sind durchaus gefährdet. Mobbing macht nicht Halt vor diesen Sicherheitsnetzen. Es wird fast zwangsläufig hineingetragen in die privatesten und intimsten Bereiche des Betroffenen. Es droht der Verlust von Freundschaften. Das Ende einer Beziehung. Ganz einfach deshalb, weil Gemobbte ihr Leid in diese Bezugssysteme tragen, diese durch die Endlosschleife von immer neuen minutiös geschilderten Erlebnissen ungewollt überfordern.

Aber selbst, wenn diese anderen Bezugssysteme intakt blieben, reichen sie nicht aus, um den Verlust von Sicherheit und der Zugehörigkeit zu den jeweiligen beruflichen Kontexten kompensieren zu können.

Zu viel hängt davon ab. Es droht Arbeitslosigkeit. Der finanzielle Absturz. Neue Verunsicherungen. Neue Ängste.

Neue Kämpfe. Dieses Mal mit dem Jobcenter, der Krankenkasse, juristische Auseinandersetzungen.[98]

Und über allem schwebt die realistische Gefahr, auf Dauer arbeitslos zu werden und zu verarmen, vielleicht sogar zusätzlich zu erkranken. Die permanente Hintergrundbedrohung der sozialen Exklusion rückt immer näher.

Das berufliche Bezugssystem ist nun einmal dichter gewebt als andere. Man erkennt es häufig erst dann, wenn man sich nicht mehr darin befindet. Die Bedeutung der Arbeit für das psychische Wohlbefinden und damit letztlich für die Gesundheit des Menschen ist unverzichtbar. Ein großer Teil der Identität eines Menschen wird über die Arbeit gewonnen. Das Gefühl, nützlich, produktiv, anerkannt, wichtig zu sein, ist entscheidend für das Selbstbild und die Selbstsicherheit eines Menschen.

Untersuchungen haben gezeigt, dass Langzeitarbeitslose unter ihrer Arbeitslosigkeit massiv leiden und ihre Anfälligkeit für Depressionen sehr hoch ist.[99]

Arbeit erfüllt eine wesentliche Funktion in unserer Gesellschaft. Sie ermöglicht nicht nur den Zugang zu Konsumgütern unterschiedlichster Art. Sie ist ein Statussymbol, das einen Beschäftigten von einem Nichtbeschäftigten klar unterscheidet. Sie unterstreicht damit die »Bedeutung einer Person«, die in der Lage ist, ihren Teil zum Erhalt und zur Entwicklung einer Gesellschaft beizutragen, und kein »Sozialschmarotzer« ist.

Nicht viel anders sieht es für Kinder und Jugendliche aus, die massivem Mobbing ausgesetzt sind. Psychosoziale Ausgrenzung erhält in der schulischen Umgebung jedoch eine neue Dimension. Denn es geht in diesem Kontext nicht darum, dass die Gemobbten die Schule verlassen sollen. Das ist nicht die Intention der Täter und Täterinnen. Ganz im Gegenteil: Der Gemobbte soll bleiben. Er ist unverzichtbar für die Identität und Sicherheitsgefühle der Täter. Der aus einer Schulklasse Ausgestoßene fungiert nur noch als passiver Unterhalter einer ihn demütigenden Gruppe. Ihm wird eine neue Form von Identität eingebrannt: ein Opfer zu sein. Jemand zu sein, mit dem man nicht mehr spricht, dem Schweigen entgegenschlägt, wenn er sich seinen Mitschülern auch nur nähert. Oder jemand zu sein, dem Gelächter entgegenschallt, abwertende Blicke zugeworfen und Beleidigungen zugerufen werden, wenn man ihn nur sieht. Angespuckt zu werden, geschlagen zu werden.

Auch das ist der kleine Tod des Lebens.

Kinder und Jugendliche ziehen ihr Selbstbewusstsein aus der Zugehörigkeit zur Gruppe der Gleichaltrigen und ihrer Positionierung darin. Diese Zugehörigkeit ist ein wesentliches Element in der Entwicklung von Identität. Allein die Anerkennung durch die Gruppe, die Klasse zeigt, ob man »zählt« oder nicht.

Zwar ist das Bezugssystem Familie nach wie vor ein wichtiger Halt für Kinder und Jugendliche. Ohne diesen »Ort der Geborgenheit« – immer vorausgesetzt, Familie ist ein solcher Ort für das Kind – wäre alles noch viel fataler. Doch auch Familie kann letztlich nicht jene wichtigen Entwicklungsschritte kompensieren, die nur im Umgang mit Gleichaltrigen und nur in deren Umfeld erworben werden können.

Wir müssen uns dessen bewusst werden: Mobbing als psychosoziale Ausgrenzung hat die Mitte der Gesellschaft erreicht. Diese Mitte besteht aus Menschen, die sich noch nie in ihrem Leben am Rand der Gesellschaft befunden haben.

Sie sind integriert.

Sie gehen einer Arbeit nach.

Sie besuchen eine Schule.

Sie haben Ziele.

Sie haben eine Zukunft.

Diese Mitte wird nun massiv von denen attackiert, die selbst zu dieser Mitte gehören.

Es sind nicht mehr nur die Arbeitsmärkte, Krankheiten, Alterungsprozesse, Zufälle des Lebens ... die einen zu einem Ausgegrenzten werden lassen können. Es sind zusätzlich die Mobber, die über ihren Psychoterror Menschen gezielt und bewusst an den Rand der Gesellschaft katapultieren wollen.

Ein Wachstumsmarkt für Ausgrenzung.

Es taucht zwangsläufig die Frage auf: Was veranlasst Menschen aus der Mitte der Gesellschaft, andere – sich ebenfalls in der Mitte befindende – Menschen gezielt an den Rand zu drängen? Wo liegen die Beweggründe?

Sie liegen nicht nur in der Psyche der Mobber begründet, sondern auch in den nicht immer leicht zu erkennenden invisiblen Strukturen eines Teams, einer Schulklasse und in den invisiblen Hyperstrukturen einer jeden Gesellschaft.

Und sie liegen in einer noch viel tieferen Schicht verborgen, die das alles miteinander vernetzt. Sie liegen in einer grundlegenden Funktionsweise des menschlichen Gehirns begründet: Ordnungen über Ordnungen ununterbrochen herstellen zu müssen, indem es ebenso ununterbrochen Ein- und Ausgrenzungen vornehmen muss.

Begeben wir uns nun in einen Bereich, der so unsichtbar für das bloße Auge ist wie eine Nervenzelle und doch unser ganzes Leben so entscheidend mitbestimmt.

Teil III:

Die Welt der Mobber

»Warum mir Mobben Spaß machte!« – Ein Mobber outet sich

Herr Singer, 44 Jahre alt, ehemaliger Bezirksleiter einer großen Firma, meldet sich zu einem Gespräch an. Er sei ein Mobbingopfer, sagt er. Er müsse dringend mit jemandem reden, weil er den ganzen Druck nicht mehr aushalten würde.

Im Laufe der Gespräche bestätigt sich jedoch der Verdacht, dass er kein Mobbingopfer ist. Er berichtet, dass er im Auftrag seines Vorgesetzten in der Vergangenheit seine Kollegen gemobbt hat. Nachdem er seinen Arbeitsplatz kündigte, wurde ihm – so sagt er – bewusst, was er getan hat, und er sucht jetzt Hilfe.

Warum haben Sie Ihre Mitarbeiter gemobbt?
»Von allein wäre ich nie darauf gekommen, das können Sie mir glauben. Das war so: Unser Personalleiter bat mich zu einem Gespräch und wies auf die schlechte Lage der Firma hin. Man müsse sparen, wo man nur könne. Es gäbe einige Mitarbeiter in der Firma, die richtig Geld kosten würden und keine Leistung mehr brächten. Aus Faulheit, weil sie alt wären. Man müsse sich von ihnen trennen, ohne hohe Abfindungssummen zahlen zu müssen. Ob ich mir vorstellen könne, ihm dabei zu helfen, diese Mitarbeiter dazu zu bewegen, freiwillig zu kündigen, im Interesse der Firma.«

Was haben Sie in diesem Moment vermutet?

»Ich habe sofort gewusst, was er damit meinte. Und ich bekam Angst, als er sagte, das man sparen müsse, wo man nur könne!«

Sie dachten an Ihren eigenen Arbeitsplatz?

»Ja. Sofort. Jeder ist ersetzbar! Das wissen Sie doch selbst. Und irgendwie klang das in seiner Stimme durch. Also habe ich mir erst einmal Bedenkzeit ausgebeten.«

Wie reagierte der Personalleiter darauf?

»Irgendwie angepisst. Er war sehr höflich. Er sagte, dass er das verstehen würde. Aber ich sollte eben an die Firma denken, der ich ja viel zu verdanken hätte. Und ich sollte mir nicht so viel Zeit geben!«

Wie lange?

»Einen Tag, sagte er!«

Und dann?

»Dann habe ich zugesagt.«

Und begannen Ihre Kollegen zu mobben?

»Einen nach dem anderen!«

Von welchem Zeitraum sprechen Sie?

»Etwa drei bis vier Jahre.«

Erzählen Sie bitte von Ihrem ersten Mal.

»Das war ganz schön seltsam. Ich habe so etwas vorher noch nie gemacht. Also besorgte ich mir Bücher über Mobbing. Die las ich, wie eine Anleitung zum Bombenbau. Da stand ja letztlich alles drin, was man so braucht, um zu mobben: Arbeitsleistungen schlecht bewerten, Druck aufbauen, Unzuverlässigkeit behaupten und so.«

Und danach wussten Sie Bescheid?

»Zumindest theoretisch. Es fehlte natürlich noch die Praxis. Aber die habe ich mir dann im Laufe der Zeit angeeignet.«

Erzählen Sie bitte.

»Die erste Person, die ich mobbte, war eine Frau. Etwa fünfzig Jahre alt. Ich kann mich noch ganz genau daran erinnern, wie sie in meinem Büro saß und mich anstarrte, als ich ihr sagte, dass wir mit ihrer Arbeit nicht zufrieden seien.«

Ihre Arbeit war in Ordnung?

»Ja. War sie. Aber die Frau war einfach zu teuer. Also habe ich ständig ihre Arbeit kritisiert. Ihr Vorschläge gemacht, wie sie besser arbeiten könnte. Aber alles, was ich ihr sagte, war völliger Unsinn. Hätte sie das tatsächlich alles getan, hätte sie wirklich schlecht gearbeitet!«

Also hat sie es nicht getan?

»Nein. Sie sah mich an, als wäre ich ein Vollidiot. Das hat mich ganz schön wütend gemacht. Schließlich ging sie auf einen meiner Vorschläge aus lauter Verzweiflung ein und brach völlig damit ein. Wenn das Ganze nicht so bedauerlich gewesen wäre, hätte man sich schütteln können vor Lachen!«

Wie haben Sie sich dabei gefühlt?
»Also ganz ehrlich: Total mies!«

Das war die ganze Zeit so?
»Irgendwann nicht mehr. Ich kann gar nicht sagen, wann es aufhörte, mich so richtig zu belasten.«

Haben Sie ein Beispiel?
»Ja. Irgendwann im vorletzten Jahr ging es einem Buchhalter von uns an den Kragen. 59 Jahre alt. Stocksteif. So wie man sich einen Buchhalter eben vorstellt. Diese unterwürfige Art, die er zeigte, wenn er in mein Büro trat. Das machte mich richtig wütend. Und dann saß er vor meinem Schreibtisch und heulte beinahe. Also nicht richtig. Es sah nur so aus. Und aus jedem Blick sprach die Bitte: Tu mir bitte nicht weh! Ich brauche meinen Job. Habe doch Mitleid mit mir!«

Hatten Sie aber nicht?
»Nein. Hatte ich nicht. Da saß er vor mir und wusste genau, dass ich ihm überlegen war. Ich habe die Angst in seinen Augen gesehen. Die kaum zu verbergenden hektischen Bewegungen. Wie ein Kaninchen vor der Schlange kam er mir vor. Wenn er in seiner Angst mit Argumenten kam, die man eigentlich nicht widerlegen konnte, machte mich das ganz

126

schön wütend. Dann habe ich den Druck erhöht. Schließlich wollte ich nicht als der Dumme dastehen. Alles, was er sagte, konnte ich zerpflücken. Ich hatte immer die besseren Karten. Dieser kleine Mann in seinem Stuhl war mir vollständig ausgeliefert. Na ja, nicht ganz. Aber doch ziemlich. Ich fühlte mich ihm überlegen!«

Das gefiel Ihnen?

»Ich hatte die Macht. Das war irgendwie geil. Er versuchte, in meinem Gesicht meine Gedanken zu lesen. Klappte natürlich nicht. Irgendwie war es auch der ganze Frust, dass ich so etwas machen musste. Es musste raus! Und es machte mir Spaß, ihn mit Worten geradezu klein zu hacken, verzeihen Sie mir bitte diesen Ausdruck. Es war ein geiles Gefühl. Heute schäme ich mich dafür!«

Wie ging es weiter?

»Na ja. Ich habe ja nicht den ganzen Tag gemobbt. Manchmal habe ich sie zappeln lassen. Wenn sie mich schon sahen, bekamen sie Angst.«

Und der Betriebsrat?

»Den hatten wir im Sack! Das war kein Problem. Die Leute bekamen keine Hilfe.«

Wie war Ihre Bilanz?

»Von sechs Mitarbeitern haben drei schließlich ›freiwillig‹ gekündigt. Einer zog vors Arbeitsgericht und verlor mit Pauken und Trompeten. Es gab keine Abfindung. Er blieb noch eine Weile bei uns. Dann ging er in den Vorruhestand. Auch ein Erfolg, wenn man so will.«

Und Ihr Vorgesetzter?

»War zufrieden mit mir. Er hat mich einmal gefragt, wie sich Herr P. in einem Gespräch verhalten hatte. Ich erzählte ihm, dass ich den Eindruck hatte, dass der sich gleich in die Hose macht. Da hat er gelacht! Einmal bekam ich sogar einen Bonus!«

Und irgendwann ging es nicht mehr?

»Ich habe in einer Zeitung gelesen, dass sich einer nach einem Mobbingvorfall das Leben genommen hat. Das hat mich irgendwie berührt. Es fiel mir schwerer. Und dann habe ich gekündigt. Natürlich erst, nachdem ich eine andere Stelle hatte.«

Sie haben bereut, was Sie getan haben?

»Eigentlich nicht. Verstehen Sie mich nicht falsch. Ich würde es nicht wieder tun. Wenn mich ein Vorgesetzter heute fragen würde, ob ich Mitarbeiter aus der Firma jagen würde, würde ich ›Nein‹ sagen, ehrlich. Das ist vorbei!«

Auf den Spuren des Bösen, erster Akt

Warum Ausgrenzung unvermeidbar ist – Die unheimliche Macht des Gehirns

Es sind die gleichen ordnenden Kräfte, die die Natur
in all ihren Formen gebildet haben und die für die Struktur
unserer Seele, also auch unseres Denkvermögens
verantwortlich sind.

Werner Heisenberg

Bei allem, was wir über das menschliche Gehirn wissen, ragt eine grundlegende Funktion heraus. Eine, die entscheidend ist für alle Nervenaktivitäten und alles überhaupt erst ermöglicht: die Fähigkeit, Ordnung zu erzeugen. Ohne diese »ordnenden Kräfte«, wie Werner Heisenberg es nennt, könnten wir nichts erkennen, nichts denken und nichts fühlen, weil dann alles nur ein unterscheidungsloses Chaos wäre. Leben, so wie wir es kennen, braucht Ordnung.

Aus diesem Grunde ist unser Gehirn ein Ordnung herstellendes Organ.[100] Letztlich beschäftigt sich dieses gerade einmal 1,5 Kilogramm leichte Gebilde mit nichts anderem. Es schält aus einer unüberschaubaren Vielzahl von Reizen diejenigen heraus, die es zu Mustern bzw. Ordnungen gruppieren kann. Erst dieser Prozess ermöglicht uns, die Welt so wahrzunehmen, wie wir sie wahrnehmen. Sie hält diese Wahrnehmungen aufrecht und sortiert alles aus, was sie gefährden könnte.[101]

Es ist eine gigantische Strukturierungsleistung, die das menschliche Gehirn vollbringt. Damit wir unter anderem sehen, was wir sehen, hören, was wir hören, empfinden, was wir empfinden, koordiniert es das Zusammenspiel von etwa 100 Milliarden Nervenzellen (Neuronen) und ihren in die Trillionen gehenden Verknüpfungen.[102]

So können wir etwa Gesichter voneinander unterscheiden, ohne dass sich unser Bewusstsein darum kümmern muss. Das »Ordnungsprogramm« unseres Gehirns läuft unabhängig davon.

Und solange das Gehirn gesund ist und bleibt, wird sich daran auch zeit unseres Lebens nichts ändern. Erst aufgrund von Unfällen oder Erkrankungen, bei denen das Gehirn beschädigt wird, verändern sich diese als selbstverständlich erlebten Strukturierungsleistungen. So wie bei der erworbenen Prosopagnosie. Diese unter anderem durch einen Hirntumor bzw. eine Kopfverletzung ausgelöste Gesichtsblindheit führt dazu, dass die davon Betroffenen im schlimmsten Fall nicht mehr dazu in der Lage sind, Gesichter voneinander zu unterscheiden. Aufgrund einer Schädigung des Schädel- und Hinterhauptlappens des Gehirns kann es die dafür nötigen Leistungen nicht mehr erbringen.

Der hier verwendete Begriff der Ordnung hat allerdings nicht direkt etwas mit der Ordnung etwa auf einem Schreibtisch oder in einer Schublade zu tun.[103]

Ordnung aus wissenschaftlicher Sicht ist ein zentraler Begriff, sowohl für das Verstehen von physikalischen, chemischen, biologischen, neurophysiologischen als auch von psychischen und sozialen Prozessen.[104] Ebenso für das Verständnis der gesamten unbelebten Natur wie für das gesamte Universum überhaupt.[105]

Ordnung prägt unser gesamtes Denken, Fühlen und Handeln. Sie prägt jede Gesellschaft, ob vergangen, gegenwärtig oder zukünftig. Sie prägt jedes Paar, jede Familie, jede Organisation und jede Gruppe, ob nun Team oder Schulklasse.

Alles, was wir tun, strebt auf eine wie auch immer geartete Ordnung hin. Welche es ist, ist letztlich vollkommen gleichgültig. Wichtig ist nur, dass es eine Ordnung ist.

Dieses »Ordnungsprogramm« unseres Gehirns ist unhintergehbar. Es ist die Basis für alles, was wir als Menschen unter Leben verstehen.

Die unzähligen Ordnungen, die sich seit Entstehung des Universums und seit Beginn der Menschheit entwickelt haben und weiterhin entwickeln, mögen dabei noch so unterschiedlich sein, sie alle enthalten jedoch die gleichen grundlegenden Bausteine der Ordnung.

Denn damit etwas Ordnung ist oder sein wird, muss es sich von etwas, das nicht Ordnung ist, unterscheiden. Das klingt zunächst banal und ist doch der erste Schritt auf dem Weg zu einer Ordnung. Die Zutaten, aus denen eine Ordnung – oder auch Struktur, Musterbildung, Mustererkennung[106] – besteht, sind schnell genannt: Zunächst muss unser Gehirn verschiedene Dinge voneinander unterscheiden.[107] Es trennt etwas von einem Hintergrund – nennen wir es Chaos – und formt daraus eine wie auch immer geartete Ordnung. Eine, die allerdings evolutionär passend sein muss. Sie muss mit den Gegebenheiten um uns herum kompatibel sein. Denn in einer für uns nicht irgendwie zugänglichen Umwelt könnten wir nicht überleben.[108] Dabei bemüht sich unser Gehirn, unsere Wahrnehmung möglichst eindeutig zu halten.[109]

Wenn etwas von etwas anderem unterschieden wird, führt dies automatisch zu einer Eingrenzung dessen, was wahrgenommen wird – und gleichzeitig zu einer Ausgrenzung dessen, was nicht wahrgenommen wird. Jede Unterscheidung trennt etwas voneinander.

Ist eine Unterscheidung getroffen – ist etwas Ordnung oder Struktur geworden –, muss diese durch ständige Wiederholungen so lange stabilisiert werden, bis sie sich quasi automatisch aufrechterhält. Damit wird sie invariant, also unveränderbar. Die Entstehung einer Ordnung – wie etwa die Unterscheidung von Gesichtern – wird uns nie bewusst. Wir sind lediglich mit dem Endergebnis konfrontiert.

Dabei bringt unser Gehirn auch die von ihm erbrachten Ordnungsleistungen in Hierarchien. Schält sich aus einem Chaos eine von uns so genannte Blume heraus und auch ein von uns so genannter Tiger, so entwickelt sich im Gehirn eine Hierarchie auf der Basis von Gefährlichkeit und den damit gemachten Erfahrungen. Eine Blume ist weniger gefährlich als ein Tiger und führt zu gegensätzlichen Reaktionen.

Bei all diesen Strukturierungsleistungen unseres Gehirns stellt sich allerdings eine entscheidende Frage. Wer ist dafür verantwortlich, dass sich Ordnungen bilden? Wer gibt unserem Gehirn die entsprechenden Anweisungen?

Die Antwort ist so einfach wie frappierend: Es gibt keinen Regisseur, der Regieanweisungen gibt. Keinen früher so genannten Homunkulus (Steuermann im Kopf). Unser Gehirn benötigt auch keinen Steuermann.

Im Zusammenspiel aller dieser Milliarden von Neuronen und Trillionen von Verknüpfungen mit den vom Gehirn produzierten und ständig weitertransportierten biochemischen Botenstoffen (Neurotransmittern) bildet sich selbstorganisatorisch eine Ordnung.

Selbstorganisation ist ein Begriff, der in vielen Wissenschaftsdisziplinen Verwendung gefunden hat.[110] Es gibt aus einer selbstorganisatorischen Perspektive keinen Anfang und kein Ende – also keinen einfachen Ursache-Wirkung-Zusammenhang –, sondern ein ständiges Sich-aufeinander-Beziehen der einzelnen Teile und darauf basierende Wechselwirkungen.[111]

Nichts anderes ist zu beobachten, wenn beispielsweise Termiten ihre Termitenhügel bauen. Keine einzige Termite hat einen Bauplan für diese Termitenhügel. Er entsteht erst im Zusammenarbeiten der Termiten. Das gemeinsame Tun erschafft kleine Wunderwerke der Natur.[112]

Doch kehren wir zum menschlichen Gehirn zurück.

Aus einem gegebenen Vorrat von Nervenzellen entsteht über ihr Zusammenwirken etwas Neues, das, was man ein emergentes Muster nennt. Es basiert – so eine Sichtweise von Emergenz – auf dem Gegebenen, wie etwa zum Beispiel den Neuronen. Gleichzeitig ist es mehr als das.[113] So entstand beispielsweise das Bewusstsein des Menschen von sich selbst: das Selbst-Bewusstsein.[114] Der Mensch kann

denken, fühlen, Handlungen ausführen, die geplant, strukturiert, bewertet, verändert werden. Das Selbst-Bewusstsein ist
allerdings mehr als nur die Anzahl der Neuronen im Gehirn.
Aber es basiert darauf.

Was hat das nun alles mit Mobbing zu tun?

Wichtig bei der Erzeugung von Ordnungen ist, dass unser
Gehirn zweierlei Arten von Ordnungen erschafft. Solche, die
prinzipiell unveränderbar sind, wie etwa salopp formuliert
ein »Gesichtserkennungsprogramm«, zum Beispiel die Farb-
wahrnehmung oder die Sprachfähigkeit. Dass unser Gehirn
Ordnung herstellen muss, ist ein vollkommen wertneutraler
Vorgang, mit dem eindeutigen Ziel, das Überleben des Organismus zu gewährleisten.[115]

Aber die Ordnung herstellende Funktion unseres Gehirns
stellt die Basis für die Entstehung von Mobbing dar. Es fungiert als eine Art Trägersystem.

Von hier aus werden die grundlegenden Operationen
des Gehirns, eben Ordnungen herzustellen, in alles hinein-
kopiert, was der Mensch als ein sich selbst bewusstes Wesen gezielt zu erschaffen vermag. Sowohl über sein Denken,
Fühlen und Handeln als auch etwa durch das Erzeugen von
paarbezogenen oder teambezogenen visiblen wie invisiblen
Strukturen und auch durch die später noch genauer vorzu-
stellenden Hyperstrukturen der Gesellschaft.

Diese Ordnungen sind jedoch prinzipiell veränderbar.

Es sind beispielsweise gesellschaftliche Normen und Werte,
Ideologien, Religionen, die innerpsychische Verarbeitung und
Bewertung von Erlebnissen und Erfahrungswerten, die kleine
soziale Welt, die nur für ein Paar oder ein Team existiert.

Alle diese Ordnungen sind nicht in Stein gemeißelt. Sie verändern sich mehr oder weniger ständig. Auch wenn wir Menschen bemüht sind, ihnen einen möglichst beständigen und eindeutigen Charakter – eben eine Ordnung – zu geben. Gerade bei Routinetätigkeiten wird das deutlich: Wir fahren beispielsweise immer die gleiche Strecke zur Arbeit, setzen uns immer auf den gleichen Platz in einem Raum. Auch hier ist Ordnung ein unverwechselbarer Bestandteil menschlichen Lebens.

Zwei Beispiele: Eine Person steht vor einem dichten Wald. Sie muss diesen Wald durchqueren. Aber es gibt noch keinen Weg. Also muss sie sich einen Weg durch das Dickicht bahnen. Eine zweite Person, die ebenfalls den Wald durchqueren will, steht vor der Wahl, sich einen neuen Weg durch den Wald zu bahnen oder dem bereits durch die erste Person gebahnten Weg zu folgen. Folgt sie dem ersten Pfad, erhöht sich die Wahrscheinlichkeit, dass weitere Personen dem Pfad folgen werden, weil er immer besser begehbar wird. Sie müssen es nicht. Aber es spricht einiges dafür, dass sie es tun.

Im zweiten Beispiel steht eine Person vor einem Supermarkt, und zwar direkt vor einer Überdachung, unter der sich zwei Reihen von Einkaufswagen befinden. Die erste Reihe besteht aus einer langen Reihe von Einkaufswagen, die bereits unter der Überdachung hinausragen. Die zweite Reihe besteht aus lediglich zwei Einkaufswagen. Die Wahrscheinlichkeit, dass sich die Person die Mühe macht und sich einen Einkaufswagen aus der zweiten Reihe nimmt, ist eher gering, weil mit mehr »Aufwand« verbunden. Und ebenso wird es sein, wenn es darum geht, den Einkaufswagen entweder in die erste oder zweite Reihe zu stellen.

Begonnen hat alles damit, dass eine Person sich dafür entschied, ihren Wagen in die erste Reihe zu schieben und nachfolgende Kunden es ebenfalls taten. Anders würde es aussehen, wenn beide Reihen von Einkaufswagen ungefähr gleich lang wären. Dann bestände eine etwa 50-prozentige Chance, dass entweder die erste oder zweite Reihe gewählt werden würde. Letztlich ist nicht vorhersehbar, welche Ordnung entsteht. Aber es ist vorhersehbar, *dass* eine Ordnung entsteht.[116]

Bei den prinzipiell veränderbaren Ordnungen stoßen wir jedoch auf ein Problem, weil hier der Begriff »Ordnung« zwar generell zu passen scheint, aber trotzdem nur unzulänglich beschreibt, welche Bedeutung eine Ordnung für Menschen hat.

Dies ist eine Frage, die das Selbstverständnis des Menschen berührt: Sein grundlegendes und unhintergehbares Bedürfnis nach Ordnung, weil vom Gehirn vorgegeben – und der damit immer verbundenen Angst vor Unordnung, gleich welcher Art. Dies wird Thema des nächsten Abschnitts sein.

Der Wille zur Macht – Das Bedürfnis nach Kontrolle

(…) jedes Ding befindet sich in der Schwebe, über dem Abgrund, selbst der Boden ist die Illusion einer Sicherheit; mir wird schwindlig, wenn ich weiß, mitten auf einem Feld; sogar in meinem Bett spüre ich, dass die Welt und das Universum sich entziehen.

Georges Bataille, zitiert in Mattheus

Was treibt Millionen von Mobbern dazu an, ohne die geringsten Skrupel ihre Mitmenschen zu mobben? Neben all ihren persönlichen Motiven existiert ein viel tiefer liegender Grund, der auch gleichzeitig den gemeinsamen Nenner für jedes nur denkbare Mobbing darstellt: Menschen zu erniedrigen, um sich darüber selbst zu erhöhen.

Wer einen Menschen erniedrigt, ganz gleich warum und wie, erschafft sich darüber eine Art von Ordnung, die einfacher und eindeutiger nicht sein könnte. Sie spielt sich auf einer Ebene ab, die Menschen in Gewinner und Verlierer, in Starke und Schwache, in Mächtige und Ohnmächtige, in Eingegrenzte und Ausgegrenzte einteilt.

In diesem Zusammenhang den Begriff der Ordnung und sein dazugehörendes Pendant der Unordnung zu verwenden ist problematisch. Denn die Herstellung von Ordnung aus der Perspektive des Gehirns betrachtet kann lediglich als ein wertneutraler Arbeitsvorgang desselben beschrieben werden. Übertragen wir hingegen diesen Vorgang der Ordnungsherstellung auf die Psyche des Menschen, erhält das Ganze einen wertenden Charakter. Ordnung ist dann nicht nur einfach neutrale Ordnung, sondern sie erfüllt eine Funktion. Diese besteht darin, dass sie dem Menschen etwas vermittelt, was insbesondere für sein psychisches Überleben von entscheidender Bedeutung ist.

So bietet sich ein Begriff an, der zwar auf dem der Ordnung basiert, ihn aber durch das ergänzt, was unser aller Bedürfnis ist: Sicherheit. Sicherheit ist ein psychischer Zustand, der einem Menschen in seinem Denken, Fühlen und Handeln Halt, Stabilität und damit Orientierung verleiht.[117] Es ist die notwendige Konstanz, die jeder Mensch benötigt, um in seinem Leben das Gefühl zu haben, der Welt nicht schutzlos ausgeliefert zu sein. Bezieht sich äußere Sicherheit auf materielle Dinge wie unter anderem auf den Besitz von Eigentum, regelmäßige finanzielle Einnahmen, Absicherungen und Versicherungen aller Art, bezieht sich innere Sicherheit auf die weitgehende Stabilität seiner Überzeugungen und Werte, seiner Gedanken und Gefühle über sich und die Welt.[118] Erst dies ermöglicht ihm, sich seiner selbst sicher zu sein und sich als mit sich selbst identisch zu fühlen.

Von Geburt an ist der Mensch ein Wesen, das nicht nur auf die rein physische Hilfe zum Überleben angewiesen ist, sondern auch auf die psychische Nähe, vor allem auf die Zuwendung der Mutter und anderer nahestehender Personen.

John Bowlby, Psychologe und Pionier der Bindungsforschung, erkannte schon sehr früh, dass der Mensch ein Bindungswesen ist,[119] das erst über den Kontakt mit einem anderen Menschen ein Gefühl von Sicherheit entwickelt: eine Form von Geborgenheit, die ihm physisch vermittelt, dass buchstäblich alles in Ordnung ist. Der Mensch als ein Bindungswesen erfährt durch die körperliche Nähe seiner Bezugspersonen, dass er keine Angst zu haben braucht.

Diese frühe Form von Kontrollerfahrung, die das Kind zunächst passiv erfährt, entwickelt sich im Laufe der Zeit zu einer Erfahrung, die es ihm ermöglicht, durch sein eigenes Verhalten, seine sprachlichen und gefühlsmäßigen Äußerungen auf andere Menschen einzuwirken: Sie sich gewogen zu machen, sie zu etwas zu bewegen. Auf diese Weise wird die zunächst noch kleine Welt des Kindes als sicher und zu einem gewissen Grade kontrollierbar erfahren.[120]

Zu einem späteren Zeitpunkt wird der Aufbau einer beruflichen Karriere, die Bildung einer Familie, die Entwicklung eines Werte- und Normensystems, an dem man sich orientiert, zur Quelle einer sicherlich nicht allumfassenden, aber partiell begrenzten Kontrolle. Kontrolle ist ein Grundbedürfnis des Menschen. Durch sie entsteht Sicherheit – sowohl als Gedanke als auch als Gefühl.[121]

Im Allgemeinen sind die von Menschen geschaffenen Sicherheiten – seien sie nun äußerer oder vor allem innerer Natur – sehr anfällig für Veränderungen. Insbesondere in

Zeiten, in denen Menschen zunehmend den Eindruck gewinnen, dass immer weniger in ihrem Leben ihrer Kontrolle unterliegt.

Leben Menschen in Zeiten massiver Unsicherheit, wo sich jederzeit eine bisher noch stabil erscheinende Sicherheit in ihr Gegenteil verwandeln kann, wirkt sich dieser Umstand zwangsläufig negativ auf das Denken, die Gefühle und die Körperreaktionen von Menschen aus. Zukunftsangst, Orientierungslosigkeit, Ohnmacht, Zweifel, körperliche Daueranspannungen, Kontrollverlust sind die Folge. Es entsteht Unsicherheit.

Betrachten wir die vielfältigen Belastungen, unter denen Menschen heutzutage stehen, dann sind Arbeits- oder Schulstress wesentliche Faktoren, die Unsicherheit in allen Facetten auslösen können.

Nehmen wir als ein Beispiel die immer höhere Arbeitsbelastung für den einzelnen Mitarbeiter in Unternehmen: Eigentlich notwendige Mitarbeiter werden entlassen oder erst überhaupt nicht eingestellt. So intensiviert sich für die vorhandenen Mitarbeiter die Arbeit, die häufig in noch kürzerer Zeit zu erledigen ist.[122] Aus Angst vor Arbeitsplatzverlust und dem damit verbundenen finanziellen Absturzrisiko arrangieren sich viele mit diesem Missstand. In der Schule sieht es nicht viel anders aus. So ist insbesondere die Verkürzung der gymnasialen Zeit von dreizehn auf zwölf Schuljahre zu nennen. Dies intensiviert nicht nur die Lernzeit, sondern erhöht auch die Angst vor einem schlechten Abitur.

Die Angst vor beruflichem und schulischem Versagen, vor Konkurrenzdruck, vor Arbeitsplatzverlust, vor finanziellen

Abstürzen, vor Altersarmut legt sich dann wie ein unsichtbares Netz um die Menschen und zieht sich zunehmend zusammen. Es entsteht ein gesellschaftliches Klima der Unsicherheit und damit verbunden die Angst vor der Zukunft.[123] Es gibt keinen Lebensbereich mehr, der in unseren hochmodernen Gesellschaften nicht einem permanenten Wandel unterliegt. Wir leben in einer Welt, die aus massiven Verunsicherungen besteht, in der sich alles in wahnwitziger Geschwindigkeit verändert, in der die Überflutung mit komplexen, komplizierten und widersprüchlichen Informationen es nahezu unmöglich macht, für sich selbst annähernd klare und eindeutige Orientierungen zu finden.[124] Dies zeigt sich insbesondere beim Cybermobbing, wo die Hilflosigkeit der Betroffenen zu einem Kontrollverlust ohnegleichen führt. Überforderter kann ein Mensch nicht sein.

Menschen streben danach, aus erlebter Unordnung wieder eine Ordnung – ganz gleich, wie sie auch aussehen mag – herzustellen. Der anwachsende Kontrollverlust aktiviert das tief in uns sitzende Bedürfnis nach Ordnung, Sicherheit. Wenn die realen und gefühlten Unsicherheiten stark ausgeprägt sind, entsteht der Wunsch nach einer möglichst eindeutigen Ordnung und Sicherheit.

Dabei ist das jeweilige Kontroll- bzw. Sicherheitsbedürfnis eines jeden Menschen unterschiedlich. Wie viel Sicherheit ein Mensch benötigt, hängt dabei immer vom psychosozialen Entwicklungsstand eines Individuums ab: Die Prägung durch Elternhaus, Gesellschaft, Lebenserfahrungen, Intelligenzniveaus sind Faktoren, die diesen Grad bestimmen.

Menschen mit einem hohen Sicherheits- und Kontrollbedürfnis versuchen häufig, sich mit aller Kraft Einfluss, Überlegenheit und Macht zu verschaffen, um wieder einen gewissen Halt in ihrem Leben zu finden. Und dies eben in möglichst eindeutiger, extrem vereinfachter Form: Sei es in fundamentalistischen Bestrebungen, einseitigen Lebensanschauungen, im Aberglauben oder eben im Mobbing bzw. Cybermobbing. Denn im Mobbing zeigt sich eine Ordnung, wie sie klarer nicht sein könnte. Denn hier gibt es nur eines: einen Gewinner und einen Verlierer. Es ist ein archaisches »Spiel«: Nur der Stärkste, der Mächtigste wird der Sieger sein. Und dies ist so gut wie immer der Mobber.

Mobbing ist die einfachste und auch schnellste Form, sich seiner eigenen Überlegenheit zu vergewissern. Nichts macht diesen Umstand deutlicher als das Mobbing unter Schülern. Denn hier wird es in seiner brutalsten, primitivsten, aber eben auch effektivsten Weise betrieben. Indem ein Schüler einen anderen Schüler mobbt, erschafft er für sich eine kleine geordnete Welt, die sich zumindest für ihn sicher anfühlt.[125] Sie bietet einen gewissen Kontrast zu einer als generell unsicher und unbeeinflussbar erlebten Umwelt. In seiner kleinen Welt übt der Schüler durch seine Mobbinghandlungen Macht aus, indem er einen anderen Menschen in den Zustand der Ohnmacht versetzt, sich von nun an überlegen fühlen kann über einen jetzt Unterlegenen. Erst darüber, dass der andere schwach gemacht wird, realisiert sich die vermeintliche Stärke des Mobbers.[126]

Dabei ist das Publikum für den Mobber von größter Bedeutung. Alle sollen sehen, wie stark er ist – und wie schwach der andere. In den Gesichtern der Täter ist der Triumph über ihre schier grenzenlose Macht zu sehen und gleichzeitig die Verachtung für die Ohnmacht ihrer Opfer.

Beim Mobbing am Arbeitsplatz allerdings hält sich der Mobber mit seinen Gefühlen von Triumph und Macht zurück. Zumindest in Gegenwart Dritter, nicht unbedingt im direkten und ausschließlichen Kontakt mit dem von Mobbing Betroffenen. Davon abgesehen geht es natürlich auch hier um das verhängnisvolle Wechselspiel von Macht und Ohnmacht, von Sieger und Verlierer. Der feine Unterschied besteht nur darin: Die Methoden sind subtiler und vor allem unsichtbar.

Im bis ins Extrem gesteigerten Bedürfnis nach Kontrolle und Sicherheit liegt das grundlegende Motiv des Mobbers.

Über das Mobbing erschafft sich jeder Mobber einen Raum der Sicherheit, in welchem nur er die absolute Kontrolle hat. Dieser Raum mag noch so klein sein, aber er entschädigt für die Verunsicherungen, die er in seinem Leben bisher erfahren hat.

Nicht alle Menschen bedürfen eines so hohen und eingeschränkten Sicherheitslevels, um ihre Verunsicherungen zu kompensieren. Aber die Zahl derer, die sich an der Psyche ihrer Mitmenschen vergreifen, ist gewaltig hoch. Reale wie gefühlte Unsicherheit ist der ideale Nährboden für jegliche Formen von Ausgrenzung.

Doch ganz so neu ist das Ganze auch nicht. Werfen wir einen kurzen Blick zurück in die jüngere Geschichte. Immer dann, wenn eine Gesellschaft innerlich auseinanderzubrechen droht, objektive wie subjektive Sicherheiten der Mitglieder einer Gesellschaft sich auflösen oder sich aufzulösen drohen, gewinnt dieses tief im Menschen verankerte Bedürfnis nach Kontrolle die Oberhand.[127] Sie zu erhalten oder neu zu erschaffen geschieht dann häufig mit extremsten Mitteln wie der Initiierung von Kriegen, dem Erfinden von Sündenböcken oder generell der Unterscheidung zwischen wertvollen und wertlosen Menschen.[128]

Die Erhöhung eines Volkes durch die Erniedrigung eines anderen. Die Erhöhung von Menschen durch die Erniedrigung von anderen. Der Kolonialismus im 19. Jahrhundert war der Beginn einer Ära, die darauf hinauslief, Menschen aufzuwerten, indem man andere abwertete.[129] Die quasi gottgegebene Überlegenheit der Kolonialisten gegenüber den so genannten »minderwertigen« Völkern war eine der Wurzeln, die schließlich im ersten Drittel des 20. Jahrhunderts zu einer Ausgrenzungs- und Abwertungswelle ohnegleichen führen sollte. Mit jeder Ausgrenzung ist der Erhalt einer alten oder die Herstellung einer neuen Ordnung – und häufig wie im Stalinismus und im Nationalsozialismus mit der Definition eines »neuen Menschen« – verbunden[130], die darüber neue Auszugrenzende schafft oder bereits Ausgegrenzte weiter ausgrenzt. Doch ganz gleich, ob die Ordnungen nun alt oder neu sind, immer geht es dabei um die Wiederherstellung oder Bildung einer mehr oder weniger eindeutigen Ordnung.[131] Entweder müssen die eine alte Ordnung bedrohenden Kräfte eliminiert werden, so wie etwa Ketzer im Mittelalter und die Hexen in der Neuzeit, oder eine neue Ordnung muss eine alte radikal zerstören.

Im Stalinismus waren es die Deportationen und der Tod von Millionen von Menschen, die nicht in die Vorstellungswelt der Bolschewisten passten.[132] Für das nationalsozialistische Deutschland waren es Juden, Zigeuner, Homosexuelle, geistig Behinderte und andere »Unerwünschte«, denen man den Status Mensch einfach aberkannte. Als Minderwertige wurden sie zu einer bloßen Sache umfunktioniert, die man ohne Skrupel ausgrenzen konnte, indem man sie tötete oder in Lager separierte.

Was war geschehen?

Die mehr oder weniger aktiv am Prozess der Ausgrenzung beteiligten Menschen dieser Zeit waren hoffnungslos verunsichert: Der verlorene Erste Weltkrieg, die Reparationszahlungen, die Abschaffung des Kaisertums, hohe Arbeitslosigkeit, die Auflösung gesellschaftlicher Strukturen, Gewalt in den Straßen ...[133] Es entstand ein persönliches Unwohlsein. Ein kollektives Unwohlsein. Orientierungslosigkeit. Kontrollverlust. Ängste über Ängste. Und schließlich: Ein neues Gefühl. Das Gefühl, etwas Besonderes zu sein. Stark zu sein. Gewinner zu sein. Auserwählt zu sein. Ausgegrenzte, das sind die anderen. Nicht wir.

Eine Epoche gebiert die Menschen, nach denen kollektiv verlangt wird. Die Ängste und Sehnsüchte vieler Menschen verkörpern sich dann in Personen, die genau dem entsprechen, was eine Gesellschaft zu brauchen glaubt. Gespeist durch Strukturen, die unabhängig von Raum und Zeit sind, reproduzierte sich der Drang nach Ausgrenzung, um sich selbst einzugrenzen. Adolf Hitler verkörperte das kollektive Bedürfnis nach Eindeutigkeit und Ausgrenzung.[134] Seine Persönlichkeit, sein Hass, seine Zerstörungswut, sein Glaube daran, dass das Schwache vom Starken beherrscht werden muss, legte sich wie ein Netz über die deutsche Gesellschaft.

Hitler war also so etwas wie die zwangsläufige Folge einer nach Sicherheit ausgehungerten Gesellschaft.[135] Ohne diesen Mangel hätte er nicht den Hauch einer Chance gehabt, sich an die Spitze eines Volkes zu setzen. Er war ihr Produkt, so wie sie schließlich seines wurden. Auf diese Weise stabilisierte sich ein System der Menschenverachtung, das erst durch andere Systeme – die Alliierten – in seiner Ausbreitung gestoppt werden konnte.[136]

Dabei darf nicht unterschlagen werden, dass es eben nicht nur der böse Mann und die bösen Männer aus den Führungsetagen des Nationalsozialismus waren, die dieses Unheil anrichteten, sondern ebenso die Wegseher.[137] Denn ohne ihre Unterstützung hätte dies alles nicht geschehen können. Dieser Umstand verdeutlicht, dass an jedem Ausgrenzungsprozess mehr beteiligt sind als nur die herrschenden und ausführenden Organe. Beteiligt sind auch die Mitläufer und die Wegseher. Da sind die Strukturen kleinster und größerer Gruppen von Menschen und die Hyperstrukturen einer Gesellschaft, die in ihrem gegenseitigen Aufeinander-Einwirken mit ganz realen Menschen das Grauen erzeugen.

Die Gräuel der Nazi-Ära, des Stalinismus und anderer staatlich verursachter Massenmorde im 20. Jahrhundert sind an Perversität und Menschenverachtung nicht zu übertreffen. Doch sie stehen – strukturell betrachtet – Seite an Seite mit allen vielfältigen Formen von Ausgrenzungen, die jemals auf dieser Welt geschehen sind. Die Inhalte und deren Ausprägungsgrade verändern sich im Laufe der Zeiten, sie sind definitiv verschieden, die Verpackung – die Struktur – ist es nicht. Sie ist gleich.

Gemäß einer sich wie auch immer weiterentwickelnden Gesellschaft bedarf es heute keiner zentralen Figur wie Adolf Hitler mehr, um Unheil schlimmen Ausmaßes anzurichten.

Heute sind es Millionen von Einzeltätern, die das Übel eines kollektiven Ausgrenzungswahns auf der Grundlage der Herstellung von Ordnung und Sicherheit verkörpern. Die sich das Recht herausnehmen, Menschen ohne jegliches Mitgefühl in den kleinen Tod des Lebens zu schicken. Aber auch diejenigen reihen sich in den Reigen ein, die ohne die geringsten Skrupel Menschen belügen und betrügen, um sich auf deren Kosten Vorteile zu verschaffen.

Um die Angst vor Unsicherheit zu kompensieren, reicht es nicht mehr aus, sich der Ausgegrenztheit der »üblichen Verdächtigen« zu vergewissern, um sich darüber selbst sicherer zu fühlen. Zu realistisch und zu »nah« ist die Möglichkeit, selbst ein Ausgeschlossener zu werden. Es bedarf neuer Ausgegrenzter, um das Gefühl von Sicherheit wenigstens wieder in Ansätzen verspüren zu können.

Wer mobbt, weiß, dass er sich fast zwangsläufig in der überlegenen Position befindet und dass er selbst es ist, der das Scheitern des anderen bewirkt und darüber die Kontrolle hat. Und dem das Schicksal des Gemobbten vollkommen gleichgültig ist, solange es ihm selbst nur besser geht als dem psychisch Gefolterten.

Um den Mobber in seinem Tun zu verstehen, kommen wir ohne den Begriff des Bösen nicht aus.[138]

147

Dass es das Böse an sich gibt, ist außerhalb religiöser Erwägungen nicht weiter wichtig. Vielmehr spricht einiges dafür, diejenigen böse zu nennen, die mit latenter Unterstützung gesellschaftlicher Strukturen ihrem Unwesen nachgehen. Deren Zerstörungsdrang vor keinem Menschen Halt macht, gekoppelt mit einem gnadenlosen Willen zur Macht, dem skrupellosen Einsatz der Lüge, einem mehr oder weniger vollständigen Mangel an Empathie und der grundlegenden Unfähigkeit, die eigenen Taten aus einer sozialen Perspektive zu reflektieren.

Dieses Quintett des Bösen kennzeichnet den Mobber und jeden auf ähnliche Weise Denkenden und Handelnden.

Es muss deutlich werden: Es gibt Menschen, die wollen anderen Menschen Schaden zufügen, um der eigenen Interessen willen. Sei es aus purer Machtgier, aus Zerstörungslust, aus Vorurteilen heraus oder aus Neid, aus Frustrationsabbau und Angst. Die kein Interesse daran haben, zu kooperieren, weil ihnen ihr Überlegenheitsgefühl – sei es nun bewusst wahrgenommen oder nicht – wichtiger ist als das Wohlbefinden eines anderen Menschen. Und die eine Waffe gefunden haben, die es ihnen ermöglicht, auf eine quasi legale Art und Weise Menschen zu zerstören.

Der Mobber hält sich selbst nicht für böse. Er denkt nur an sich. Er begreift nicht, was er da tut. Er ist in einem Selbst- und Weltbild gefangen, das ihn in dem Glauben bestätigt, alles richtig zu machen. Solange dieser Umstand nicht in seiner ganzen Deutlichkeit und Brutalität und in seinem ganzen Ausmaß erkannt wird, ist alles, was man über Mobbing sagt, nur Makulatur.

Versuchen wir deshalb, uns in die ganz speziellen Neigungen und Abneigungen der Mobber hineinzuversetzen. Was sind die einzelnen persönlichen Beweggründe der Mobber, um Menschen systematisch psychisch zu terrorisieren? Ein schwieriges Unterfangen, da Mobber im Allgemeinen ihre Beweggründe nicht preisgeben. Doch ihre Taten sprechen Bände, und so ist es durchaus möglich, sie zumindest grob zu klassifizieren. Folgende Typen kann man grundsätzlich erkennen:

- Lust-Mobber
- Angst-Mobber
- Co-Mobber und Auftragsmobber
- Stress-Mobber
- Macht-Mobber (unter ihnen Narzissten, machiavellistische Mobber und Psychopathen)

Mehr über die einzelnen Mobbertypen lesen Sie auf den folgenden Seiten.

Das Quälen ist des Mobbers Lust –
Der Lust-Mobber

… ein Krüppel, sage ich, dem ein erhabener Geist fehlt,
sucht unheilvolle Entspannung in Verstümmlung rund
um sich herum.

Miguel de Unamuno, zitiert in Gruen

Ein Mensch. Gefesselt. Nackt. Auf einem Tisch liegend. Irgendwo auf der Welt. Die Finger- und Fußnägel herausgerissen. Der Körper mit Brandwunden übersät. Für die meisten Menschen ist nicht nachvollziehbar, wie irgendein Täter an einem solchen Akt äußerster Brutalität Gefallen finden kann.

Der Folterer genießt den Schmerz seines Opfers. Für ihn ist es ein berauschendes Gefühl von Macht, wenn er ihm die Fingernägel herausreißt, die Luft zum Atmen nimmt, Stromstöße durch den Körper jagt. Und sein Opfer kann nichts dagegen unternehmen. Es ist seinem Peiniger vollkommen ausgeliefert.

Folter stellt Herrschaft her und sichert sie. Sie macht deutlich, wer die Macht hat und wer nicht. Sie entmenschlicht Menschen. Sie zerstört Willen, Sprache und den Geist des Opfers.[139]

Folter, so bringt es Jan Philipp Reemtsma[140] auf den Punkt, ist die totale Herrschaft des Menschen über den Menschen. Worin unterscheidet sich physische Folter von psychischer Folter? Natürlich im Ausmaß und der Intensität, inwieweit der Körper als Ziel der Folter betroffen ist. Doch ansonsten trifft das auf das Mobbing zu, was auch auf die Folter zutrifft: Auch das Mobbing stellt Herrschaft her. Auch hier wird ein Mensch entmenschlicht.

Gibt es auch einen »Lustfaktor« am Mobbing? Lust ist eine Körperreaktion, vergleichbar mit einem intensiven Hochgefühl, das berauscht.

Der Lust-Mobber ist jemand, der es genießt, wenn er die Wehrlosigkeit und die Hilflosigkeit seines Opfers wahrnimmt. Er tut alles, um ihn leiden zu machen und ihn leiden zu sehen: mit allen ihm zur Verfügung stehenden Mitteln.

Der Lustgewinn des Mobbers besteht darin, die Angst in den Augen des Gemobbten zu sehen. Er muss kein Blut sehen, um Freude über das Leid seiner Opfer zu empfinden. Es reicht ihm, wenn er die Panik seines Opfers spürt: Der Gemobbte, der nicht weiß, was ihn heute wieder erwarten wird. Der um seine berufliche und finanzielle Zukunft zittert oder sich nicht mehr annähernd vorstellen kann, wie er den nächsten Tag in der Schule überstehen soll. Der durch seine Körpersprache darum fleht, dass man ihn verschont und Mitleid mit ihm hat.

Es reicht dem Mobber, wenn er weiß, dass er mit seinem Opfer spielen kann wie eine Katze mit einer in die Enge getriebenen Maus. Von diesen Gedanken und diesen Gefühlen nährt sich der Mobber dieses Typs.

Am deutlichsten ist dies wiederum beim Mobbing unter Schülern zu erkennen. Hierbei sind – insbesondere in Grund- und Hauptschulen – noch keine subtilen Mobbingmethoden gefragt. Hier zeigt sich das Mobbing aus Lust in seiner ungeschminkten Version. Die Lust in den Gesichtern der kindlichen und jugendlichen Mobber ist ablesbar. Sie können sich noch nicht so gut verstellen, wie Erwachsene es in der Regel können. Und sie müssen es auch nicht können. Sie strahlen vor Überlegenheit und im Genuss der Unterlegenheit des anderen.

Das alles ist den Lust-Mobbern am Arbeitsplatz nicht so offen möglich. Sie müssen zumindest in der Öffentlichkeit ihre Gesichtszüge unter Kontrolle haben, um den Eindruck zu erwecken, dass sie mit dem Mobbing nicht das Geringste zu tun haben. Nur in der Begegnung unter vier Augen mit seinem Opfer kann ein erwachsener Mobber seine Maske fallen lassen. Natürlich wird er nicht lauthals triumphieren, in die Hände klatschen und sich auf die Schenkel klopfen. Das ist in so genannten zivilisierten Gesellschaften nicht möglich. Was er jedoch in der Gegenwart des Gemobbten an Lusterleben zu zeigen vermag, ist immer noch viel. Er kann mit einem abfälligen Lächeln oder Grinsen, mit einem herablassenden Tonfall reagieren und seine kaum verhaltene Freude deutlich machen, wenn er seinem Opfer beispielsweise einen neuen absurden Arbeitsauftrag erteilt.

Der Lust-Mobber ist ein Wiederholungstäter. Er ist ein Mobbing-Junkie, der ohne immer neue Opfer sein grandioses Gefühl von Macht nicht halten kann. Dabei verkörpert er einen Typus, der hoch aggressiv ist. Seine Aggression ist nur eine versteckte.

Ene mene mu und raus bist du –
Der Angst-Mobber

Angst ist ein Kuss, den zu bekommen
jeder verweigern würde.

Ein neuer Mitarbeiter wird eingestellt. Er ist kompetent. In kürzester Zeit arbeitet er sich ein und übernimmt schwierige Aufgaben. Er meistert sie zur vollsten Zufriedenheit des Geschäftsführers. Der ist begeistert von ihm. Einige Frauen im Team nicht weniger. Er sieht gut aus. Er ist beliebt. Nicht jedoch beim Abteilungsleiter – und auch einige Kollegen aus dem Team sind ihm nicht wohlgesonnen. Sie verweigern ihm ihre Unterstützung. Machen sich lustig über ihn. Eines Tages kursiert ein Gerücht über ihn, dass er an seiner vorhergehenden Arbeitsstelle eine Kollegin vergewaltigt habe. Das Ganze stellt sich als Irrtum heraus. Trotzdem bekommt er jede Nacht obszöne Anrufe. Sein Auto wird beschädigt. Seine Kollegen reden kein Wort mehr mit ihm. Sie beleidigen ihn hinter seinem Rücken. Arbeitsunterlagen von ihm verschwinden. Ein Auftrag kann deshalb nicht ausgeführt werden. Man wirft ihm Schlampigkeit vor. Schließlich kündigt er.

Was ist so fremd an diesem Mann, dass man ihn mobben musste? So lange, bis er »freiwillig« ging?

Xenophobie[141] – die Angst vor dem Fremden – bezieht sich im Allgemeinen auf Menschen, die aus einem anderen Kulturkreis kommen oder einer anderen Rasse angehören. Dies muss allerdings nicht zwangsläufig so definiert werden. Es muss nicht einmal die Angst vor der Fremdheit eines Kollegen, eines Nachbarn sein. Es kann auch die Angst vor dem Fremden in einem selbst sein.

Schon immer war das Fremde – das Unvertraute, Neue, Nichtkontrollierbare – für den Menschen eine Quelle der Angst. Sie rührt an einen schon bekannten, aber sich durch alle Lebenslagen und Lebensbereiche ziehenden existentiellen Aspekt unseres Lebens: das Grundbedürfnis des Menschen nach Orientierung, Kontrolle und Sicherheit. Es ist die Ur-Angst vor dem Chaos, das in uns lauert und in der Welt.[142]

Wie lässt sich die Angst vor dem Fremden in eben beschriebenem Fall interpretieren? Der Abteilungsleiter hat Angst vor dem neuen Kollegen. Er nimmt ihn als kompetenter wahr als sich selbst. Er befürchtet, dass seine Stellung in Gefahr ist. Dieser Mitarbeiter ist für ihn unberechenbar, nicht kontrollierbar. Das ist das Fremde an ihm, was es dem Abteilungsleiter unmöglich macht, mit ihm zusammenzuarbeiten.

Ein anderer Mitarbeiter der Firma kann es nicht ertragen, dass der neue Kollege so beliebt ist in der Firma, dass er so ungezwungen mit allen kommunizieren kann. Dass ihm die Herzen zufliegen. Der neue Kollege ist so anders als er selbst.

Er mag diesen Gegensatz nicht. Er bleibt ihm fremd und damit unberechenbar.

Ein weiterer Kollege neidet ihm sein gutes Aussehen und dass die Frauen ihn mögen. Ihn selbst mag man nicht sonderlich. Er ist eher der langweilige Typ. Und das weiß er.

Eine Kollegin fühlt sich von ihm ausgeschlossen. Er beachtet sie ihrer Meinung nach nicht genug. Sie wäre gern mit ihm zusammen. Sie weiß, dass dies nie der Fall sein wird.

Wer von diesen Personen hat ihn gemobbt? Einer wird den Anfang gemacht haben. Ein Gerücht ist schnell erzählt und fällt oft auf fruchtbaren Boden.

Nicht immer muss sich aus einer Konstellation wie der gerade geschilderten Mobbing entwickeln. Unzulänglichkeitsgefühle, Neid, Eifersucht, Minderwertigkeitsgefühle, daraus resultierende Ängste ... all das sind menschliche Schwächen, die jeder kennt, die aber die meisten Menschen relativ gut kontrollieren können.

Der Angst-Mobber jedoch fühlt sich in Gegenwart von Menschen nicht wohl, die anders sind als er, die ihm nicht ähnlich sind in Gedanken, Gefühlen, Handlungen. Hinter jedem Neid, hinter jeder Eifersucht,[143] hinter jedem Minderwertigkeitsgefühl[144] steckt eine Angst und eine Sehnsucht, die den Impuls auslöst, das Anderssein des anderen beherrschbar zu machen. Erst dann fühlt man sich wieder wohl, und das eigene Bedürfnis nach Sicherheit ist befriedigt.[145]

Der Begriff Angst darf in diesem Zusammenhang allerdings nicht als eine prinzipiell passive Reaktion des Rückzugs missverstanden werden, als Flucht vor dem, der ängstigt. Es gibt eine angstmotivierte Form der Aggression, die genau das Gegenteil von Flucht bewirkt. In die Enge getriebene Tiere sind in besonderer Weise gefährlich. Und auch bei kleinen Kindern lässt sich im Einzelfall durchaus beobachten, dass sie ihre Angst vor anderen Kindern dadurch auflösen versuchen, indem sie diese treten, anspucken oder beißen.

Der Angst-Mobber will das Fremde im anderen beherrschen und kontrollieren. Er will das Fremde im anderen am Boden liegen sehen, damit er sich wieder überlegen fühlen kann. Damit »besiegt« er seine Angst – oder glaubt es zumindest.

Xenophobie kann aber auch noch anders gedeutet werden. Es ist die Angst vor Merkmalen in einem selbst, die man bei einer anderen Person wahrnimmt,[146] C. G. Jung nannte es »den Schatten in uns«.[147] Eine Eigenschaft wie zum Beispiel Unordentlichkeit, die bei einem Kollegen wahrgenommen wird, kann ein unerwünschter und bisher erfolgreich unterdrückter Anteil – Schatten – in einem selbst sein. Stellvertretend bekämpft man dann den Kollegen, als sich seinen eigenen Impulsen der Unordentlichkeit zu widmen.

In einer anderen Angst-Konstellation kann es um Antipathie, Abneigung oder sogar Hass gehen, den eine Person in einem selbst auslöst. Dabei muss diese Person nicht wirklich unsympathisch, widerwärtig oder hassenswert sein. Derartige spontane Gefühle eines Menschen einem anderen gegenüber resultieren nicht selten aus einer problembehafteten Vergangenheit mit Personen, deren unangenehme Persönlichkeitsmerkmale auf einen aktuellen Kollegen oder

Mitarbeiter übertragen werden. Die nicht reflektierte Abneigung einem Kollegen oder Mitarbeiter gegenüber gilt – psychoanalytisch betrachtet – beispielsweise eher dem Onkel, dessen überhebliches Grinsen einen früher extrem verunsichert und wütend gemacht hat.[148] Es ist die typische Übertragungsproblematik der Freud'schen Theorie.

Die Angst-Mobber nehmen häufig nicht wahr, dass ihre Mobbinghandlungen letztlich von ihren eigenen Schwächen und Unzulänglichkeiten motiviert sind. Sie neigen dazu, ihre Aktionen zu verbrämen, und argumentieren etwa, dass sie dem Unternehmen dienen, wenn sie einen Kollegen oder Mitarbeiter mobben. Wen sie mobben, ist von vielen Zufälligkeiten und nicht beherrschbaren Konstellationen abhängig, sodass man überhaupt nicht absehen kann, wen sie als Zielscheibe auswählen.

Was du nicht willst, das man dir tu, füg anderen zu – Der Co- und Auftragsmobber

Wie viele kleine Hitler gibt es, die, wenn sie die totale Macht hätten, die Welt in Schutt und Asche legen würden?
Und die sich in der Zwischenzeit damit begnügen müssen, ihr kleinräumiges Umfeld zu terrorisieren.

Der nächste Typ Mobber unterteilt sich in zwei Unterkategorien.

Da ist zum einen der *Co-Mobber* und zum anderen der *Auftragsmobber*. Beide handeln aus dem Motiv der Angst heraus, durchaus verbunden mit einem Streben nach Macht und einem Gefühl der Abneigung gegenüber dem Gemobbten.

Der *Co-Mobber* ist der typische Mitläufer. Er würde aus eigenem Antrieb nie einen anderen Kollegen, einen Mitschüler mobben, sondern sich auf gelegentliche negative Bemerkungen gegenüber der verhassten Person beschränken. Ansonsten würde er sie unbehelligt lassen. Erhält er jedoch die Gelegenheit, sich einem erfolgreichen Mobber anzuschließen, dann wird er sie nutzen. Aus einer sicheren Deckung heraus kann er nun mitmobben, ohne selbst die Verantwortung dafür zu tragen. Er hat teil an der Macht, ohne sie sich selbst »erarbeiten« zu müssen. Er gibt dem Mobber die nötige Unterstützung, wäre aber auch der Erste, der sich wieder zurückzieht, wenn dieser scheitern würde. Für den Mobber selbst bedeutet der Mitläufer als Co-Mobber eine zusätzliche Motivation. Es bekräftigt und »legitimiert« ihn in seinem Handeln.

Die Motive der Co-Mobber, so unterschiedlich sie im Einzelnen auch sein mögen, resultieren wie bei dem Mobber auch aus deren Neigungen und Abneigungen. Die Co-Mobber sind jedoch noch feiger als der Hauptmobber. Sie verstecken sich hinter ihm, auch wenn sie ihn phasenweise überrunden können, um sich vor dem Mobber in Szene zu setzen. Aber in der Regel lässt sich der Mobber nicht die erste Position streitig machen.

Doch neben dem Motiv der Abneigung und der Gier nach Macht gibt es noch ein weiteres Motiv, das typischerweise Co-Mobber antreibt: die Angst. Denn solange der Mobber sich auf sein Opfer konzentriert, sind die anderen Kollegen oder Mitschüler vor ihm vermeintlich sicher. Sie mobben mit, um dem Mobber zu zeigen, dass sie auf seiner Seite stehen. Auf diese Weise signalisieren sie ihm die unausgesprochene Bitte, von seinen Angriffen verschont zu bleiben: Belohne uns, indem du uns nichts tust. Das ist das hinter ihrem Handeln mitschwingende Credo.

Hierbei unterscheiden sich die Co-Mobber in der Schule und am Arbeitsplatz nicht voneinander. Würde einer von ihnen zum nächsten Mobbingopfer, würden sich die übrigen

Co-Mobber erneut hinter dem Mobber scharen, in der unbegründeten Hoffnung, dass sie zukünftig trotzdem verschont bleiben.

Direkte Co-Mobber – wie soeben geschildert – lassen sich von indirekten Co-Mobbern unterscheiden. Letztere sind Personen, die sich nicht am Mobbing vor Ort beteiligen, aber durch ihr Handeln bzw. ihr Nichthandeln das Mobbing unterstützen. Seien es nun Lehrer, die wegsehen oder das Mobbing durch ihr Verhalten billigen, oder in den Prozess des Mobbings hineingezogene Fremdpersonen, die im Auftrag des Unternehmens dafür sorgen, dass das Mobbing von den Betroffenen nicht als solches wahrgenommen wird.[149]

Die zweite Unterkategorie ist der ***Auftragsmobber***. Er ist in der Schule prinzipiell nicht anzutreffen, sondern nur beim Mobbing am Arbeitsplatz. Der Auftragsmobber ist ebenso wie der Co-Mobber eine Person, die im Allgemeinen nicht von sich aus auf den Gedanken käme, jemanden psychisch zu terrorisieren. Der Auftragsmobber wird von seinem Vorgesetzten zu einem solchen gemacht. Er wird zum Chef gerufen, wo ihm zum Beispiel andeutungsweise mitgeteilt wird, dass es im Unternehmen Mitarbeiter gibt, die zu hohe Kosten verursachen. Ziel wäre es, diese Kosten zu reduzieren, und das wäre nur möglich, indem man die entsprechenden Mitarbeiter dazu bewegen könnte, freiwillig zu kündigen, um auf diese Weise auch eine eventuell zu zahlende hohe Abfindungssumme einzusparen. Es mag auch noch Varianten des Auftragsmobbings geben, etwa dass einem Mitarbeiter in Leitungsposition direkt mitgeteilt wird, dass er einen oder mehrere Kollegen »wegmobben« soll.

Prinzipiell hat der so Angesprochene die Wahl, sich dem Auftrag zu mobben zu widersetzen. Doch schwingt in der Regel in diesen Gesprächen mit einem Vorgesetzten die unausgesprochene Drohung mit, dass bei einer Weigerung die eigene Karriere oder sogar der Verbleib im Unternehmen gefährdet ist. Die Bereitschaft zu mobben hingegen kann zu einer Karrierechance führen.

In einem Fall mobbt der Auftragsmobber aus Angst. Bevor er selbst zu einem Mobbing-Opfer wird, mobbt er lieber selbst. Es fällt ihm schwer, seine Kollegen unter Druck zu setzen. Doch er tut es. Denn sein eigenes berufliches Leben ist ihm wichtiger als das des anderen. Er mag sich damit beruhigen, dass, wenn er es nicht täte, es jemand anderes tun würde. Hier spielt der Pilatus-Effekt hinein (siehe Seite 86), der sein Handeln quasi »legitimiert«.

Im anderen Fall hingegen kann der Auftragsmobber bemerken, dass es ihm Vergnügen bereitet, einen Kollegen zu mobben. Vielleicht ist er mit großem Widerwillen gestartet, beginnt aber dann, seine Macht über andere zu genießen. Denn er weiß um die Rückendeckung seiner Vorgesetzten.

Es ist noch kein Mobber vom Himmel gefallen – Der Stress-Mobber

Verwehrt man einem (…) die Freiheit, so wird er nach Macht suchen; entzieht man ihm die Herrschaft über sich selbst, so wird er seine Persönlichkeit sichern, indem er andere zu beherrschen versucht. (…) Wo man auf keine Freiheit, wohl aber auf Macht hoffen kann, wird Macht das große Ziel der menschlichen Wünsche.

John Stuart Mill, zitiert in Gruen

Frustration erzeugt Aggression. So eine etwas ältere Theorie der Aggressionsforscher Miller und Dollard.[150] In ihrer Ausschließlichkeit mussten sie diese Aussagen schließlich relativieren. Doch unbestritten ist, dass Frustration Aggression auslösen kann.

Nehmen wir das Beispiel eines beliebigen Mitarbeiters in irgendeinem Team. Er ist belastet durch massive Arbeitsverdichtung, leidet unter seiner ständigen Erreichbarkeit, hat Angst um seinen Arbeitsplatz, Sorge um seinen Lebensstandard, befürchtet, nach seiner Rente oder seiner Pension in Altersarmut zu fallen, hat mit finanziellen Problemen zu kämpfen... Er erlebt sich zunehmend äußeren Einflüssen ausgeliefert und verliert das Gefühl, Kontrolle über sein Leben ausüben zu können. Möglicherweise kann er seine Frustrationen, die er täglich am Arbeitsplatz erfährt, dort noch zurückhalten. Zu Hause hat der Partner immer öfter seine Wut, die Verzweiflungsattacken, die Aggressionen zu ertragen. Das Mobbing in der Arbeit ist dann das Ventil, das der Stress-Mobber nutzen kann, um seinen Frust abzubauen. Über das Opfer, das stellvertretend zum Sündenbock gemacht wird. Ihn nun zu mobben ändert nichts an der Frustration des beschriebenen Mitarbeiters oder anderer (mitmobbender) Kollegen. Aber es erleichtert, dass man nun in der Lage ist, in einem Bereich Kontrolle auszuüben und dabei die Erfahrung zu machen, dass es jetzt jemanden gibt, dem es noch schlechter geht als einem selbst.

Auch in der Schule herrscht massiver Druck. Auch hier muss man sich ständig in Tests, Klausuren und im Unterricht mündlich beweisen. Der Ärger mit den Lehrern, der kaum zu bewältigende Lernstoff kommen hinzu. Noch dazu wissen Kinder und Jugendliche sehr wohl, dass es in der Schule um ihre Zukunft geht. Sie sehen, dass es einem Mitschüler leichter als allen anderen fällt. Dessen Noten sind sehr gut. Oder jemand ist einfach anders als die anderen. Und schon beginnt der gleiche Vorgang wie in einem Arbeitsteam. Über das Mobbing holt man sich ein wenig die Überlegenheit zurück, die einem in anderen Bereichen des Lebens verwehrt wird.

Steigen Belastungen auf ein unerträgliches Niveau – und dies ist sowohl im schulischen als auch im beruflichen Bereich immer öfter der Fall –, steigt unter Umständen die Bereitschaft, Frustrationen, eigene erlittene Demütigungen und Unterlegenheitsgefühle auf andere im Allgemeinen oder auf Schwächere im Speziellen abzuleiten. Niemand möchte der sein, der ganz unten ist. Auf dem die anderen herumtrampeln.

Wer anderen eine Grube gräbt, beerdigt gern – Der Macht-Mobber

Wenn man alles Gute vom Menschen abhobelt,
bleibt kein Tier zurück, sondern ein Teufel.
Erwin Chargaff

Macht-Mobber haben stets den eigenen Vorteil fest im Blick. Alles ist diesem Ziel untergeordnet. Es gibt für sie nur Gewinner oder Verlierer. Und es ist klar, zu welcher Kategorie Mensch ein Macht-Mobber gehört oder gehören will. Alles Schwache wird aus dem Weg geräumt oder muss sich ihm bedingungslos unterwerfen. Möglicherweise hat er bereits in seiner Kindheit und Jugend gelernt, sich auf Kosten anderer rücksichtslos durchzusetzen. Vielleicht war er bereits damals ein erfolgreicher Mobber, der nie von seiner Umwelt gestoppt worden ist. Das macht ihn zu einem Teufel der besonderen Art.

Sieht man sich die Persönlichkeitstypen an, die sich im Streben nach Macht und Einfluss vereinigen, stoßen wir auf das, was manche Psychologen als die »dunkle Triade« bezeichnen.[151] In diesem Zusammenhang werden drei Persönlichkeitstypen von Menschen benannt, die sich im Spektrum von Narzissmus, Machiavellismus bis hin zur Psychopathie bewegen. Die Mobbertypen, die zu den Macht-Mobbern gehören, sind demzufolge: der *narzisstische Mobber*, der *machiavellistische Mobber* und der *psychopathische Mobber*.

Der *narzisstische Mobber* zeichnet sich durch einen Mangel an Empathie aus.[152] Die meiste Empathie hat er nur für sich selbst. Aber er ist dazu fähig, sie anderen vorzuspielen, indem er die darüber aufgebauten zwischenmenschlichen Beziehungen ausnutzt, um sich Vorteile zu verschaffen. Sowohl im privaten als auch im beruflichen Umfeld.

Der Narzisst will bewundert werden, hält sich für großartig und kann dabei doch von tiefen Neidgefühlen zerfressen sein, wenn es anderen besser zu gehen scheint.

Wer ihn nicht in seiner übertriebenen Bedeutung und Großartigkeit unterstützt oder bestätigt, hat verloren. Niemand darf kompetenter sein. Niemand darf schöner sein. Niemand darf erfolgreicher sein. Niemand darf beliebter sein. Der narzisstische Mobber räumt seine »Gegner« aus dem Weg, damit er wie Schneewittchens Stiefmutter die einzig bedeutsame Person auf der Welt ist. Die Zerstörung des anderen ist dann nur eine lästige Pflicht, die aber mit Akribie ausgeführt wird.

Befindet sich der narzisstische Mobber in einer Machtposition, so nutzt er sie ohne Skrupel aus. Einfühlungsvermögen für das Opfer existiert nicht. Es aus dem Weg zu räumen ist eine legitime Angelegenheit, weil er sich im Recht fühlt. Seine Eigenlogik bestätigt ihm dies. So ist er sich seiner

Unrechtshaltung nicht bewusst. Hat der narzisstische Mobber sein Opfer »beseitigt«, zeigt ihm das seine Macht über andere Menschen. Warum sollte er sein Verhalten ändern?

Der Machiavellist, benannt nach Niccolò Machiavelli, einem italienischen Philosophen des 16. Jahrhunderts, folgt nur seinen Eigeninteressen. Die Welt wird von Machiavellisten aus einer radikal rationalen und berechnenden Perspektive gesehen.[153] ***Der machiavellistische Mobber*** kann durchaus auch narzisstische Anteile in sich tragen, ist jedoch mehr verstandes- als gefühlsorientiert. Er lässt sich nicht von Gefühlen leiten, sondern von reiner Berechnung. Er ist der gefährlichste Mobber-Typ von allen. Es bereitet ihm keine Lustgefühle zu mobben. Mobben ist für ihn reine Notwendigkeit. Er verfügt durchaus über empathische Fähigkeiten. Doch setzt er sie sehr berechnend ein.

Der machiavellistische Mobber als Vorgesetzter schätzt seine Mitarbeiter, baut zu ihnen eine Bindung auf, steht auch in Krisenzeiten zu ihnen. Aber all das kann er sofort auflösen, wenn eine Person ihm gefährlich wird oder sie ihm nichts mehr nutzt. Ob der von ihm gemobbte Mitarbeiter in die Arbeitslosigkeit fällt, sein Haus verkaufen muss, all das ist ihm egal. Alles ist ihm Kalkül.

Den machiavellistischen Mobber zu besiegen ist nicht leicht. Seine Schwächen zu erkennen, um diese gegen ihn einsetzen zu können, ist Schwerstarbeit. Löst die Beseitigung des Opfers beim Narzissten durchaus Zufriedenheit aus, ist es beim Machiavellisten eher ein Beweis seiner Fähigkeiten. Er zählt gern die Kerben in seiner Waffe. Aber er würde sie alle wieder löschen, wenn ihm dies zum Vorteil gereichen würde.

Verändert sich beim Machiavellisten die Situation, ist er durchaus dazu fähig, seine Mobbing-Handlungen einzustellen, weil sie ihm keinen Nutzen mehr bringen oder die Folgen für ihn unangenehmer wären. Er lauert dann nicht auf die nächste Gelegenheit, um seinen Widersacher endgültig zu beseitigen. Es sei denn, seine Interessen kollidieren wieder mit dem anderen.

Der psychopathische Mobber ist völlig unfähig, empathisch zu sein.[154] Bei ihm liegt ein Defizit in den Schaltkreisen der Amygdala – eines Bereichs des Zwischenhirns – vor, der für die Wahrnehmung von Leid und Angst unerlässlich ist. Mitleid, Besorgnis, Trauer – all das empfindet er also nicht. Allerdings zeichnet sich der intelligente Psychopath dadurch aus, dass er sämtliche Gefühle perfekt simulieren kann.

In einer Studie der Universität St. Gallen über erfolgreiche Menschen, die im Finanzsektor beschäftigt sind, wurden diese mit Psychopathen verglichen, die in einer forensischen Klinik untergebracht waren. Als Kontrollgruppe wurden normale Bürger genommen, um in der Studie keine formalen Fehler zu machen. Die Beteiligten sollten anhand von Spielsituationen zeigen, wie kooperativ sie sein können, wenn es darum geht, Gewinne zu machen. Die Gruppe der Finanzdienstleister war rücksichtsloser und egoistischer als die Gruppe der Psychopathen. Sie ging so weit, dass sie mit allen Mitteln versuchte, die Gewinne der anderen zu reduzieren, selbst wenn dabei die eigenen Gewinnchancen verkleinert wurden. Die Absicht, andere zu schädigen, war also letztlich größer als das Gewinnstreben.[155]

Mit einem weiteren Experiment, das an der Emory Universität in Georgia, USA, durchgeführt wurde, sollte getestet werden, wie großzügig sich Menschen verhalten, wenn es darum geht, Gewinne zu machen. Insgesamt nahmen Testpersonen aus 15 verschiedenen Kulturkreisen teil. Ergebnis dieses Experimentes war, dass viele Testpersonen »neben ihrem eigenen materiellen Vorteil großen Wert auf Fairness und Gegenseitigkeit legten«. Die große Ausnahme stellten jedoch Studenten der Wirtschaftswissenschaften dar, die nur ihren eigenen Interessen folgten und Kooperation verweigerten.[156]

Die Sucht nach Sicherheit –
Die Hinterzimmer der Psyche

Wir alle sind Wölfe, die vergessen haben,
dass sie niemals Schafe waren.

In den Hinterzimmern der Psyche ist die dunkle Seite des Menschen eingeschlossen. Niemand will mit ihr konfrontiert werden. Und doch ist sie ein allgegenwärtiger Bestandteil des menschlichen Lebens. Zuweilen flammt diese dunkle Seite für Bruchteile von Sekunden auf, um dann wieder hinter fest verriegelte Türen verbannt zu werden: Da ist der Autofahrer, der vor einer Ausfahrt extra schneller fährt, damit ein anderer nicht mehr rechtzeitig über die Fahrbahn wechseln kann. Da ist die diebische Freude einer jungen Frau, die bemerkt, wie ihrer besten Freundin gerade die Handtasche gestohlen wird. Da ist die Schadenfreude über den Absturz eines Stars, den man mochte oder eben auch nicht.

Es sind diese kurzen Momente, die etwas in uns zum Vorschein bringen, was nicht mit unserer Vorstellung von uns selbst in Übereinstimmung zu bringen ist: Dass wir nicht immer so nett sind, wie wir selbst uns gern sehen. Dass wir böse sein können – manchmal sogar böse sein wollen. So sammeln sich in den Hinterzimmern der Psyche all die Denkweisen und Gefühle, die nur dann zum Vorschein kommen, wenn die Kontrolle über die eigene Person einmal kurz nachlässt oder wenn man massiv bedroht wird.

Es ist gefährlich, diese dunkle Seite zu ignorieren oder zu leugnen. Denn sie gehört zur menschlichen Grundausstattung. In der Jung'schen Schattentheorie ist der dunkle Teil der in den Untergrund der Psyche abgeschobene und verdrängte Teil in uns.[157]

Die Hinterzimmer der Psyche haben verschiedene Türen. Sie sind beschriftet mit: Angst, Feigheit, Neid, Eifersucht, Machtgier, Schadenfreude, Zerstörungswut, Herrschsucht, Lust am Quälen, Hass, Aggression... Der Mobber sieht diese Türen nicht einmal. Würde man ihn darauf aufmerksam machen, wäre es, als würde man versuchen, einem Blinden das Sehen zu erklären. Sein Sensorium ist für die Bedürfnisse anderer nicht freigeschaltet. Denn die Gier nach Sicherheit in ihren vielfältigen Spielarten überlagert beim Mobber alles. Er rechtfertigt sein Tun nicht. Er kann es nicht wirklich reflektieren. Ihm käme gar nicht in den Sinn, dass es böse ist, was er da seinen Opfern antut. Der Mobber ist entweder empathiefrei oder zumindest empathiereduziert.

Was er mit seinen Taten in Bewegung setzt, ohne dass es ihm bewusst wäre: Er klopft an die psychischen Hinterzimmer der Wegseher und der Gemobbten.

Für die Wegseher öffnen sie sich einen Spaltbreit.

Auch sie sehen sich in ihrer Sicherheit bedroht. Angst

überkommt sie. Feigheit stellt sich ein. Schadenfreude kann sich entwickeln. Impulse, welche die Wegseher lieber nicht wahrnehmen möchten. Denn die Fassade bröckelt unter dem Ansturm von Gefühlen, die sie zu überwältigen drohen. Sie können sie nur kitten mittels des Pilatus-Effektes. Doch es bleibt ein bitterer Beigeschmack. So wie niemand in einem Rettungsboot sitzen mag, um darüber zu entscheiden, ob ein weiterer im Wasser Schwimmender und um sein Überleben Kämpfender ins Boot gezogen werden kann oder nicht. Weil sich hier die Frage stellt, ob dadurch das eigene Überleben durch ein Kentern des Bootes gefährdet wird.

Niemand erwartet von einem Feuerwehrmann, dass er sein eigenes Leben ohne realistische Überlebenschance riskiert, nur um ein anderes Leben möglicherweise zu retten.

Doch der Anspruch, stets seinem Mitmenschen zur Seite zu stehen, wenn dieser in Gefahr ist, schwebt als Hyperstruktur über jeder auf Humanität und Sozialität gegründeten Gesellschaft und damit über jedem Einzelnen.

Der Wegseher entscheidet sich für die eigene Sicherheit. Kann man es ihm wirklich verdenken?

Auch wenn dadurch die Illusion von der eigenen Souveränität verloren geht. Zumindest für eine Weile.

Für den von Mobbing Betroffenen hingegen öffnen sich gleich mehrere Türen seiner Hinterzimmer. Das dahinter verborgene Gemisch aus Ängsten und anderen Gefühlen schwappt wie eine nicht zu kontrollierende Welle über ihn.

Bisher nie gekannte Ängste, Einsamkeitsgefühle, Enttäuschungen, Verzweiflung fluten das Gehirn. Ebenso bisher nie gekannter Hass, Wut und Aggression. Er weiß nicht, wohin mit diesen Gefühlen. Er ist überfordert. Denn sein Repertoire – vor allem, wenn er ein friedliebender Mensch ist – erschöpft sich in der Regel letztlich in hilfloser Empörung.

Nie zuvor war er in solch einer Situation. Hass war vielleicht ab und an mal ein Augenblicksgefühl. Wut und Aggression ebenfalls. Doch nun spürt er es mehr oder weniger kontinuierlich, wenn nicht gerade die Gefühle der Angst und Verzweiflung vorherrschend sind.

Der Gemobbte hat Angst vor seinem Hass, seiner Wut, seiner Aggression und vor den damit einhergehenden Vernichtungsphantasien.

Auf die Öffnung der Hinterzimmer ist niemand vorbereitet, der sie bisher immer gut verschlossen gehalten hat und nicht einmal ahnte, wie intensiv die dahinter lauernden Gefühle sein können. Der Gemobbte lernt einen Teil von sich kennen, den er eigentlich nie kennenlernen wollte: Der Wolf blitzt in ihm auf und verwandelt sich wieder in ein Schaf zurück, das er zwar nie war, aber wozu ihn seine Erziehung und seine Sozialisation gemacht hat.

Teil IV:

Die Gesellschaft der Mobber

»Und plötzlich traten alle zu!« – Eine Gemobbte klagt an

Frau Westerheide, 44 Jahre, Abteilungsleiterin in einem großen Unternehmen, wurde zwei Jahre von ihrem Vorgesetzten gemobbt. Je schwächer ihre Position wurde, umso mehr distanzierten sich ihre Mitarbeiter von ihr und beteiligten sich direkt wie indirekt am Mobbing. Schließlich hielt sie es nicht mehr aus und kündigte – mit fatalen Folgen für ihre berufliche Karriere. Dann erfuhr sie den Grund für das Mobbing: Eine unqualifizierte Kollegin, welche die Geliebte des Vorgesetzten war, bekam ihre Position.

»Als alles begann, ging es mir gerade besser als je zuvor in meinem Leben, beruflich und privat. Dann war es von einem Augenblick auf den anderen vorbei. Innerhalb von Sekunden. Du weißt es nur noch nicht. Aber alles ist schon vorbereitet. Eine Entscheidung ist getroffen worden. Vielleicht schon Wochen vorher. Vielleicht Monate. Die Fallen stehen bereit, und ahnungslos verfängt man sich in ihnen. Mehr und mehr …«

Wie fing das Mobbing an?
»Eigentlich ganz harmlos. Mein Vorgesetzter rief mich in sein Büro. Er lobte meine Arbeit und wollte mir noch mehr

Verantwortung übertragen. Er sprach davon, dass ich eine seiner fähigsten Mitarbeiterinnen sei. Und er sich vorstellen könne, mich zu seiner Stellvertreterin zu machen.«

Das gefiel Ihnen?

»Oh ja. Das gefiel mir sehr. Zu lange hatte ich mich schon in Routinearbeiten verausgabt. Es war Zeit für etwas Neues. Und er bot es mir an. Ich war glücklich!«

Wann bemerkten Sie, dass etwas nicht stimmte?

»Etwa zwei oder drei Monate später. Es war die Zeit, als wir beurteilt werden sollten. Meine Beurteilung fiel schlecht aus. Ich wurde in allem kritisiert, was ich gemacht hatte. Ich hätte mich unprofessionell gegenüber Kunden benommen, sei arrogant gegenüber meinen Mitarbeitern, käme zu spät zur Arbeit, ginge zu früh, zeige keine Motivation und, und, und ...«

Wie haben Sie darauf reagiert?

»Ich bestand auf einer Richtigstellung. Mein Vorgesetzter verweigerte sie mir. Sagte, dass er nicht lügen könne. Dabei grinste er unverschämt. Recht bald wurde offensichtlich, dass ich nicht mehr in der Gunst meines Chefs stand. Meine Kollegen und Mitarbeiter bekamen mit, dass ich nicht mehr das Vertrauen der Geschäftsleitung hatte. Und dann fielen sie über mich her!«

Wie fielen sie über Sie her?

»Sie nahmen sich Freiheiten heraus, die sie sich vorher nie herausgenommen hätten. Sie grüßten mich als ihre Vorgesetzte nicht mehr, lachten mich aus. Sie wussten ganz genau, dass ich nicht die Möglichkeit hatte, mich zu wehren. Ich hatte keine Autorität mehr.

Eines Tages wurde ich auf dem Flur in Gegenwart meiner Mitarbeiter vom Geschäftsführer auf erniedrigende Art und Weise gedemütigt. Er warf mir die Überschreitung meiner Kompetenzen vor. Dabei hatte er mir selbst – allerdings unter vier Augen – diese Kompetenz eingeräumt.

Ich gebe zu, ich war eine sehr korrekte Vorgesetzte. Ich duldete keine schlechte Stimmung im Team. Gab es Probleme zwischen meinen Mitarbeitern, sorgte ich dafür, dass sie fair gelöst wurden. Meine Vorgängerin war da anders. Sie hatte die schlechte Stimmung im Team sogar noch gefördert, ja mitgemacht.«

Wie fühlten Sie sich?

»Ich hätte nie gedacht, dass meine Mitarbeiter mir so in den Rücken fallen könnten. Als hätten sie nur darauf gewartet, dass ich stürze. Wie nett sie immer zu mir waren. Zuvorkommend. Respektvoll. Ich habe mir darauf nichts eingebildet. Aber es hat mich in meiner Meinung bestätigt, dass Fairness zusammen mit einer positiven Strenge honoriert wird. Wurde aber nicht. Manche schmunzelten mich an, so als wollten sie mir sagen: ›Jetzt kannst du uns nichts mehr vorschreiben!‹ Glauben Sie mir: Ich habe meine Mitarbeiter nicht unterdrückt. Mir war es immer wichtig, ihre Ansichten zu hören, und wenn ich den Eindruck hatte, dass ihre Vorschläge besser waren, dann habe ich mich korrigiert.«

Dann haben Sie gekündigt?

»Ja. Ich habe es nicht mehr ausgehalten. Es wurde immer schlimmer. Ich wurde lächerlich gemacht. Vor allen. Es war grauenhaft. Ich hatte nichts Greifbares in der Hand, mit dem ich mich hätte wehren können. Ich habe mich wie eine Außenseiterin gefühlt. Ich dachte, dass ich auf dem Arbeitsmarkt noch gute Chancen hätte. Ich kündigte, ließ mich freistellen und war weg. Nach zehn Jahren Betriebszugehörigkeit.«

Es war nicht möglich, dass man Sie kündigte, damit Sie eine Abfindung hätten bekommen können?

»Ich wäre nie gekündigt worden. Da waren die knallhart. Ich war ja nicht die Einzige, die so behandelt wurde. Kollegen wurden in der Vergangenheit ebenfalls rausgemobbt. Ich dachte nur, mir würde das nie passieren. Wie dumm ich war. Ich hatte keine Kraft mehr. Ich wollte nur noch meine Ruhe haben. Meine Freunde sagten mir, dass ich auf eine Kündigung vonseiten meines Arbeitgebers hätte bestehen sollen. Aber das ist so leicht gesagt. Die haben Zeit und müssen nur warten. Aber ich wollte nicht. Ich hatte keine Kraft. Ich weiß, es war ein Fehler.

Zunächst war ich glücklich. Aber im Laufe der nächsten Monate fingen die psychischen Beschwerden an. Ich hatte vorher schon massive Schlafprobleme gehabt. Auch Konzentrationsprobleme. Ich war gereizt, und immer wieder hatte ich Weinanfälle. Es wurde nicht besser. Ich träumte von den Demütigungen am Arbeitsplatz. Nicht jede Nacht, aber jede zweite bestimmt. Auch heute noch habe ich gelegentlich Albträume von damals. Ich war nicht arbeitsfähig.

Ich ging zu einem Psychiater. Der diagnostizierte nach fünf Minuten, dass ich eine narzisstische Persönlichkeitsstörung hätte. Dabei hatte ich nur gesagt, dass ich vor dem Mobbing eine sehr gute Mitarbeiterin gewesen sei. Bei dem Wort Mobbing verdrehte er schon die Augen. Am liebsten hätte ich ihm ins Gesicht geschlagen!«

Wie ging es weiter?

»Ich bekam Ärger mit dem Job-Center. Ich musste dort zu einem Fallmanager. Dem war dann die Diagnose des Psychiaters bekannt, weil ich eine Schweigepflichtentbindung unterschreiben musste. Ich schilderte ihm das Mobbing. Aber der hörte nicht zu. Ein Gutachter, ebenfalls Psychiater, wurde eingeschaltet. Ich hatte etwa zwei Stunden Zeit, meine Situation zu erklären. Seine Befragung fand ich unmöglich. Immer wieder versuchte er mir zu beweisen, dass ich wahrscheinlich alles übertrieben wahrgenommen hätte. Er verwies auf die Vordiagnose. Es hatte keinen Sinn. Der Mann machte mich wütend. Ich schrie ihn an. Er hörte nicht zu. Unterbrach mich immer wieder. Er schloss sich der Meinung des ersten Psychiaters an.«

Das muss für Sie unwahrscheinlich grausam gewesen sein, dass niemand Sie ernst genommen hat?

»Die ganze Zeit dachte ich, dass das alles nicht wahr sein könne. Dass ich Opfer irgendeiner Verschwörung geworden sei. Natürlich ist mir klar, dass es das nicht war. Aber ich war so hilflos. Es war fast so, als säße ich meinem Peiniger wieder gegenüber!«

Es ging Ihnen mit der Zeit nicht besser?

»Nein. Es war nur besser auszuhalten. Ich fand einen neuen Job. Mehr Arbeit, weniger Geld. Irgendwann erfuhr ich von einem früheren Kollegen, den ich in der U-Bahn traf, dass meine Position eine Mitarbeiterin von mir bekommen hatte. Es hatte sich herausgestellt, dass sie die Geliebte vom Geschäftsführer war. Völlig unqualifiziert. Der Kollege erzählte, dass es im Betrieb drunter und drüber gehen würde. Aber der Geschäftsführer hielte seine Hand schützend über sie. Ich bin so wütend!«

Auf den Spuren des Bösen, zweiter Akt

Ein Ort, der nicht zu finden ist –
Das geheime Netz der Hyperstrukturen

Was ist die Signatur unserer Zeit? Und ich antworte mir selbst: die völlige Undurchschaubarkeit des öffentlichen Lebens, die gänzliche Vernichtung des privaten. Der Einzelne hat sein Gesicht verloren. Er ist zur statistischen Einheit geschrumpft.

Erwin Chargaff

Die Spur des Bösen kann nun weiterverfolgt werden. Wir haben die wertneutrale Grundlage des Mobbings im Gehirn gefunden, wo permanent Ordnungen hergestellt und aufrechterhalten werden müssen.

Wir haben uns mit den Mobbern und deren Grundmotiv – Macht über einen ohnmächtig Gemachten – beschäftigt und damit, worauf die unterschiedlichsten Motive ihrer Neigungen und Abneigungen basieren.

Wir haben das Denken und die Verhaltensweisen der Wegseher näher beleuchtet, ohne die es kein Mobbing geben könnte.

Wir haben visible und invisible Strukturen näher betrachtet, die, obwohl immer von Menschen geschaffen, eine von ihnen weitgehend unabhängige Ordnungsinstanz bilden und als Korrektiv und als Verstärker auf ihre Erzeuger zurückwirken.

Das Quintett des Bösen ist erkannt. Doch all das stellt nur eine Ebene dar. Denn Mobbing ist nicht nur an konkrete Personen und unmittelbar damit verbundene Strukturen gebunden. Sondern auch an die ***Gesellschaft*** als Ganzes, dieses ominös-fragile und hoch abstrakte Gebilde, das sich mit bloßen Händen nicht greifen lässt und in der der Einzelne »zur statistischen Einheit« reduziert wird.

Was hat die Gesellschaft mit Mobbing zu tun? Bevor wir dieser Frage nachgehen, gilt es herauszustellen, was unter dem Begriff Gesellschaft zu verstehen ist.

Eine Gesellschaft hat keine Postleitzahl. Sie ist ein abstraktes Gebilde, das sich nur denkend erschließen lässt. Es ist nicht die »Gesellschaft« der Mobber, die man ertragen muss, wenn man ihnen als Gemobbter gezwungen ist zu begegnen. Es ist keine Gesellschaft, die aus einer bestimmten Anzahl von Personen besteht und für einen begrenzten Zeitraum existiert, zum Beispiel um eine gerade geschlossene Ehe zu feiern. Eine Gesellschaft ist nicht nur die Ansammlung von Menschen unter einer nationalstaatlichen Flagge, die sie von anderen nationalen Gesellschaften abgrenzt.

Jede Gesellschaft besteht aus ganz konkreten, real existierenden Menschen. Aber eben nicht nur aus ihnen.

Menschen können sterben. Viele von ihnen können sterben. Aber eine Gesellschaft besteht auch weiterhin – solange nicht wirklich alle verstorben sind. Sie ist wie das menschliche Gehirn ein Gebilde, das aus Teilen besteht, die erst über ihr Zusammenwirken etwas Neuartiges erzeugen: die Gesellschaft.

Wie beim Gehirn gibt es auch hier keine zentrale Steuerungsinstanz, die bestimmt, wie eine Gesellschaft zu funktionieren hat oder wohin sie sich entwickeln soll.[158] Es gibt zwar eingreifende, regulierende Instanzen wie Parlamente, Regierungen, Behörden, Polizei..., die Gesetze, Vorschriften oder Regeln erlassen oder durchsetzen können. Sie geben den Rahmen vor, in dem sich Gesellschaft abspielt. Bestimmen aber können diese Instanzen die Gesellschaft nicht. Denn eine Gesellschaft entwickelt sich selbstorganisatorisch.[159]

Wer oder was sind diese Teile von Gesellschaft, die miteinander interagieren und sich gegenseitig beeinflussen?

Da sind zum einen natürlich die Menschen, ohne die es prinzipiell keine Gesellschaft geben könnte.[160] Und da sind die von Menschen geschaffenen technischen Errungenschaften, die das Leben der Menschen untereinander stark beeinflussen, wie zum Beispiel etwa Fernsehen, diverse Haushaltsgeräte, Handys, Beförderungsmittel wie Autos und Flugzeuge. Alle diese technischen Errungenschaften bringen Erleichterungen und Zeitvorteile mit sich. Aufgrund ihrer Nutzbarkeit verändern sie das Denken, Fühlen und Handeln von Menschen und wirken sich zwangsläufig auf den Umgang und die Kommunikation mit anderen Menschen aus. Zum Vorteil wie zum Nachteil. Und außerdem gibt es noch die im Zusammenleben und Zusammenarbeiten zwischen Menschen historisch und gegenwärtig geschaffenen visiblen Strukturen wie zum Beispiel Dienstanweisungen, Regeln,

Vereinbarungen, Arbeitsablaufpläne im vorgegebenen Rahmen von Schulen, Firmen, Unternehmen, Organisationen. Darüber hinaus existieren die ebenfalls im Zusammenleben und -arbeiten zwischen Menschen geschaffenen invisiblen Strukturen, wie sie etwa in Paar- und Familiendynamiken oder Team- und Klassendynamiken beschreibbar sind. Diese visiblen und invisiblen Strukturen sind immer auf die jeweiligen lokalen Kontexte bezogen, in denen sie entstanden sind, wie eben auf Unternehmen, Organisationen, Paare, Familien, Teams, Klassen … Gleichzeitig sind sie jedoch auch schon Teil der Gesellschaft, beeinflussen diese zum Teil mit und umgekehrt.[161]

Darüber hinaus gibt es die einzelnen Funktionssysteme einer Gesellschaft, die sich unter Begriffen wie Wirtschaft, Bildung, Gesundheit oder Politik versammeln.[162] Funktionssysteme sind nach dem Soziologen Luhmann unterschiedliche geschlossene Systeme, wobei zum Beispiel das Funktionssystem Wirtschaft nicht auf andere Funktionssysteme einwirkt oder sie beeinflusst.[163] Denn diese Systeme funktionieren und erhalten sich nur aufrecht nach ihren jeweiligen Eigenlogiken: So bezieht sich das Funktionssystem Wirtschaft auf den zweiwertigen Code »Haben versus Nichthaben«.[164] Diesseits und Jenseits – und damit letztlich auch Rücksichtnahme und Liebe – als Code des Funktionssystems Religion sind damit nicht vereinbar und gehören per Definition nicht dazu.

Im Folgenden wird zwar auf die Terminologie der Funktionssysteme Luhmanns im Allgemeinen zurückgegriffen, doch werden sie völlig anders interpretiert.

Des Weiteren existieren Teile wie Rollenbilder und Schichtungen wie Oberschicht, Mittelschicht, Unterschicht, die sich historisch und aktuell in Abhängigkeit von Geld und Bildung entwickelt haben und sich weiterentwickeln.

Und da sind die visiblen und invisiblen historischen wie aktuellen Hyperstrukturen, die eine Gesellschaft ausmachen und sie entscheidend mitprägen. Über die bereits im ersten Teil dieses Buches beschriebenen visiblen und invisiblen Strukturen legen sich auf diese übergeordnete Strukturen – die hier so genannten Hyperstrukturen.

Sie ähneln ihnen.

Doch sie spielen in einer gänzlich anderen Liga.

Hyperstrukturen ergeben sich aus dem Zusammenwirken und Aufeinanderbeziehen aller visiblen und invisiblen Strukturen. Auch sie erzeugen etwas Neues auf der Basis des bereits Vorhandenen. Sie sind nicht lokal (auf Organisationen, Paare, Teams) begrenzt, sondern global (auf eine Gesellschaft bzw. auf Gesellschaften bezogen). Hyperstrukturen spiegeln das Klima oder die Klimata bzw. die Zeitsignaturen einer Gesellschaft wider. Als visible Hyperstrukturen – als ausgesprochener und verschriftlichter Konsens – sind sie in allgemeingültigen Gesetzen, Vorschriften und Regeln zu finden. Das Grundgesetz wäre hier beispielsweise zu nennen: ein offizieller Wertekanon, der Humanität, Gleichheit, Gerechtigkeit, Rücksichtnahme und Solidarität verkündet. Ein solch übergeordneter Wertekanon wird dabei nicht nur von den aktuellen Gegebenheiten bestimmt, sondern speist sich auch oder vor allem aus seinen historischen Wurzeln.

Der Philosoph Jean-Paul Sartre sieht die Strukturen einer

Gesellschaft als Praktiko-Inertes. Damit will er verdeutlichen, dass die Bildung gesellschaftlicher Strukturen Ergebnis menschlicher Tätigkeiten sind, sowohl anderer Individuen als auch Individuen vergangener Generationen und Epochen. Diese Strukturen wirken – als eine Art versteinerte, apersonale Macht – auf Individuen ein und prägen deren Verhalten.[165] Um Beispiele hierfür zu nennen: Wir sind in Deutschland unter anderem geprägt durch historische visible Hyperstrukturen wie das Christentum. Wir sind geprägt durch den Nationalsozialismus, der damit in Zusammenhang stehenden Vernichtung »unwerten Lebens« und der dadurch entstandenen besonderen Bedachtsamkeit im Umgang mit der Debatte um die Sterbehilfe.

Wir sind auch geprägt durch keine im Laufe der Jahrhunderte erfolgte Revolution in Deutschland, wie dies etwa in England, Frankreich, Russland der Fall war.

Sind diese visiblen Hyperstrukturen noch relativ gut analysierbar, sind es die invisiblen Hyperstrukturen schon nicht mehr. Denn sie spielen sich auf einer weitgehend unausgesprochenen, aber stillschweigend akzeptierten Konsensebene ab. Hier kann es sich zum Beispiel um Kennzeichen einer vermuteten »Volksseele« handeln, wie sie sich – laut einer unbekannten Quelle – in der folgenden vielleicht überzeichneten »Charakterisierung« der Franzosen, Italiener und Deutschen wiederfindet: »Den Franzosen ist alles erlaubt, wenn es nicht ausdrücklich verboten ist. Den Italienern ist alles erlaubt, auch wenn es ausdrücklich verboten ist. Den Deutschen ist alles verboten, wenn es nicht ausdrücklich erlaubt ist.«

Etwas kanalisiert sich auf bestimmte »Eigenschaften« einer Nation, die etwas verkörpert, was sich nicht in jedem einzelnen Bürger eines Staates wiederfinden muss, aber ein Volk irgendwie doch »charakterisiert«. Die Identifizierung invisibler Hyperstrukturen ist per Definition schon sehr schwierig, insbesondere dann, wenn es um das Einfangen von kollektiven Stimmungen oder Zeitsignaturen geht. Sie lassen sich nicht festhalten wie ein beschriebenes Stück Papier. Sie sind vage und doch »irgendwie« spürbar.[166]

Sie liegen in der Luft. Die Versuche, sie zu verschriftlichen, gelingen nur oberflächlich. Wenn überhaupt.

Es ist das mehr oder weniger stark ausgeprägte Gefühl, in einer unsicheren, sich ständig wandelnden Welt zu leben.[167]

Es ist die Angst vor Statusverlust.[168]

Es ist die Angst vor Versagen.[169]

Es ist die Angst vor Ausgrenzung.[170]

Es ist das Leben in einer Stimmung allgegenwärtiger, nicht immer näher zu bestimmender Bedrohungen, die sich auch durch noch so viel Fernseh- und Alkoholkonsum nicht vollständig verdrängen lassen und »irgendwie« im Hintergrund weiterlaufen. Dies alles wird durch eine Kollektivdynamik erzeugt, ähnlich wie bei einer Team- oder Klassendynamik.

Nur imposanter. Und unüberschaubarer.

Diese Stimmungen, Bedrohungsszenarien, Ängste, Unsicherheiten, Zeitsignaturen liegen wie ein unsichtbares Netz über jedem einzelnen Bürger und beeinflussen wiederum sein Denken, Fühlen und Handeln mit – und gewinnen so zwangsläufig Macht über Menschen.

Invisible Hyperstrukturen sind des Weiteren übergeordnete ungeschriebene Gesetze, die etwa vorschreiben, wie eine Person sich in bestimmten Lebenskontexten und eben in einer Gesellschaft zu verhalten hat. Kaum einer käme etwa auf die Idee, sich auf einer belebten Einkaufsstraße seiner Kleidung zu entledigen und gemächlich weiterzuspazieren. Niemand käme auf die Idee, in einem Bus, in einen Konzertsaal oder wiederum auf einer belebten Einkaufsstraße zwischen allen Menschen zu urinieren. Diese ungeschriebenen Gesetze wurden niemandem von uns beigebracht, und doch kennt sie jeder.

Ein letztes Beispiel.

Nehmen wir an, die vorgeschriebene Fahrgeschwindigkeit auf einer Autobahn ist für alle drei Spuren 100 Kilometer pro Stunde. Wer sich nun auf der linken Spur befindet und nicht auf die mittlere Spur wechseln kann, weil sich dort Fahrzeuge befinden, wird sich nur in den seltensten Fällen an diese 100 Kilometer pro Stunde halten, wenn sich hinter ihm weitere Fahrzeuge befinden, die drängeln bzw. zu drängeln scheinen. In diesem Moment schießen vermutlich verschiedene Gedanken durch den Kopf des Fahrers, die nie verschriftlicht wurden, nicht »offiziell« gelten und doch eine ganz reale Bedeutung haben. Gedanken wie »Was denken die hinter mir?«, »Die wollen vorbei«, »Ich mache mich lächerlich, wenn ich vorschriftsmäßig fahre«, »Die halten mich für bescheuert!«, »Ich mache die mit meinem vorschriftsmäßigen Fahren wütend« oder »Ich halte den Druck nicht aus!«.

Niemand wird in einer solchen Situation so bewusst denken. Doch liegen dem konkreten Verhalten – schneller zu fahren – diese mehr oder weniger automatisierten Gedanken zugrunde. Es ist eine invisible Hyperstruktur, die sich da entwickelt hat und die vielleicht schon seit der Existenz der ersten Autobahnen und dem ebenfalls ungeschriebenen Gesetz »Freie Fahrt für freie Bürger«, »Wer rechts fährt, ist selbst schuld«, »Wer bremst, ist selbst schuld« gilt.

Doch kommen wir nach dieser allgemeinen Skizzierung der invisiblen Hyperstrukturen zu der Frage, wie diese mit Mobbing in Verbindung gebracht werden können. Damit sie den strukturellen bzw. hyperstrukturellen Part des Bösen übernehmen können, müssen sie aus den Hinterzimmern der Gesellschaft herausgezerrt werden.

Denn dies ist der »Ort«, an dem all diese speziellen invisiblen Hyperstrukturen lagern, die sich im öffentlichen Bewusstsein nur schwer wiederfinden lassen und doch vorhanden sind.

Greifen wir an dieser Stelle den Ausgrenzungsgedanken wieder auf: Das Gehirn arbeitet nur durch Ein- und Ausgrenzung, stellt darüber eine Ordnung her.

Je nachdem, in welcher Gesellschaftsform ein Mensch aufgewachsen ist, trifft er in Abhängigkeit von den bereits existierenden invisiblen Hyperstrukturen Unterscheidungen, die beispielsweise darin gipfeln, dass starke von schwachen Menschen unterschieden werden. Und dass er über diese Unterscheidung eine Wertigkeit erzeugt, die das Starke über das Schwache oder vermeintlich Schwache erhebt. Und was das Individuum hier tut, das tut auch eine Gesellschaft: Eine Gesellschaft definiert sich darüber, wer dazugehört und wer nicht. Dies wiederum bezieht sich nicht nur auf die Abgrenzung von anderen Gesellschaften, sondern vor allem auf die Ausgrenzung von Menschen innerhalb einer Gesellschaft.

Eine Gesellschaft ohne Ausgrenzung gibt es nicht.

Der Ausgegrenzte hat eine Funktion zu erfüllen. Er stabilisiert die Gesellschaft durch sein Ausgegrenztsein. Denn erst darüber, dass er ausgegrenzt ist, ermöglicht er die Erkenntnis der Eingegrenzten, dass sie überhaupt eingegrenzt sind, und das erzeugt für diese Sicherheit. Beides – Eingrenzung und Ausgrenzung – steht in einem unauflöslichen Verweisungszusammenhang. Wie können wir wissen, was Ordnung ist, wenn wir nicht wissen, was Unordnung ist? Wie können wir Macht verstehen, wenn wir nicht auch gleichzeitig wissen, was Ohnmacht ist? Die Begrifflichkeiten machten keinen Sinn, wenn sie sich nicht gegenseitig erklären würden.[171]

Eine Gesellschaft ohne die Mechanismen der Herstellung von Ordnung gibt es nicht. Und dieser Ein- und Ausgrenzungszusammenhang bezieht sich nicht nur auf nationale Grenzen, sondern eben auch auf Unterscheidungen innerhalb einer Gesellschaft. Diese historisch invisible Hyperstruktur der Ordnung durch Ein- und Ausgrenzung charakterisiert eine jede Gesellschaft, sei sie nun vergangen, gegenwärtig oder zukünftig. Sie speist sich aus dem zeitlosen Grundbedürfnis des Menschen heraus, Ordnungen, welcher Art auch immer, schaffen zu müssen. Das menschliche Gehirn lässt selbst einer Gesellschaft keine Wahl. Diese historisch angelegten invisiblen Hyperstrukturen der Ordnung aktivieren sich in jeder Epoche in besonderer Weise.

Aufgrund einer Kollektivdynamik entwickelt sich die Angst vor Unsicherheit. Und sie wiederholt sich als Hyperstruktur in Variation über die Zeit immer und immer wieder, weil sie schon seit Urzeiten etabliert ist und zum unhintergehbaren Repertoire des menschlichen Gehirns gehört.

Diese historische invisible Hyperstruktur der Ordnung ist in jedes Gegenwartsbewusstsein eingelagert. Es sind quasi subliminale Botschaften, die deutlich machen, was vom Einzelnen in unserer Gesellschaft erwartet und verlangt wird.

So entstehen darauf basierende gegenwärtige invisible Hyperstrukturen, die kollektiver, unausgesprochener Konsens sind, wie: »Streng dich in deinem Leben an, sonst wird aus dir nichts werden«, »Sei erfolgreich«, »Kämpfe«, »Setz dich durch«, »Denk an dich«, »Gehöre zu den Gewinnern dieser Gesellschaft« ... Und das alles gipfelt in einer Hyperstruktur, die das in der Botschaft zusammenfasst: »Erfülle diese Ansprüche – und du gehörst dazu.«

Das ist ein Versprechen mit einer positiven Deutung, aber auch gleichzeitig eine Drohung, die negativ formuliert dann so klingt: »Erfüllst du diese Ansprüche nicht, wirst du zu den Verlierern gehören«, und das bedeutet: »Du bist ein Loser, ein Hartz-IV-Empfänger, ein Schwächling!«

Nun ist es durchaus legitim, in unserer Gesellschaft finanziell, bildungsmäßig, beruflich und privat gut versorgt zu sein. Doch wenn sich dies mit gleichzeitiger Zerstörungsbereitschaft, dem gnadenlosen Willen zur Macht, Empathielosigkeit, Lüge und der Unfähigkeit zur Eigenreflexion koppelt – dem Quintett des Bösen –, dann erreicht es eine Dimension, die nur im Vernichtungskrieg gegen jeden gipfeln kann, der dazu nicht in der Lage ist oder einem buchstäblich in die Quere kommt.

Denn jetzt kommen invisible Hyperstrukturen hinzu, die an Aggressivität und Gewaltbereitschaft nicht mehr zu überbieten sind. Sie kreieren ein archaisches Gewinnerethos der besonderen Art: »Geh über Leichen!«, »Nur der Starke ist im Recht!«, »Boote andere aus!«, »Benutze Menschen für deine Zwecke!«, »Zerstöre, bevor du zerstörst wirst!«, »Betrüge und belüge, nur lasse dich dabei nicht erwischen, und der Ruhm ist dein!«

Sehen wir uns im Folgenden hierzu zwei Hyperstrukturen etwas genauer an, die maßgeblich daran beteiligt sind, dass sich Mobbing in unserer Gesellschaft ausbreiten konnte und kann: die Hyperstruktur der **_Verdinglichung des Menschen_** und die Hyperstruktur der **_Lüge_**.

Das Individuum als Wegwerfware –
Die Verdinglichung des Menschen

Wenn alles nur vom Geld abhängt,
dann reicht es nicht zum Leben.

Rafael K., 34 Jahre alt, verheiratet, drei Kinder, kümmert sich rührend um seine demenzkranke Mutter. Er ist Geschäftsführer einer Gebäudereinigungsfirma. Sein Auftrag: Jedes Jahr mindestens zehn Prozent mehr Gewinn einzufahren. Seine Methode, wie die in der ganzen Branche: Erhöhung des Drucks auf die Mitarbeiter. Schnelleres Arbeiten. Mehrarbeit in kürzerer Zeit. Realisierung von Einspareffekten.

Qualität der Arbeit? Nicht Rafaels Problem. Wie es den Mitarbeitern geht? Egal. Sie sollen nur funktionieren als reibungslos laufende Profitmaschinen. Wer nicht spurt, keine Leistung bringt, der fliegt. So oder so.

Wer den Menschen behandelt wie ein nur aus Biomasse bestehendes Ding, wie eine x-beliebige Sache auf einem Kaufhauswühltisch, der hat ihn seines Menschseins beraubt. Möglich ist das, wenn unsere Fähigkeit zu Mitgefühl und zur Rücksichtnahme sich zurückentwickelt und dem Platz macht, was hier das Quintett des Bösen genannt wurde.

Dort, wo der Algorithmus das Denken beherrscht, verliert der Mensch zwangsläufig seine Würde. Denn beim algorithmischen Denken folgen nur Berechnungen auf Berechnungen auf Berechnungen in einem unendlichen, sich wiederholenden Prozess.[172] Für alles andere ist kein Platz, denn des Menschen Subjektivität, seine Gedanken, seine Gefühle, seine Werte stören nur den Ablauf einer auf Eindeutigkeit getrimmten einfachen Ordnung, bestehend aus dem binären Code des Ja oder Nein, Gewinner oder Verlierer, Haben oder Nichthaben. Dass unsere Gesellschaft nur noch ein gigantischer Rechenschieber ist, der von denen bedient wird, die selbst Rechenschieber in ihren Köpfen haben und die Macht über die Finanzmärkte ausüben, ist schon lange kein Geheimnis mehr. Ein Geheimnis wäre es nur dann, wenn seine Aufdeckung eine Gefahr für die entsprechenden Geheimnisträger bedeuten würde. Doch eine Gefahr der Veröffentlichung stellt diese Erkenntnis für die lokalen Systeme wie für das globale Funktionssystem Wirtschaft schon lange nicht mehr dar.

Der französische Journalist Jean-Claude Guillebaud verweist darauf, dass seit der Ronald-Reagan-Ära in den 1980er-Jahren der USA auf eine andere Weise über Arme und Sozialhilfeempfänger begonnen wurde zu sprechen, als dies davor der Fall war. Ihnen wurde nun zunehmend die Schuld daran zugewiesen, dass sie arm waren.[173] Die Rücksichtnahme auf die Bedürfnisse der Bevölkerung und auf das Verständnis ihrer prekären Situationen verringerte sich massiv. Ähnliches ereignete sich in Großbritannien zur Zeit der Regierung Margaret Thatchers. So vollzog sich ein schleichender, aber unaufhaltbarer Wandel in der Wirtschaft vom Stakeholder-Value-Ansatz zum Shareholder-Value-Ansatz. Der Stakeholder-Value-Ansatz ist am Wert des Unternehmens für die Mitarbeiter, Lieferanten, Kunden und die Kommune orientiert. Der Shareholder-Value-Ansatz hingegen orientiert sich ausnahmslos an den Interessen der Anteilseigner eines Unternehmens.[174] Dass diese Entwicklung, die in uneingeschränkter Eindeutigkeit auf Profit ausgerichtet ist, an den Individuen nicht spurlos vorbeigehen kann, liegt auf der Hand. Sehen wir zum Beispiel auf das geplante Freihandelsabkommen mit den USA (TTIP) und Kanada (CETA) Hier wird deutlich, dass es um die alleinigen Interessen der Wirtschaft geht und nicht um die der Bevölkerung. Schon durch die Einführung des Freihandelsabkommens der USA mit Mexiko und Kanada wurde für die einfachen Menschen mehr Schaden angerichtet, als dass es ihnen Gewinn gebracht hätte – lediglich die Gewinne der Konzerne haben sich drastisch erhöht. Die Macht der Wirtschaft wäre durch die Unterzeichnung des Freihandelsabkommens zwischen den USA und Europa so groß, dass sie sogar die europäischen Staaten vor geheimen Schiedsgerichten verklagen könnte, wenn deren Gesetze und Vorgaben die Geschäfte von Unternehmen behindern könnten. Dass das globale Funktionssystem Wirtschaft wahrscheinlich schon mächtiger ist als jede Regierung auf dieser Welt, ist nicht das Ergebnis eines plötzlich einsetzenden Wandels, sondern vieler kleiner aufeinanderfolgender Schritte, die sich kontinuierlich über Jahrzehnte vollzogen haben.

Das Funktionssystem Wirtschaft wird hier als dasjenige betrachtet, das gegenwärtig alle anderen Funktionssysteme wie unter anderem etwa Bildung, Gesundheit, Sport oder Politik dominiert und ihnen seine Spielregeln aufzwingt.[175] Das bedeutet, dass immer mehr Lebensbereiche unter den Einfluss des Kapitalismus gestellt werden, eine sogenannte Kommodifizierung findet statt.[176] Dieser Begriff besagt, dass alles zur Ware wird – schließlich wird sogar der Mensch zunehmend verdinglicht. Die Macht des Geldes infiltriert fast jedes Funktionssystem und vor allem jenes, das eigentlich zum Schutz des Bürgers gedacht war: die Politik und damit den Staat und die Regierung.

Die Politik, der Staat, hat sich mittlerweile mit den Mächten der Wirtschaft verwoben und sich ihr zu einem großen Teil unterworfen. So sieht es beispielsweise Colin Crouch, emeritierter Professor und Autor von aufschlussreichen Publikationen über den Neoliberalismus in der Welt. Unermüdlich weist er auf diesen eklatanten Missstand hin und betont, dass dies letztlich dazu führen wird, dass Demokratien in vordemokratische Gesellschaften zurückzufallen drohen, wo unkontrollierte Macht herrscht:[177] die Macht der Wirtschaftsbosse.

Viele Staaten handeln bereits wie Unternehmen.[178] Der Bürger wird nicht mehr als Bürger gesehen, sondern als Kunde. Im Gegensatz zu Bürgern, die Ansprüche gegenüber dem Staat haben, hat ein Kunde nur Anspruch auf das, was er bezahlt.[179]

Das Ganze hat insofern noch eine besondere Pointe, wenn man bedenkt, dass ein mehr oder weniger alles privatisierender Staat genau das an den Meistbietenden verscherbelt, was einst vom Volk durch dessen Steueraufkommen geschaffen wurde und ihm gehört. So brachte zum Beispiel die Privatisierung unter anderem der Post, der Stromversorgung, des Fernmeldewesens dem Staat Millionen – und dem Steuerzahler neue Kosten ein. In einem Staat, der tatsächlich zum Wohl der Bürger agieren würde, ginge es nicht um unbegrenztes Wachstum, sondern um stabile und gerechte Preise, um die Bürger so weit wie möglich finanziell zu entlasten. Bei einem Kunden hingegen sieht es anders aus: Hier bestimmt nur dessen Zahlungsfähigkeit, was er an Leistungen bekommt und was nicht. Hat er kein Geld, bekommt er auch nichts oder nur ein staatliches Almosen etwa in Form einer abgespeckten Rente, der man zuvor jedoch alle überlebensnotwendigen Qualitäten entzogen hat.

Um etwas bezahlen zu können, bedarf es der Verfügbarkeit von Geld. Und wer es verdienen will, muss sich den Bedingungen der Anbieter fügen, die nicht nach Menschlichkeit einstellen, sondern nach Berechnung. Hier beginnt die Verdinglichung des Menschen an der Basis. Auch das ist letztlich nichts Neues, wenn man in die Geschichte blickt. Die Verdinglichung eines Menschen kann nur dann erfolgen, wenn man ihm vorher sein grundsätzliches Menschsein abspricht. Den in der Vergangenheit massenhaft getöteten indigenen Bewohnern von Amerika oder anderen sogenannten primitiven Völkern wurde das Menschsein abgesprochen. Obwohl sie alle über die sichtbaren Attribute eines Menschen verfügten – waren sie einfach keine. Ein Gedanke, dem jede Logik fehlt und der nur auf einer kranken Eigenlogik beruhen kann.

Und wenn man an die staatlich beauftragten Massenmörder in den Konzentrationslagern des letzten Jahrhunderts denkt, wird auch hier deutlich, dass man mit seinen Taten nur leben kann, wenn man keine richtigen Menschen tötet, sondern Dinge. Nur dann kann man anschließend den eigenen Kindern liebevoll über die Köpfe streicheln, den Hund kraulen, die Ehefrau oder den Ehemann in den Arm nehmen ... Diese Menschen trafen eine Unterscheidung und damit eine Entscheidung. Sie teilten die Menschen ein in valide – gültig – und invalide – ungültig. Verinnerlicht man eine solche Unterscheidung und Entscheidung, kann man Menschen bedenkenlos zerstören, physisch oder eben psychisch.

Sieht man die Armen, die Schwachen, die Bevölkerung eines Landes als leicht auszunutzende Beute, stehen sie nicht mehr auf gleicher Ebene mit denen, welche die Macht haben, die Unterscheidungen in valide und invalide zu treffen. Warum sollten sie Rücksicht nehmen, sich solidarisch mit ihnen erklären, Mitleid mit ihnen haben oder gar Verständnis für sie aufbringen? Wenn, dann nur bei ihresgleichen. Aber auch hier nur so lange, wie diese nicht von ihren mächtigen Positionen verdrängt werden.

Invalide kann man schneller werden, als man denkt. Und der rechnerische »Wert« der Schwachen, Armen, Kranken, bei denen absehbar ist, dass sie nicht wieder oder nicht schnell genug wieder auf die Beine kommen, geht gegen null.[180]

Diese Algorithmisierung des Menschen[181] führt dazu, dass alles eine Frage der Zahlen ist. Wir leben in einer Welt der

Algorithmen, wo alles berechenbar gemacht wird und einer eindeutigen Ordnung unterworfen wird, wo nur die Zahl existiert und sonst nichts.[182]

Humanität, Solidarität spielt in einem alles beherrschenden lokalen wie globalen Funktionssystem Wirtschaft nicht die geringste Rolle. Es kann nur Gewinner oder Verlierer geben. Eindeutiger geht es nicht. Und schnell steht fest, wer sich in welcher Position wiederfindet.

Wie schon der Historiker Paul Hazard treffend bemerkte, entstehen Veränderungen nicht von heute auf morgen, sondern entwickeln sich über Jahrzehnte, bis sie schließlich zum Ausbruch kommen. So schreibt er, dass Ideen, die noch zwischen 1760 und 1789 den meisten als revolutionär erschienen, bereits um 1680 erstmals ausgesprochen wurden.[183]

Die invisible Hyperstruktur der Verdinglichung des Menschen verbindet sich mit der historisch bedingten invisiblen Hyperstruktur der Herstellung von Ordnung mittels Ein- und Ausgrenzung und mit der des Rechts des Stärkeren. Wobei mit dem Recht des Stärkeren – so der Psychiater Arno Gruen – auch die Bewunderung desselben einhergeht.[184] Es gibt im Funktionssystem Wirtschaft keine physische Gewalt. Es gibt sie nur als psychische Gewalt: in Gestalt der mit Worten und Texten bewaffneten Anwälte, in Form der Verweigerung oder Verschleppung von Auszahlungen, in der falschen Unterstellung von Fehlverhalten, in Form von Verträgen, die so formuliert sind, dass sie keiner versteht bis auf ihre Nutznießer.

Dem Funktionssystem Recht – also dem Justizsystem – geht es nicht um den Menschen an sich. Es geht ihm um Fakten, um Daten, um ein abstraktes anzuwendendes Gesetz. Der Mensch soll sich dabei in den binären Code von Rechtmäßigkeit und Unrechtmäßigkeit einfassen lassen. Und dem Funktionssystem Medizin[185] – hier Gesundheit – geht es nicht nur um krank und gesund, sondern als sich dem Funktionssystem Wirtschaft immer mehr untergeordnetem System um Profit und Nichtprofit. Dies wird insbesondere daran deutlich, wenn man sich beispielsweise vergegenwärtigt, dass es in Deutschland zu wenige von den Krankenkassen zugelassene Psychotherapeuten gibt, sodass Patienten Wartezeiten von bis zu einem Jahr in Kauf nehmen müssen.

Der Wille zur Kosteneinsparung auf Kosten der Versicherten zeigt sich auch an einer verbindlichen Entscheidung eines Bundesausschusses, der besagt, dass die psychotherapeutische Behandlung von Tabakabhängigkeit aus dem Leistungskatalog der gesetzlichen Krankenkassen gestrichen worden ist. Damit wird den Betroffenen eine nachweislich wirksame Behandlung verweigert.[186]

Ein Gespinst aus lauter Lügen – Das Zeitalter der Simulation und Dissimulation

Wer schon einmal die Erfahrung gemacht hat, wie eine offensichtliche Ungerechtigkeit mit einstudierter Dauerfreundlichkeit und souveräner Betroffenheitsgestik weggelächelt wurde, kann ansatzweise die Ohnmacht erahnen, die ein Gemobbter empfindet, der, auf seine Situation aufmerksam machend, immer wieder vor geschlossene Türen rennt.

Ein Kunde eines Internetshops erhält nach der Rücksendung einer falsch zugeschickten Ware postwendend von diesem eine Entschuldigung. Man verspricht freundlicherweise, die bereits bezahlten Versandkosten in Höhe 5,75 Euro zurückzuüberweisen. Der Kunde freut sich über die Fairness und Großzügigkeit des Internetshops. Dann fällt sein Blick auf das Kleingedruckte. Beim genaueren Lesen der Entschuldigungskarte liest er, dass das Porto nur dann zurückgezahlt bzw. verrechnet wird, wenn etwas Neues beim Internetshop bestellt wird. Und dies innerhalb eines Monats.

Ein Möbelunternehmen verkündet, dass der Kunde seine gekauften Waren immer umtauschen kann.

Was hier simuliert (vorgetäuscht) werden soll, ist offensichtlich. Ebenso, was dissimuliert (verborgen) werden soll.

Es geht nicht um Fairness und Großzügigkeit. Es geht: ums Geschäft. Und wenn man dafür dem Kunden etwas vorgaukeln muss, warum nicht. Denn letztlich zählt nur eines: der Umsatz, der Gewinn.

Diese Vorgehensweise ist so alt wie die Werbebranche selbst. Und der fahrende Händler im Mittelalter, der Bauern und Dörflern Wundermittel verkaufen wollte und dabei besonders freundlich tat, ist das historische Vorbild dafür.

Etwas vorzutäuschen und dabei gleichzeitig etwas zu verbergen sind die Grundpfeiler der Lüge. Die Lüge mag generell verpönt sein. Doch eines kann man ihr nicht absprechen: Sie macht vieles so viel einfacher. Und sicher jeder von uns hat sie schon selbst angewandt.[187]

Wir haben uns auch mit der öffentlichen Lüge arrangiert. Sie ins eigene Leben integriert. Wir haben uns damit weitgehend abgefunden, dass wir nun einmal von Politikern, Bankangestellten, Versicherungsagenten, Verkäufern belogen werden, dass die in Anschreiben verwendeten Floskeln wie zum Beispiel »Sehr geehrte Frau…, sehr geehrter Herr…« und »Mit freundlichen Grüßen« absolut nichts zu bedeuten haben.

Wir nehmen die kleinen Lügen des Alltags und die großen Lügen der Mächtigen zur Kenntnis. Nur mit kurzfristigem Erschrecken blicken wir auf die jeweiligen Skandale, die sich plötzlich vor unseren Augen enthüllen. Wir schütteln den

Kopf angesichts von Politikern, die bei ihren Doktorarbeiten betrogen haben. Bei den Enthüllungen über die Deutsche Bank, bei der globalen Betrugsaktion des VW-Konzerns und, und, und ... Einige Politiker und Wirtschaftsbosse nehmen vielleicht ihren Hut. Alles wird anders, so wird versprochen. Von nun an ist Ehrlichkeit angesagt. Dann kommen die nächsten Skandale, und deutlich wird: Alles ist beim Alten geblieben.

Deshalb zählt nicht so sehr der Blick in die Zukunft, in der sich in puncto Lüge wahrscheinlich nichts ändern wird, sondern vielmehr der in die Vergangenheit. Denn hier gab es vor den öffentlich gewordenen Skandalen eine Zeit, in der die jetzt wie auch immer verurteilten Personen oder Unternehmen hoch angesehen waren. Sie verkörperten Integrität: Die einer Person. Die eines Unternehmens. Die Lüge funktioniert so lange, bis sie aufgedeckt wird. Das kann durchaus eine Zeit in Anspruch nehmen. Möglicherweise ist sie auch so gut strukturiert, dass sie niemals aufgedeckt werden kann. Und wenn man ihre Aufdeckung verhindern oder wenigstens hinauszuzögern vermag, ist dies immer von Vorteil für alle direkt und indirekt Beteiligten.

Wer glaubt, dass die Politik nicht von den gefälschten Abgaswerten bei VW wusste, wenn doch allein schon die auf den Straßen gemessenen Abgaswerte nie mit denen übereinstimmten, die in Werkstätten unter künstlichen Bedingungen gemessen wurden? Aber es bedurfte erst eines amerikanischen Unternehmens, das eigentlich nur beweisen wollte, wie gut VW arbeitete, um den Skandal loszutreten.

Der Bundeskanzlerin Angelika Merkel blieb erspart, ihre

Lüge einzugestehen, dass die deutschen Spareinlagen in der Zeit der Finanzkrise sicher gewesen seien. Es war Peer Steinbrück, der damalige Finanzminister, der viel später darauf hinwies, dass dies nicht der Wahrheit entsprochen hatte.[188]

Die Lüge wurde salonfähig, als Menschen erkannten, dass mit dem Vortäuschen von Gefühlen, die natürlich gleichzeitig auch ein Verbergen von wahren Gefühlen und Gedanken implizierten, Vorteile jeder Art zu erreichen waren.

Natürlich ist die Fähigkeit, Gefühle vorzutäuschen, dem Menschen zu eigen, seit er denken kann. Aber dies hat nichts mit der Professionalisierung von Gefühlen zu tun. Dies ereignete sich erst, als der Mensch gezielt damit begann, beim Verkauf von Produkten seine Persönlichkeit gleich mit zu verkaufen.[189]

Es werden Gefühle gezeigt, die nicht wirklich empfunden werden müssen. Die Freundlichkeit einer Stewardess zum Beispiel ist nicht unbedingt echt. Die Freundlichkeit einer Kassiererin ebenso wenig. Stattdessen kann sie auch als Waffe eingesetzt werden, um sich den Arbeitsalltag zu erleichtern und mit der Freundlichkeit vielleicht paradoxerweise die zu ärgern, die einen sonst ärgerten, wenn man seine wahren Gefühle zeigen würde.

Dies führte und führt zu einer wirtschaftlichen Verwertung von Emotionen,[190] die jetzt gezielt eingesetzt werden, um einen bestimmten Eindruck bei einem Gegenüber zu erzeugen. Dabei kommt es nicht auf Wahrheit an, sondern auf Performance.[191]

Die Darstellung ist alles. So konnte man der Bundeskanzlerin glauben, dass die Spareinlagen sicher seien. Das Amt, die Person, die Überzeugungskraft ihrer Worte – all dies führte dazu, ihr zu vertrauen.

Die Professionalisierung von Gefühlen führt dazu, sie routiniert und vor allem vermehrt in allen Lebenslagen einzusetzen. Man kommuniziert Bedauern, unterstreicht es mit der Aktivierung der entsprechenden Gesichtsmuskeln, der Gestik, der Körperhaltung, ohne es wirklich zu empfinden. Häufen sich die Darstellungen simulierter Gefühle, wird dieser Vorgang zur Routine und führt über kurz oder lang dazu, dass Gefühle kaum noch eine wirkliche Bedeutung haben.[192]

Hier zeigt sich eine invisible Hyperstruktur, die auf Simulation und darauf beruhender gleichzeitiger Dissimulation beruht. Als wiederum unausgesprochener Konsens der Kollektivdynamik lautet sie: »Lüge! Aber lasse dich nicht dabei erwischen«, »Wirst du erwischt, gehörst du nicht mehr dazu. Für immer oder zumindest für eine Weile.«

Nehmen wir den Radsport als Beispiel.[193] Doping ist öffentlich verpönt und wird bei Aufdeckung bestraft. Aber was soll der Radsportler tun, wenn er weiß, dass alle anderen dopen? Ist er einer der wenigen, der nicht dopt, wird er wahrscheinlich aufgrund seiner Ehrlichkeit verlieren, weil er nicht die nötige Leistung bringen kann. Das heißt: Kein Ruhm, kein Geld, keine Förderung, keine Werbeverträge. Ist man aber auf all das angewiesen, befindet man sich in einem Dilemma. Man will ehrlich sein. Nur sind es die anderen aller Wahrscheinlichkeit nach nicht. Der Radsportler muss sich entscheiden: Wenn er dopt und gewinnt, muss er so tun, als hätte er nicht, und darauf vertrauen, dass sein Arzt gut genug war, dass er nicht auffliegt. Er muss simulieren und dissimulieren.

Man könnte Beispiele über Beispiele aus fast allen Funktionssystemen einer Gesellschaft nennen. Wichtig ist immer nur, dass es keiner herausbekommt. Gelogen und betrogen wird immer von ganz konkreten Menschen. Aber bestehende invisible Strukturen und Hyperstrukturen bestimmten mit, wie man sich letztlich entscheidet.

So kann eine Gesellschaft ihre visiblen – öffentlich konsensfähigen – Hyperstrukturen vertreten und sie von jedem Podium der Welt aus verkünden. So kann man eine humane, solidarische, gerechtigkeitsbasierte, freiheitliche und auf die Bedürfnisse der »Bürger« Rücksicht nehmende Gesellschaft sein, insofern die invisiblen Hyperstrukturen dabei weitgehend unsichtbar bleiben.

Freibrief für den Psychoterror –
Die Hinterzimmer der Gesellschaft

Ist man erst öffentlich verwundet, ist man Freiwild.
Harold Brodkey

Auch wenn Stärke, Erfolg und Reichtum in unserer Gesellschaft bewundert und gleichzeitig Schwäche, Misserfolg und Armut verachtet werden, so darf Letzteres in einer auf Humanität und Sozialität basierenden Gesellschaft doch nicht öffentlich verachtet werden.

Ist es allgemeiner, wenn auch invisibler Konsens, dass nur die Starken bewundernswürdig sind, dann besteht die Gefahr, dass die Schwachen von den Starken zu einer Sache erklärt werden können. Denn aus einer solchen Perspektive zeigt der Schwache oder schwach Gemachte ein Defizit, das er selbst verschuldet hat. Diese Tautologie erklärt Schwachheit durch Schwachheit – als läge sie in der Natur der Sache. Doch sie ist nur das Ergebnis einer historisch gewachsenen und gegenwärtig sehr aktuellen invisiblen Hyperstruktur, die das »Recht« des Stärkeren widerspiegelt.

Dem Mobber kommt dies zugute. Denn er weiß sich »getragen« von diesem kollektiven unausgesprochenen Konsens. Gestützt von den invisiblen Hyperstrukturen der Ordnung, der Verdinglichung des Menschen, der Simulation und Dissimulation beweist er, dass er dazugehört. Er ist es, der sich durchsetzen kann, der keine Rücksicht nehmen muss.

Auch wenn sein Verhalten den visiblen Hyperstrukturen der Rücksichtnahme, Humanität und Sozialität widerspricht, wird es aufgrund der entgegengesetzten invisiblen Hyperstrukturen stillschweigend geduldet. Mehr braucht der Mobber nicht, um in seinem Handeln fortzufahren und sich einzureihen in die Gruppe derer, die in einem vielen größeren Ausmaß das »Recht« des Stärkeren für sich in Anspruch nehmen.

Diese stillschweigende Akzeptanz durch die Masse der Wegseher ist der gesellschaftliche Nährboden für Mobbing. Die Bevölkerung befindet sich in einer ähnlichen Verantwortungsdiffusion wie die Menschen, die einem sich in Not befindenden Mitmenschen nicht helfen, weil andere Dabeistehende nicht helfen. Es ist nicht die Angst, die die Bevölkerung veranlasst, über das millionenfache Mobbing hinwegzusehen. Es ist die Distanz, die ihr Gleichgültigkeit ermöglicht. Selbst die in die Öffentlichkeit getragenen Mobbingfälle ändern nichts daran. Und letztlich gilt dies auch für andere bisher aufgedeckten Skandale der Zeit.

Das ist das eine. Doch es kommt noch ein weiterer Umstand hinzu, der die öffentliche Empörung verhindert. Denn wäre einer Bevölkerung wirklich bewusst, welche Dramen und Tragödien sich in puncto Mobbing in einer Gesellschaft abspielen, dann wäre sie nicht nur mit den Hinterzimmern der Psyche konfrontiert, sondern auch mit denen der Gesellschaft. Und diese Hinterzimmer bestehen unter anderem aus der zunehmenden Verdinglichung des Menschen, der Simulation und Dissimulation, der Vormachtstellung des Starken über den Schwachen, des gesellschaftlichen Ausgrenzungswahns. Das Wissen darum würde den öffentlichen Eindruck von Humanität und Sozialität widerlegen.

Wer am Selbstverständnis einer Gesellschaft rüttelt, läuft Gefahr, von ihr ignoriert zu werden. Zumindest so lange, bis eine Gesellschaft die Augen vor ihrem menschlichen Verfall nicht mehr dauerhaft verschließen kann. Doch dafür müssten die millionenfach von Mobbing Betroffenen ihre Stimmen erheben. Aber sie gehen nicht auf die Straße. Sie machen ihr Leid nicht publik. Dies erschwert es zugegebenermaßen für eine Gesellschaft, das Ausmaß und die Tragweite des Psychoterrors zu erkennen.

Die von Mobbing Betroffenen erleben sich der Schwäche schuldig. Sie verstoßen gegen die invisible Hyperstruktur der vorgelebten Stärke. Mit ihrer Schwäche hausieren zu gehen würde für sie bedeuten, diese öffentlich zu machen und dadurch öffentlich »verbrannt« zu werden.

Denn dann wäre ihre »Schuld« der Schwäche publik geworden. *Jeder* wüsste dann davon. Und gemäß dem unausgesprochenen kollektiven Konsens, der die Stärke über die Schwäche stellt, müssten sie mehr Blicke ertragen als jemals zuvor in ihrem Leben.

So profitiert der Mobber gleich doppelt: Die weitgehende gesellschaftliche Ignoranz des Mobbings und die nicht erfolgten Massenproteste gegen das Mobbing stabilisieren ihn in allem, was er anrichtet.

Teil V:

Die hohe Kunst
der Selbstverteidigung

»Warum ich mich wehrte und es mir gut damit ging!« – Ein Gegenmobber berichtet

Der Autor dieses Buches, damals beschäftigt im öffentlichen Dienst, wurde etwa anderthalb Jahre lang gemobbt. Nachdem alle seine Versuche fehlgeschlagen waren, den Konflikt friedlich zu beenden, entschloss er sich aus Notwehr, zum Gegenmobbing überzugehen, um die Mobberin selbst massiv psychisch unter Druck zu setzen. Dies führte zu einer Ausweitung des Mobbings, woraufhin sich auch die Stadtverwaltung am Mobbing gegen den Autor beteiligte. Es gelang ihm, sich erfolgreich zu wehren und eine hohe Abfindungssumme zu erhalten.

Herr Wyrwa, Sie haben Ihre Mobberin gemobbt. Warum haben Sie das getan?
»Nachdem ich vergeblich versucht hatte, den Konflikt mit friedlichen Mitteln zu lösen, und ich begriff, dass niemand mir helfen wollte, beschloss ich, mich zu wehren!«

Indem Sie selbst zum Mobber wurden?
»Ich würde mich nicht als Mobber bezeichnen. Selbst der Begriff Gegenmobber erscheint mir aus heutiger Sicht nicht mehr der richtige zu sein, weil er impliziert, dass man sich auf die gleiche Stufe wie der Mobbende stellt. Vielmehr geht

es um Selbstverteidigung, um Notwehr. Wenn man mit dem Rücken zur Wand steht, hat man nicht mehr viele Möglichkeiten. Man kündigt, gibt auf und lässt alles über sich ergehen, oder aber: Man kämpft!«

Und Sie haben sich für das Kämpfen entschieden. Hatten Sie keine Skrupel?
»Es widersprach und widerspricht meinem Naturell, einen Menschen massiv psychisch unter Druck zu setzen.«

Trotzdem haben Sie es getan.
»Und würde es wieder tun. Sie müssen sich vorstellen: Da ist ein Mensch, der will Ihren beruflichen, sozialen und auch finanziellen Tod. Er will Macht über Sie. Er will Sie psychisch und letztlich auch physisch zerstören, um seine Interessen oder die anderer durchzusetzen. Und dies mit allen Mitteln, die ihm kraft seiner Position zur Verfügung stehen. Er will mit Ihnen keinen Konsens. Ein Konsens interessiert ihn nicht!«

Und das gibt Ihnen das Recht, das Gesetz in die eigene Hand zu nehmen?
»Es gibt ja nicht einmal ein Gesetz gegen Mobbing, aufgrund dessen Mobber strafrechtlich verfolgt werden könnten. Und selbst wenn es eines gäbe, hätte es nicht mehr als nur eine symbolische Bedeutung.

Das Problem beim Mobbing ist, dass es sich in einer Grauzone abspielt, die nicht eindeutig definiert werden kann, weil es nur schwer, manchmal gar nicht zu beweisen ist. Es ist sichtbar und gleichzeitig auch unsichtbar. Und weil es nicht zwischen zwei Aktendeckel passt, fühlt sich letztlich auch niemand zuständig.«

Und trotzdem. Wer gibt Ihnen das Recht, das Gesetz in die eigene Hand zu nehmen?
»Ich gebe es mir selbst. Wenn ich bemerke, dass mir niemand hilft, niemand helfen will, wenn jemand mein Leben zerstören will, habe ich kaum eine andere Wahl. Ich sehe jeden Widerstand, jede Gegenwehr gegen einen Mobber als einen Akt zivilen Ungehorsams und als einen reinen Akt der Selbstverteidigung!«

Als einen Akt des zivilen Ungehorsams und der Selbstverteidigung?
»Wenn unser Staat nicht mehr in der Lage ist oder sein will, seine Bürger und Bürgerinnen vor psychischer Gewalt in all seinen Formen zu schützen, vor Ausbeutung, vor Ausgrenzung – dann habe ich als Bürger die Pflicht, ihn auf dieses Versäumnis aufmerksam zu machen. Und was die Selbstverteidigung betrifft: Was würden Sie tun, wenn man Sie körperlich angriffe? Jemand drückt Ihnen die Kehle zu. Bemühen Sie sich jetzt um ein klärendes Gespräch oder schlagen Sie zu, solange Sie noch können?«

Das ist jetzt ein wenig zynisch, Herr Wyrwa. Man kann doch das eine mit dem anderen nicht vergleichen!
»Der Vergleich hinkt nicht. Gar nicht. Ich kämpfe als ein von Mobbing Betroffener um mein Überleben, um mein psychi-

sches Überleben. Wir leben in einer Gesellschaft, die noch lange nicht begriffen hat, dass Mobbing in all seinen Spielarten ein Akt brutalster Gewalt ist, welcher der körperlichen Gewalt gleichgestellt werden muss!«

Wenn Sie nun selbst zu einem Mobber werden, der brutal zurückschlägt – dann stellen Sie sich doch auf die gleiche Stufe wie der Mobber selbst!

»Kein Gemobbter beginnt einen Konflikt. In der Regel sind es sehr friedfertige Menschen, was häufig genau das Problem ist, denn die Kooperativen, die Friedlichen erscheinen denen, die nicht auf Konsens aus sind, als allzu leichte ›Opfer‹.

Wir können in einer Welt nicht friedlich leben, wenn es darin Menschen gibt, die skrupellos das Leben anderer zerstören wollen und alle Möglichkeiten ausschöpfen, um selbst ohne einen Kratzer davonzukommen!«

Und die – wie Sie sagen – kein Interesse daran haben, einen Konflikt friedlich beizulegen. Und deshalb darf man sie selbst mit allen Mitteln mobben?

»Im Rahmen von Selbstverteidigung: Ja. Entscheidend ist nur, dass man dabei nicht selbst zu dem Ungeheuer wird, mit dem man sich abzugeben gezwungen ist.«

Diesen Aphorismus von Friedrich Nietzsche haben Sie zu Ihrem Motto gemacht. Warum?

»Ich habe im Prozess meines Gegenmobbings einen kurzen Augenblick erlebt, wo es mir ›Spaß‹ bereitete, meine Mobberin zu quälen. Einen Moment, in dem ich dieses sich einstellende Gefühl von Überlegenheit ihr gegenüber regelrecht auskostete. Wenn ein Mobber sich so fühlt, wenn er einen Unterlegenen mobbt, dachte ich damals, will ich nie wieder so fühlen!«

Also plädieren Sie für eine Ethik der Gegenwehr. Was heißt das?
»Dass es Regeln der Gegenwehr gibt. Kein Verbreiten von Gerüchten. Keine öffentlichen Unterstellungen. Das senkt einen ab auf das niedrige Niveau des Mobbers!«

Was stattdessen?
»Seine Schwachstellen herauszufinden, ihn zu täuschen, in Fallen zu locken. Den Mobber unter Druck zu setzen, so wie ich es in meinem Buch ›Mobbt die Mobber‹ beschrieben habe. Ihn lächerlich zu machen!«

Das ist die Kunst der subtilen Gegenwehr?
»Wie ich es in meinen Seminaren für Betroffene vermittle. Ja!«

Das klingt ganz gut. Aber ist der Mobber nicht per se in der überlegenen Position und somit so gut wie unangreifbar?
»Sie sagen es. So gut wie unangreifbar. Sehen Sie: Ein Mobber ist letztlich ein schwacher Mensch, der sich leider in einer starken Position befindet. Er kann sich nur mächtig fühlen, wenn er jemanden ohnmächtig macht. Beides – die Person und die Position des Mobbers – darf aber nicht mit-

einander verwechselt werden. Die Position ist meist nicht angreifbar, aber die Person schon. Der Mobber ist nur ein Mensch. Wenn ich die Schwächen dieser Person kenne, kann ich sie für meine Zwecke nutzen und den Mobber gezielt angreifen!«

Was meinen Sie damit?

»Der Mobber will Macht über einen anderen Menschen gewinnen. Eigentlich ist dies der einzige Grund, warum jemand mobbt. Indem er die Kontrolle über einen Menschen gewinnt, verschafft er sich selbst ein Gefühl von Sicherheit und damit von Macht. Entscheidend im Kampf gegen den Mobber ist es, ihm diese Macht zu nehmen, ihm zu zeigen, dass er keine Macht über einen hat! Das macht ihn ›wahnsinnig‹, d.h., es irritiert ihn, verwirrt ihn, dass sich ein Opfer plötzlich und unerwartet als ein Gegner entpuppt. Unvorstellbar für einen Menschen, der sich darüber definiert, der Überlegenere zu sein!«

Was ist das Ziel des Ganzen?

»Das Beste wäre natürlich, dass er aufgibt. Aber das ist in der Regel nur dann realistisch, wenn der Mobber oder die Mobberin sich mehr oder weniger mit dem Betroffenen auf der gleichen Hierarchieebene befindet. Aber möglicherweise ist der Mobber zu einem Waffenstillstand bereit, den ich nutzen kann, um meine Position zu verbessern. Um eine höhere Abfindung herauszuschlagen, wenn ein Verbleiben in der Einrichtung, in der ich arbeite, nicht mehr möglich ist!«

Sie selbst haben sich auch nicht davor gescheut, Ihren Arbeitgeber – die Stadt – zu erpressen?

»Nein. Ich habe niemanden erpresst. Das ist verboten. Was ich getan habe, war, Informationen bereitzustellen, deren mögliche Veröffentlichung unter Umständen Probleme bereitet hätte!«

Das haben Sie schön gesagt!

»Danke. Ich habe schnell gelernt, mich mit allen Mitteln zu verteidigen und mich so schwammig auszudrücken, wie meine Gegner sich mir gegenüber verhalten haben. Natürlich mit Beistand eines Rechtsanwaltes.«

Natürlich. Den Menschen, die zu Ihnen kommen und Sie um Hilfe bitten, sagen Sie allen, dass sie zum Gegenmobbing übergehen sollen?

»Unter keinen Umständen. Als Psychotherapeut, Supervisor und Coach habe ich eine Verpflichtung gegenüber den Menschen, die zu mir kommen und um Hilfe nachsuchen. Ich berate und therapiere von Mobbing Betroffene jetzt seit gut 20 Jahren. Es wäre psychotherapeutisch und auch ethisch nicht vertretbar, allen Betroffenen zu empfehlen, ihre Mobber zu mobben. Nicht jeder hat noch die Kraft, sich auf die Weise zu wehren, wie ich es getan habe. Es bleibt nur ein schmales Zeitfenster, um sich so zu wehren. Ist es geschlossen, geht es nur noch um Schadensbegrenzung. Und selbst denen, die noch die Kraft hätten, rate ich nicht per se, zum Gegenmobbing überzugehen.«

Sie mögen den Begriff Mobbing-Opfer nicht. Warum?

»Ich assoziiere mit dem Begriff ›Opfer‹ Wehrlosigkeit, Ohnmacht. Wer sich für ein Opfer hält, benimmt sich auch so. Menschen, die durch das Mobbing psychisch und auch physisch krank geworden sind, sind für mich Betroffene, aber nicht prinzipiell Opfer!«

Warum haben Sie jetzt ein neues Buch geschrieben?

»Ich glaube, dass wir in einer Gesellschaft leben, in der wir verlernt haben, für unsere eigenen Belange einzutreten, und die Gesellschaft respektive der Staat nicht in der Lage oder willens ist, uns zu schützen. Darüber hinaus sind wir – wie ich meine – zu einer falschen Friedfertigkeit erzogen worden, die es bestimmten Menschen leicht macht, andere zu unterdrücken und dies mit mehr oder weniger legalen Mitteln. Dieses Buch ist ein Appell, sich gegen Ungerechtigkeiten aktiv zu wehren, und zeigt zum einem auf, warum wir uns nicht wehren und wie wir die Blockaden in unseren Köpfen aufbrechen können, um wieder selbstbestimmt für unsere Interessen eintreten zu können. Und damit schließe ich auch Ungerechtigkeiten nicht aus, die von Bankern, Geschäftsleuten und Politikern begangen werden. Wir sind zu einem passiven Volk geworden, das sich darauf verlässt, dass irgendjemand schon helfen wird. Passiert aber nicht!«

Ihr Buch ist eine Abschreckung an alle Mobber oder soll es zumindest sein?

»Das ist richtig. Sie sollten wissen, dass sie nicht ungestraft mobben können, auch wenn die Gesellschaft ihnen mehr oder weniger indirekt bei ihrem Tun Hilfestellung gibt und die Betroffenen alleine lässt. Wenn wir die humanen Grundlagen unserer Gesellschaft erhalten oder besser formuliert erneuern wollen, dann können wir das nicht nur mit schönen Worten erreichen!«

Ich danke Ihnen für das Gespräch!
»Ich danke Ihnen!«

Von der Angst, sein Schicksal in die eigene Hand zu nehmen

Warum wir uns so viel gefallen lassen – Das gezähmte Ich

Im Namen der Toleranz sollten wir uns das Recht vorbehalten, die Intoleranz nicht zu tolerieren.

Karl Popper

Wir haben nun in die Hinterzimmer der Psyche und die Hinterzimmer der Gesellschaft geschaut. Es wurde herausgestellt, dass die Mobber grundsätzlich nicht das geringste Interesse an Kooperation und Rücksichtnahme haben.

Es wurde deutlich, aus welchen Gründen Kollegen und Mitschüler einem in Not geratenen Mitmenschen in der Regel nicht helfen. Es zeigte sich die Bedeutung des Ordnung schaffenden Gehirns als wertneutrale Hintergrundfolie des Mobbings. Es wurde darauf hingewiesen, dass Mobbing psychische Gewalt ist und diese sich nicht grundlegend von physischer Gewalt unterscheidet.

Es wurde ausgeführt, dass die Hyperstrukturen einer Gesellschaft den Nährboden für jegliche Form von Ausgrenzung und damit auch von Mobbing bieten. Es wurde dargelegt, dass weder vom Gesundheitssystem noch vom Justizsystem eine wirkliche Hilfe für von Mobbing Betroffene zu erwarten und zu erhoffen ist.

Und es wurde dargestellt, dass der Psychoterror als ein invisibles Phänomen – als ein nicht geschehenes Geschehen – die perfekte Waffe ist, um Menschen psychisch zu zerstören.

Das Resümee: Jeder von Mobbing Betroffene und jeder zukünftig Betroffene steht mit dem sprichwörtlichen Rücken zur Wand und ist auf sich allein gestellt.

Welche Möglichkeiten stehen einem am Arbeitsplatz noch offen, wenn alle offiziellen und legalen Wege ausgeschöpft sind und nichts davon geholfen hat? Denn eines ist klar: Der Mobber wird so lange mobben, bis er vollständig gesiegt hat. Und die Zeit ist auf seiner Seite.

Es sind drei Möglichkeiten, die einem von Mobbing Betroffenen offenstehen:

- Die Kündigung.
- Das Hinnehmen.
- Der Kampf.

Die **Kündigung** beendet das Mobbing schlagartig.

Der Betroffene verlässt das Unternehmen. Je jünger er dabei ist, umso weniger dramatisch fallen die finanziellen Folgen aus. Und doch muss das Mobbing durch eine Kündigung noch lange nicht beendet sein. Denn im Kopf geht es mit dem Mobbing unter Umständen weiter: Manche werden sich nie von dem Gedanken befreien können, dass sie aufgegeben haben. Sie werden immer wieder darüber nachdenken, ob es nicht doch noch eine Alternative zur Kündigung gegeben hätte. Andere werden nie die Verluste verwinden können, die ihnen das Mobbing gebracht hat. Wieder andere werden sich an ihren neuen Arbeitsplätzen auf eine Weise verhalten, die ein neuerliches Mobbing beinahe provoziert. Ihr tief sitzendes Misstrauen, die falsche Interpretation von Reaktionen der Kollegen oder Vorgesetzten kann dazu führen, dass sie erneut Mobbingziel werden. Und einige haben tatsächlich die Möglichkeit, mit allem abzuschließen.

Diejenigen, die sich – aus den unterschiedlichsten Gründen heraus – fürs **Hinnehmen** entscheiden, also dafür, das Mobbing über sich ergehen zu lassen, werden im Laufe der Zeit die Erfahrung machen, dass ihre Kraft zunehmend schwindet. Sie werden fast zwangsläufig psychisch und physisch erkranken. Das Resultat wird sein, dass sie entweder doch kündigen oder frühverrentet werden, mit allen sich daraus ergebenden finanziellen Einschränkungen. Und in ihren Köpfen entsteht die gleiche Unzufriedenheit wie bei denen, die auch nach einer Kündigung von der Vergangenheit immer wieder eingeholt werden.

Die letzte Möglichkeit, mit allen einem zur Verfügung stehenden Mitteln zu **kämpfen**, die Mobber selbst massiv unter Druck zu setzen, sie gegebenenfalls zu zwingen, das Mobbing zu beenden oder aber einen Waffenstillstand auszuhandeln, werden nur die wenigsten ergreifen.

Warum? Es gibt eine Sperre in uns, die uns permanent vermittelt, dass wir außerhalb des konventionell Tragbaren nicht für unsere Belange eintreten dürfen. Es gibt eine Blockade in uns, die uns sagt, dass es unmoralisch ist, sich so zu wehren, wie der Mobber selbst handelt. Es gibt etwas in uns, das uns einflüstert, dass, wenn wir es täten, alles noch viel schlimmer werden würde. Es gibt eine irre Hoffnung in uns, dass vielleicht doch noch alles wieder gut wird: dass zum Schluss das Gute siegen wird. Dass der Mobber seine gerechten Strafen bekommen wird. Dass uns doch noch jemand helfen wird.

Diese Sperren und Blockaden im Kopf sind keine natürlichen Sperren. Sie sind das Ergebnis einer langen sozialen Domestizierung, die Menschen dazu gebracht hat, die Verantwortung für ihr Leben an andere abzutreten: an den Staat, an Vorgesetzte, Lehrer, Regierungen, Rechtsanwälte, Gerichte, Ärzte.

Die Überzeugung hat sich in den Köpfen festgesetzt, dass irgendjemand schon helfen wird, weil es anders einfach nicht vorstellbar ist. Niemand glaubt zunächst, wirklich allein auf sich gestellt zu sein.

Wir haben uns daran gewöhnt, dass es für jedes Problem schon eine Lösung geben wird. Wir vertrauen auf den Staat und seine Einrichtungen und geben damit ein großes Stück Eigenverantwortung für unser Leben ab. Wir haben uns daran gewöhnt, passiv zu sein. Wenn wir dann erleben, dass keine Hilfe von wem auch immer zu erwarten ist, dass das eigene Leben kein Film ist, in dem man als Hauptdarsteller stets mit dem Happy End zu rechnen hat, dann stellt sich Resignation ein. Der Gedanke, für sich selbst einzutreten und zu kämpfen, mit allen dabei zwangsläufig entstehenden Risiken und Gefahren, ist für die meisten Menschen unvorstellbar. Denn die dafür nötigen Fähigkeiten sind einem nie vermittelt worden. Was vermittelt wurde, ist, friedfertig zu sein, auf die Gesetze zu vertrauen und auf Menschen, die es nur gut mit uns meinen.

Das Ich ist gezähmt. Das gezähmte Ich vertraut auf die Hilfe durch andere. Das gezähmte Ich gibt auf, wenn es mit den konventionellen Mitteln nicht weiterkommt. Und obwohl immer mehr Menschen in so gut wie allen Lebensbereichen belogen und betrogen werden, geschieht – nichts.

Der von Mobbing Betroffene vollzieht in der Regel folgenden Weg, der auch unbestritten zunächst der richtige ist: Aussprache mit dem wahrscheinlichen Mobber, Meldung beim Vorgesetzten, Einschalten des Betriebsrates oder – bei Vorfällen in der Schule – analog dazu die Information an Klassen- oder Vertrauenslehrer, Einschalten des Rektors, eventuell das Einreichen einer Dienstaufsichtsbeschwerde.

Der Weg vor Gericht führt – wie im ersten Teil des Buches deutlich wurde – im »besten Fall« zu einem Vergleich, aber nicht zu einer Rehabilitation des Gemobbten.

Angesichts der psychischen Qualen, die ein Gemobbter zu erleiden hat, ist seine Passivität und Resignation gut nachzuvollziehen. Denn es gibt nur ein schmales Zeitfenster, in dem er sich auf unkonventionelle Art und Weise gegen das Mobbing wehren könnte. Dieses Zeitfenster öffnet sich in der Anfangsphase des Mobbings. In dieser Phase haben die Betroffenen im Allgemeinen noch genug Energie, um sich auf einen Kampf im Sinne eines Notwehr-Mobbings einzulassen.

Ist dieses Zeitfenster einmal geschlossen, geht es nur noch um Schadensbegrenzung. Denn dann ist der Betroffene physisch und psychisch kaum noch dazu in der Lage, den Mobber notwehrmäßig »zurückzumobben«.[194]

Betrachten wir, wie seit über einhundert Jahren Menschen in den westlichen Zivilisationen zur Friedfertigkeit erzogen worden sind und werden, dann ist es kein Wunder, dass diese einmal von ihren Eltern so erzogenen und von der Gesellschaft etwa durch die Schule so sozialisierten Menschen sich nicht angemessen wehren können, wenn sie physisch und psychisch angegriffen werden.[195]

Natürlich ist es unbestritten, dass Friedfertigkeit, Humanität, soziales Miteinander, Rücksichtnahme richtig und unverzichtbar im Zusammenleben von Menschen sind. Und doch gibt es Situationen, in denen all das nichts bewirkt. In denen jede Humanität, jede Sozialität, jede Friedfertigkeit und Rücksichtnahme für eine gewisse Zeit in den Hintergrund treten müssen, damit eine unschuldige Person nicht selbst zugrunde geht.

Der Gutmensch lässt grüßen –
Der Pax-vobiscum-Code

Die Menschlichkeit ergreift viele, da sie eine soziale
Vorschrift mit Emotion ist.

Fernando Pessoa

Was ist ein Gutmensch? Ein guter Mensch? Einer, der an das Gute im Menschen glaubt?

Der Begriff wird heute unterschiedlich verwendet. Für manche bezeichnet er den Idealtyp, für andere ist er der Begriff der profilsüchtigen Nervensäge.[196] Für wieder andere ist solch ein Mensch jemand, der darauf besteht, dass Konflikte im Dialog gelöst werden können, und davon überzeugt ist, dass man nur lieb und nett zu anderen sein muss, damit diese auch lieb und nett zu einem sind.[197]

Keine Frage: Wären Menschen allesamt friedfertig, gäbe es weniger Tote auf der Welt. Harmonie und Rücksichtnahme wären der ausschließliche Nährboden einer jeden Gesellschaft. Aber dieses Ideal gehört in das Reich der Märchen.

Ein Gutmensch – so wie dieser Begriff hier verwendet werden soll – ist einer, der sich nicht darüber im Klaren zu sein scheint, dass es Menschen gibt, die einfach nur **zerstören wollen**. Der nicht wahrnehmen kann oder will, dass manche Menschen individuell und sozial derart geprägt sind, dass sie sich weitgehend einer Veränderung entziehen – insbesondere dann, wenn eine Gesellschaft nichts gegen sie unternimmt oder ihre Prägung sogar noch unterstützt.

Der Mensch ist prinzipiell zu allem fähig: zum Guten wie zum Bösen. Das eine oder andere kann auf Dauer überwiegen oder sich phasenweise in das Gegenteil verkehren. Beides steckt jederzeit in jedem Menschen. Je nachdem, welche Möglichkeiten sich bieten, um das eine oder andere in den Vordergrund des Bewusstseins zu schieben, je nach Situation, Stimmung und Gelegenheit kann beides die Oberhand gewinnen.

Verdrängen wir diese wichtige – wenn auch unangenehme – Erkenntnis, richten wir uns nach etwas aus, was nicht der Realität entspricht und nur böse enden kann.

Der Pax-vobiscum-Code – der »Friede-sei-mit-dir-Code« – basiert auf dem Ideal, dass der Mensch von Natur aus gut ist, und wenn nicht, dass er jederzeit zum Guten konvertieren könnte, wenn er es denn wollte. Nach diesem friedlichen Code würde man die eigene Friedfertigkeit zum alleinigen Maßstab des Denkens, Fühlens und Handelns machen. Er basiert letztlich auf dem Jesus von Nazareth zugeschriebenen Ausspruch, auch die linke Wange hinzuhalten, wenn man auf die rechte geschlagen worden ist.

Der Pax-vobiscum-Code wird vom Gutmenschen im Umgang mit **allen** Menschen praktiziert, um deutlich zu machen, dass Friedfertigkeit in dieser Welt nicht zu toppen ist. Und je mehr man die dunkle Seite in sich selbst verleugnet, umso mehr ist man Gefangener seiner eigenen Ideale geworden.

Die Gutmenschen erliegen im Übermaß der Idee von der Friedfertigkeit des Menschen, die ihnen von klein auf beigebracht wurde. In dem Maße, wie Gesellschaften »friedlicher« geworden sind oder zumindest friedlicher erscheinen, steigt der Wunsch, dass dies so bleibt. Von den Kanzeln wird es gepredigt. In den Schulen wird Friedfertigkeit gepriesen und dass Probleme gewaltfrei zu lösen sind. Wer das glaubt und in einem Umfeld aufwächst und lebt, in dem dieses Ideal sich mit der eigenen Realität deckt, wird sich in seiner Friedfertigkeit bestätigt sehen und möglicherweise diese Erfahrung auf die ganze Welt übertragen.

Wenn der Anhänger des Pax-vobiscum-Codes schließlich doch einmal in eine Situation kommt, in der er mit Gewalt, Unrecht und Boshaftigkeit konfrontiert wird und sich wehrt, dann nur mit den konventionellen und legalen Möglichkeiten, die ihm im Rahmen geltender Gesetze angeboten werden. Greifen diese nicht, ist der Friedfertige am Ende seiner Möglichkeiten. Nie würde er das eigene Friedfertigkeitsideal aufs Spiel setzen. Denn das hat nicht nur den Status des Unantastbaren. Es würde auch ein ganzes Welt- und Menschenbild zum Einsturz bringen, wenn man nun selbst zum Mittel der Gewalt griffe.

Für diese Menschen ist dieses Buch allerdings nicht geschrieben. Diese falsche Pazifizierung des Menschen führt nur in dessen Untergang.

Es ist geschrieben für die, welche friedfertig sind und es

auf Dauer auch bleiben wollen und sollen – die aber bereit sind, in einer gewissen Phase in ihrem Leben mit allen Mitteln um ihr Leben zu kämpfen.

Letztendlich profitieren die Mobber vom Mythos der Friedfertigkeit,[198] welcher ihnen ermöglicht, ohne Rücksicht ihren Psychoterror auszuüben. Solange sie auf zur Friedfertigkeit erzogene und sozialisierte Menschen treffen, ist ihre Macht ungebrochen. Großen Widerstand müssen sie nicht fürchten.

Wer das in diesem Buch beschriebene Notwehr-Mobbing praktizieren will, braucht die Bereitschaft, über den eigenen friedfertigen Schatten zu springen, ohne dabei grundsätzlich die Fähigkeit zur Friedfertigkeit, Kooperation, Empathie einzubüßen. Das ist möglich. Ein Denken im binären Code des Entweder-oder geht nicht nur an den Lebensrealitäten vorbei, sondern auch an der natürlichen Widersprüchlichkeit des Menschen. Erst im Erkennen dieser Widersprüchlichkeit kann man sich letztlich so wahrnehmen, wie man »wirklich« ist.

Die Kunst der subtilen Gegenwehr

Vom Siegen – Der Kampf ums Überleben

> Es gibt keine Klassen im Leben für Anfänger, es ist immer gleich das Schwierigste, was von einem verlangt wird.
> Rainer Maria Rilke

Ein Mann wird von einem anderen in eine Ecke gedrängt. Dieser andere schlägt ihm mit der Faust ins Gesicht und bricht ihm die Nase. Dann rammt er ihm das Knie in den Unterleib. Der Mann sackt zusammen, weint vor Schmerzen. Tritte treffen seinen Bauch und sein Gesicht. Der Angreifer schlägt und schlägt.

Eine zweite Situation: Auch hier wird ein Mann von einem anderen attackiert. Im Gegensatz zur ersten Situation wehrt sich der Mann. Er schlägt den Angreifer zu Boden und ruft die Polizei.

Der Paragraph 32 im Strafgesetzbuch besagt im Absatz 1, dass derjenige, der eine Tat begeht, die durch Notwehr geboten ist, nicht rechtswidrig handelt. Im Absatz 2 wird Notwehr beschrieben als die Verteidigung, die erforderlich ist, um einen gegenwärtigen rechtswidrigen Angriff von sich oder einem anderen abzuwenden.

234

Dabei kann die Abwendung auch einen Gegenangriff beinhalten, wenn die Schädigungsabsicht des Angreifers klar erkennbar ist.

In der ersten hier geschilderten Situation wird ein Mann von einem Angreifer zusammengeschlagen. Vielleicht hat der Mann vorher noch versucht, den anderen mit Worten davon abzuhalten. Aber als die Worte nichts nutzen, ist er hilflos. Er wehrt sich nicht, weil er sich nicht wehren kann. Er hat nicht gelernt, sich körperlich zu verteidigen. Es war wohl in seinem bisherigen Leben nicht notwendig, es zu erlernen. Womöglich war er der Ansicht, wenn er beleidigt oder ihm jemand eine Ohrfeige geben würde, ginge er zur Polizei, um die Person anzuzeigen. Den Rest würden dann die Anwälte erledigen.

In der zweiten Situation hat sich die angegriffene Person zur Wehr gesetzt. Der Notwehrparagraph – sowohl im Strafgesetzbuch als auch im Paragraphen 227 des Bürgerlichen Gesetzbuches – bezieht sich allerdings auf physische, nicht auf psychische Gewalt.

Die Rechtsprechung hinkt auch hier den Erkenntnissen aus der Wissenschaft hinterher. Dabei ist nachvollziehbar, dass das Einbeziehen psychischer Gewalt – hier im Zusammenhang mit Mobbing – für das Strafrecht riesige Probleme mit sich bringen würde. Es würde sich immer um Einzelfallentscheidungen handeln, die sehr aufwändig zu bearbeiten wären. Die Unsichtbarkeit des Mobbings würde jedem Gericht und jedem Verteidiger große Probleme auferlegen.

Da der Notwehrparagraph psychische Gewalt nicht rechtlich abdeckt, ist es auch rechtlich nicht abgedeckt, wenn ein von Mobbing Betroffener zum Gegenangriff übergehen würde, um sich selbst zu schützen. Und im Gegensatz zum Notwehrparagraphen handelt es sich beim Psychoterror nicht um das einmalige Abwenden eines unmittelbaren Angriffs, sondern um eine mehr oder weniger ständige Gefahrenabwehr durch permanente Notwehrhandlungen. Daher begibt sich jeder, der von Mobbing betroffen ist, in einen rechtsfreien Raum, wenn er sich – nachdem alle konventionellen Möglichkeiten ausgeschöpft sind – dafür entscheidet, aus Selbstverteidigung zurückzumobben.

Wer sich also für ein Notwehr-Mobbing entscheidet, muss sich darüber im Klaren sein, dass seine Aktionen sich in genau diesem rechtsfreien – das bedeutet: beweisfreien – Raum bewegen müssen wie die des Mobbers. Vorsicht gehört somit zum wichtigsten Handwerk für jeden, der sein persönliches Recht auf Selbstverteidigung in Anspruch nehmen will. Ebenso die Bereitschaft, notwendige, aber kalkulierte Risiken einzugehen.

Unterschiedliches Vorgehen gegen Mobbing am Arbeitsplatz und in der Schule

Die im Folgenden auszuführenden Voraussetzungen, strategischen Planungen und Methoden sind nur gegen Mobbing am Arbeitsplatz einsetzbar. In der Schule sind sie nicht anzuwenden. Denn hier liegt eine völlig andere Konstellation vor: Kinder und Jugendliche haben in der Regel noch nicht die nötigen geistigen Fähigkeiten, um ein Notwehr-Mobbing systematisch umzusetzen und über einen längeren Zeitraum durchzuführen.

Hinzu kommt, dass das Mobbing unter Schülern auf einem viel primitiveren Niveau und häufig auch auf der körperlichen Ebene ausgetragen wird. Deshalb sind es die Eltern, die stellvertretend für ihre Kinder denken und handeln müssen.

Wichtig ist festzuhalten, dass nur die Schule vor Ort Mobbing unter Schülern beenden kann. Nur sie und mit ihr die einzelnen Lehrkräfte können durch Wissen über Mobbing, über klare Regeln, durch einen Sanktionenkatalog gegen Mobber sowie durch das aktive Engagement der Lehrer dem Psychoterror effektiven Widerstand entgegensetzen.[199]

Sind diese Voraussetzungen in der Schule vor Ort nicht gegeben, bleibt es den Eltern vorbehalten, so viel Druck auf die Schule und die einzelnen Lehrkräfte auszuüben, dass schließlich diese Voraussetzungen geschaffen werden. Denn eine Schule, die ihre Schüler nicht vor aggressiven und gewaltbereiten anderen Schülern schützt, vernachlässigt ihre Aufsichtspflicht und gefährdet so auf unverantwortliche Weise die Lernfähigkeit und Lernbereitschaft der gemobbten Schüler. Durch Mobbing verschlechtern sich früher oder später die Schulnoten. Die Gefahr der Schulverweigerung steigt. Dadurch reduzieren sich auf Dauer die beruflichen Möglichkeiten.

Nicht nur, dass die Anfälligkeit für Depressionen durch Mobbing ansteigt,[200] auch und vor allem die soziale Isolation, die aus dem Mobbing entsteht, ist für die weitere Entwicklung der betroffenen Schüler katastrophal.

Oft befürchten Eltern, dass es sich negativ auf den Umgang der Schule und der Lehrer mit ihrem Kind auswirken könnte, wenn sie gegenüber der Schule und den entsprechenden Lehrern druckvoll auftreten. Natürlich gilt es, dieses Risiko der unfairen Behandlung durch die Schule und durch vereinzelte Lehrer zu bedenken. Doch der Verzicht auf druckvolles Agieren birgt das hohe Risiko, dass das eigene Kind früher oder später psychisch erkrankt, die Schulnoten sich verschlechtern und Schulverweigerung im Raum steht.

So können Eltern vorgehen:

- Die Schule mündlich wie schriftlich aufzufordern, sofortige Abhilfe zu schaffen, wäre der erste Schritt.
- Reagiert die Schule nicht entsprechend, wäre der zweite Schritt die Ankündigung, die zuständige Schulbehörde zu informieren, Dienstaufsichtsbeschwerden anzuregen, einen Rechtsanwalt einzuschalten und eventuell die Öffentlichkeit zu informieren.
- Auch die Elternschaft könnte aktiviert werden. Doch hierbei ist zu bedenken, dass die Eltern der mobbenden Schüler sich persönlich angegriffen fühlen könnten und sich nun ihrerseits zur Wehr setzen, sodass dieser Weg durchaus auch ins Leere laufen könnte.

Entscheiden sich Eltern dafür, die Schule und die Lehrkräfte massiv unter Druck zu setzen, muss für diese zweifelsfrei erkennbar sein, dass die Eltern bereit sind, für ihre Kinder zu kämpfen und Mobbing in der Schule unter keinen Umständen zu dulden.

Anders sieht es beim Mobbing am Arbeitsplatz aus. Wer sich als von Mobbing Betroffener mit gezielten Gegenangriffen zur Wehr setzen will, nimmt nicht das Gesetz in die eigene Hand – denn das gibt es für Mobbing nicht. Stattdessen nimmt er die Gerechtigkeit in die eigene Hand. Für diese ist niemand zuständig, da sie immer subjektiv gefärbt, nie objektiv gefasst werden kann.

Problematisch sieht der Einsatz des Notwehr-Mobbings beim Cybermobbing aus. Ist der Cybermobber bekannt, kann mit konventionellen Methoden wie dem Einschalten eines Anwaltes, dem Stellen einer Strafanzeige reagiert werden. Hier hat man eine rechtliche Handhabe. Dies macht unter Umständen ein Notwehr-Mobbing – wie es im Folgenden beschrieben wird – überflüssig.

Ist und bleibt der Cybermobber jedoch unbekannt, ist das Notwehr-Mobbing nicht einsetzbar. Hier »hilft« nur juristisches Vorgehen und das Stellen von Strafanzeigen gegen unbekannt. Wird über das Internet gemobbt, kann der Provider (Internetseitenbetreiber) bei einer Anzeige gezwungen werden, die Personalien des Einstellers herauszugeben. Die Betonung liegt auf »kann«. Taucht diskriminierendes Material über eine Person im Internet auf, wird dies über die entsprechenden Suchmaschinen gelistet. Dabei geraten die Informationen über eine Person auf die erste Seite der Suchmaschinen, die am häufigsten angeklickt worden sind. Um hier Einfluss auf die Reihenfolge der Informationen zu nehmen, besteht eine Möglichkeit darin, über sich selbst belanglose Informationen ins Internet zu stellen und diese immerfort anzuklicken, bis sie im Ranking weiter nach oben gelangen und die belastende Information auf die zweite Seite der jeweiligen Suchmaschinen verbannt wird. Dies bietet immerhin den Vorteil, dass die Wahrscheinlichkeit sinkt, dass die belastende Information gelesen wird, da sich die meisten Menschen eher nicht die Mühe machen werden, auf die zweite Seite zu klicken. Dieses Vorgehen ist mühselig, kann aber durch die Hilfe von Familienmitgliedern und Freunden erleichtert werden.

Hilfe gibt es auch durch das Internet. Sogenannte »Korrekturplattformen« können von Cybermobbing-Betroffenen genutzt werden. Zu nennen ist unter anderem www.Internet-Beschwerdestelle.de. Diese Seite ermöglicht es, sich über Cybermobbing zu beschweren. Auch www.Internetvictims.de ist ein Forum, das sich mit Rufschädigung, Beleidigungen und Betrug im Internet auseinandersetzt und Informationen zum Thema anbietet.

So bleibt das Notwehr-Mobbing beschränkt auf den Kontext Arbeit und dort, wo die Täter identifiziert werden können.

Ist die Entscheidung für ein Notwehr-Mobbing gefallen, beginnt ein neuer Lebensabschnitt. Es gibt nichts, was man nicht lernen kann. Nur gibt es beim Notwehr-Mobbing keine Übungsphase, die einen darauf vorbereitet, wie man sich zur Wehr setzen kann. Der Angriff des Mobbers erfolgt überraschend. Die Gegenwehr muss immer unverzüglich folgen.

Bevor nun hierfür im Einzelnen die Voraussetzungen, die strategische Planung und der Einsatz der Methoden vorgestellt werden, gilt es, einen Aspekt zuvor noch etwas genauer zu beleuchten: Denn um nicht auf der gleichen primitiven

Stufe wie der Mobber zu stehen bzw. zu enden, bedarf es einer Ethik des Notwehr-Mobbings. Was darunter zu verstehen ist, wird im Folgenden genauer erläutert.

Wie man sich wehrt und dabei nicht zum Ungeheuer wird – Die Ethik der Gegenwehr

Der Mobber hat ein Herz aus Eis,
das nicht durch Friedfertigkeit schmilzt.

Ethik, das ist ein Denk- und Verhaltenskodex, der den eigenen Handlungen eine Richtung vorgibt. Sich an diese Richtlinien zu halten ist eine freiwillige Angelegenheit. Sie haben aber den Vorteil, dass sie einen Menschen davor bewahren, auf ein geistiges Niveau abzusinken, das nicht mehr dem entspräche, was man vor dem Notwehr-Mobbing noch verinnerlicht hat.

Eine Ethik der Gegenwehr ist eine Ethik des Kampfes. Es geht darum zu entscheiden, mit welchen Mitteln er geführt werden soll. Wichtig ist hierbei, zu erkennen, dass er mit einem rein auf Friedfertigkeit, Versöhnung und Vergebung ausgerichteten Geist nicht zu gewinnen ist.

Die Gründe, warum ein Mobber mobbt, warum er einen Menschen skrupellos psychisch vernichten will, sind nicht von Bedeutung. Es geht nicht darum, ein falsches Verständnis für die Täter aufzubauen und ihnen die Hand zur Kooperation zu reichen, denn diese Geste würde ausgeschlagen.

Die Mobber werden ausschließlich nach dem beurteilt, was sie konkret tun, und nicht nach dem, was ihre Beweggründe sind. Und so wie sie ihre Opfer behandeln, müssen sie selbst behandelt werden.

Die Gefahr dabei ist, sich psychisch so zu verändern, dass es zu einer Annäherung an das Denken, Fühlen und Handeln des Mobbers kommt. Dies trifft den Kern dessen, was der Philosoph Friedrich Nietzsche einmal formulierte: dass derjenige, der sich auf Ungeheuer einlässt, zusehen mag, dass er nicht selbst ein Ungeheuer wird.[201]

Wie die Leser dieses Buches erfahren haben, wurde der Autor selbst gemobbt. Hier gab es in der Endphase des Notwehr-Mobbings einen Moment, in dem der Autor sein Gefühl der Überlegenheit über die Mobberin regelrecht genoss. Die sich daraufhin sofort einstellende erschreckende Erkenntnis, jetzt wohl so zu fühlen, wie die Mobberin sich bei ihren Handlungen aller Wahrscheinlichkeit nach immer gefühlt hat, führte dazu, das eigene Denken und Fühlen rigoros zu hinterfragen. Daraus folgte die Erkenntnis, darauf zu achten, sich nie mehr auf die geistige Ebene der Mobbenden zu begeben.

Um sich vom Mobber zu unterscheiden, bedarf es einiger selbstgesetzter Regeln, was die Schlagkraft der eigenen Aktionen allerdings nicht schmälert. Eine Anleitung zum Notwehr-Mobbing und dessen Einsatz gegen den Mobber bricht zweifellos mit Konventionen. Nicht jedoch mit einer grundlegenden humanitären Einstellung, auch wenn diese für einen gewissen Zeitraum eingeschränkt wird.

Mobbing aus Notwehr ist der Rückgriff auf das Recht zur Selbstverteidigung. Mobbing als Notwehr bedeutet, weitgehend mit den Waffen der Mobber zu kämpfen. Dies alles »beschmutzt« einen nicht. Und dies aus folgenden Gründen:

Der Mobber will die Psyche seines Opfers zerstören. Der Notwehr-Mobber muss die Psyche seines Angreifers attackieren, weil er sonst psychisch zerstört werden wird.

Mobbing	Notwehr-Mobbing
Der Mobber setzt jedes nur denkbare Mittel ein, um sein Ziel der Zerstörung zu erreichen.	Der Notwehr-Mobber setzt jedes nur denkbare Mittel ein, welches ihn nicht auf das Niveau des Mobbers herunterzieht.
Der Mobber kennt kein Erbarmen.	Der Notwehr-Mobber kennt nur auf Zeit kein Erbarmen.
Der Mobber greift an.	Der Notwehr-Mobber verteidigt sich, wobei der Angriff zur Verteidigung gehört. Es geht um das psychische, berufliche, finanzielle und das reputatorische Überleben.

Notwehr-Mobbing ist in diesem Zusammenhang eine Verteidigungs- und Angriffsstrategie, die beinhaltet, den oder die Mobber mit ihren eigenen Waffen zu schlagen.[202]

Es bezieht sich auf die bereits vorgestellten sechs Wesensmerkmale des Mobbings (siehe ab Seite 33):

- Es sind systematische Handlungen destruktiver Art, die hier Anwendung finden.
- Sie sind zielgerichtet auf den Mobber abgestimmt.
- Sie erstrecken sich über einen längeren Zeitraum.
- Es beinhaltet die Umkehr des Machtverhältnisses insofern, als zwar die formale Macht des Mobbers in der Regel bestehen bleibt, ihm aber sein persönliches Machtgefühl genommen und gegen ihn gerichtet wird.
- Das Ziel ist die Demoralisierung des Mobbers oder der mobbenden Einrichtung, um sie zum Aufgeben zu veranlassen oder sie zum Zahlen einer hohen Abfindungssumme zu zwingen.
- Es wird psychische Gewalt eingesetzt.

Beim Mobbing ist die wohl schlimmste und verheerendste Waffe das Gerücht. Ein Gerücht einzusetzen ist ein Akt der Feigheit. Hierbei zeigt sich die Erbärmlichkeit der Mobbenden, die aus einer sicheren und relativ unangreifbaren Entfernung heraus ein Gerücht verbreiten, entweder vor Ort oder über das Internet.

Es ist verlockend für von Mobbing Betroffene, die sich zur Gegenwehr entschieden haben, diese Waffe ebenfalls einzusetzen. Doch zieht einen das auf das Niveau des Mobbenden herunter. Aus diesem Grund sollte die Verbreitung eines Gerüchts als Notwehr-Handlung nicht eingesetzt werden. Hingegen ist es – nach Meinung des Autors – durchaus statthaft, ein Schein-Gerücht in die Welt zu setzen. Ein Schein-Gerücht wird nur dem Mobber selbst bekannt und sonst niemandem. Dazu jedoch im nächsten Kapitel mehr.

Da von Mobbing Betroffene sich generell in einer unterlegenen Position befinden, sind die meisten Mobbing-Handlungen, welche Mobber einsetzen, fürs Gegenmobbing nicht geeignet. Es bedarf also anderer bzw. leicht veränderter Vorgehensweisen, um sich effektiv zur Wehr setzen zu können. Sie werden im Folgenden aufgeführt.

Die Lügen – das Vortäuschen (Simulieren) von etwas – und das Verbergen (Dissimulieren) von etwas, das sind Methoden, die ethisch zu rechtfertigen sind. Wer sich in einer unterlegenen Position befindet und um sein Überleben kämpft, kann auf diese Waffe nicht verzichten. Wenn jemandem die Hände um den Hals gelegt werden und die einzige Möglichkeit zu überleben darin besteht, dem Angreifer das Knie mit voller Kraft in den Unterleib zu rammen, dies aber eigentlich »unfair« ist, ist es mehr als statthaft, sich »unfair« zu benehmen.

In dem von Harro von Senger herausgegebenen Buch über chinesische Strategeme[203] werden Möglichkeiten vorgestellt, wie man Gegner systematisch in Fallen lockt. Diese Strategeme sind nicht hinterhältig. Sie sind listig. Aber ein schwächerer Gegner kann gegen einen übermächtigen Gegner nicht gewinnen, wenn er sich nicht der List bedient.

Und eines muss dabei klar sein: Der Angegriffene greift an, um sich zu verteidigen. Niemals würde er von sich aus angreifen, wenn er nicht dazu gezwungen würde.

Vom Schachspiel des Mobbings –
Die Anleitung zum Widerstand

Wenn du den Feind und dich selbst kennst, brauchst du
den Ausgang von hundert Schlachten nicht zu fürchten (…).
Wenn du weder den Feind noch dich selbst kennst,
wirst du in jeder Schlacht unterliegen.
Sunzi, zitiert in Clavell

Als das Schachspiel vor Jahrhunderten in Indien erfunden wurde, war es von vorneherein ein Spiel um Sieg oder Niederlage. Es ist die Auseinandersetzung zweier Gegner, die mit der Kraft ihres Verstandes versuchen, den gegnerischen König schachmatt zu setzen bzw. zu »töten«. Das Spiel war nie dafür konzipiert, eine Auseinandersetzung friedlich beizulegen und mit einer Versöhnung zu enden.

Lediglich ein Waffenstillstand ist eine Alternative, wenn die Kräfte auf beiden Seiten nicht mehr ausreichen, um einen eindeutigen Sieg herbeizuführen.

Das Schachspiel des Mobbings ist viel komplizierter, da es nicht auf einige wenige Regeln reduziert werden kann. Denn Regeln gibt es hier keine. Simulation und Dissimulation sind hier die entscheidenden Waffen. Und ein Sieg hängt nicht nur vom Verstand ab, sondern auch von der jeweils vorhandenen Durchsetzungsmacht bzw. Machtposition der Spieler.

So ist das Schachspiel des Mobbings ein Spiel, bei dem der Gemobbte nicht nur mit weniger Spielfiguren oder sogar mit überhaupt keinen Unterstützern in den Kampf zieht, sondern eines, bei dem er sich auch von vorneherein in einer unterlegenen Position befindet.

Wer sich also auf das Schachspiel des Mobbings einlässt, startet unter ungünstigen, aber nicht ausweglosen Bedingungen.

Gibt es einen idealen Zeitpunkt für das Notwehr-Mobbing? Es gibt ihn – und zwar: je eher, umso besser. Sinnvoll ist es, von Beginn des Mobbings an zweigleisig zu fahren. Denn eine zweigleisige Reaktion auf den Psychoterror hat den nicht zu unterschätzenden psychologischen Vorteil, sich von Anfang an nicht als Opfer oder als Verlierer zu betrachten, sondern von Anfang an als einen Gegner und Kämpfenden.

Zunächst sollte man die rein konventionellen Mittel anwenden: Gespräche mit dem Mobber führen, sich beraten lassen, wie man sich in Mobbing-Situationen verhalten soll, die Mitarbeitervertretung einbeziehen, den nächsthöheren Vorgesetzten informieren, sich einen Rechtsanwalt suchen.

Verlässt man sich allerdings nur darauf, verstreicht unter Umständen viel Zeit. Die eigenen Kräfte werden im Laufe des Mobbings schwächer, das Selbstbewusstsein kleiner, der Stress größer, und die Fähigkeit, seine eigene Situation realistisch einzuschätzen, verringert sich zunehmend. Das Zeitfenster, in dem ein Notwehr-Mobbing noch möglich wäre, beginnt sich dann langsam, aber unweigerlich zu schließen.

Zweigleisig zu fahren, das bedeutet, damit zu beginnen, die Blockaden im Kopf rechtzeitig aufzulösen, die verhindern, sich unkonventionell gegen das Mobbing wehren zu können. Ohne die nötigen Voraussetzungen für ein Notwehr-Mobbing zu erfüllen, ist eine solche Auseinandersetzung nicht zu gewinnen.

Zweigleisig zu fahren bedeutet außerdem, bereits die notwendige strategische und taktische Planung vorzunehmen, falls es zu einem Notwehr-Mobbing kommen sollte.

Zweigleisig zu fahren bedeutet auch, sich schon konkret zu überlegen, welche Methoden man einsetzen könnte und würde, wenn der konventionelle Weg in eine Sackgasse führt.

Sehen wir uns nun diese drei Komponenten des Notwehr-Mobbings genauer an.

Die Voraussetzungen

Das Wissen um die Skrupellosigkeit der Mobber

Ein Mobber hat nur ein Ziel: die Vernichtung des anderen. Die Motive sind unterschiedlich. Aber der Mobber hat sich dazu entschlossen, die Psyche seines vermeintlichen Opfers zu zerstören. Freiwillig wird er mit dem Mobbing nicht aufhören. Ein friedliches Beilegen dieses extremen Konflikts ist in den meisten Fällen nicht möglich. Deshalb muss sich der von Mobbing Betroffene klarmachen, dass er gegen Menschen kämpft, die keine Rücksicht kennen und keine Rücksicht nehmen. Eine Brücke gibt es nicht. Diese Menschen sind auf eine Weise durch ihr Denken und Fühlen, ihre Erfahrungen und ihre Dominanz geprägt, dass eine Veränderung ihrer Prägungen nicht möglich ist. Zufrieden sind sie erst, wenn der Gemobbte geschlagen am Boden liegt.

Dieses Wissen um die Skrupellosigkeit der Mobber darf kein theoretisches Wissen bleiben. Denn nur durch das Verinnerlichen dieses Wissens um die Rücksichtslosigkeit der Mobber kann die Bereitschaft zum Kampf erwachsen. Aus diesem Grund ist es unerlässlich, sich diesen Umstand immer wieder neu zu vergegenwärtigen. Dabei geht es nicht darum, sich in Hass gegenüber dem Mobber hineinzusteigern. Dies ist für keinen Kampf von Vorteil.

Die Erkenntnis, auf sich allein gestellt zu sein

Gibt es zu Beginn des Mobbings noch genügend zusprechende und verständnisvolle Resonanz aus dem Kollegen-, Freundes- und Bekanntenkreis, ebenso von Verwandten, Ärzten, Beratungsstellen, Rechtsanwälten, Psychotherapeuten ..., so wird diese mit der Zeit schwächer und schwächer. Spätestens dann, wenn keiner von ihnen mehr weiß, was man noch tun könnte. Denn niemand beschäftigt sich gern mit ausweglosen Fällen. Die Unterstützung und Resonanz, die der Betroffene anfangs bekam, schlägt um in bedauernde, allerdings noch ernst gemeinte Anteilnahme oder aber in oberflächliche Verständnisbekundungen.

Der Mensch als ein soziales Wesen bedarf des Gefühls, in einer Gemeinschaft wie auch immer aufgehoben zu sein.

Das Gefühl der Isolation ist für jeden Menschen kaum ertragbar.

Doch muss es ertragen werden. Denn der von Mobbing Betroffene hat gar keine andere Wahl. Diese Erkenntnis ist für jeden sehr schmerzhaft, und sie raubt Tag für Tag mehr Kraft. Die Verzweiflung steigt. Man fühlt sich unverstanden. Denn wer Mobbing nicht erlebt hat, wer die Demütigungen, die Lügen, die Blicke der Kollegen, die Beraubung der Persönlichkeitsrechte und der Menschenwürde und eben die Erfahrung der Isolation in dieser Massivität nicht am eigenen Leib erlebt hat, kann sich nicht vorstellen, wie es sich anfühlt, jeden Tag dem schlimmsten Terror ausgesetzt zu sein.

Die Erkenntnis, allein auf sich gestellt zu sein, führt zur totalen Hilflosigkeit und schließlich früher oder später zu psychischen Auffälligkeiten oder zu psychischen Störungen.

Oder aber: Die Erkenntnis, allein zu sein, ist die Basis dafür, nun mit allen Mitteln um sein Überleben zu kämpfen. Niemand kann einem diese Stärke antrainieren oder mit Worten vermitteln. Die Umdeutung des Alleinseins von Schwächung zu Stärkung ist nicht programmierbar. Sie entsteht aus der Situation selbst. Der Gemobbte hat die gleiche Wahl wie jemand, der nach einem Flugzeugabsturz in der Wüste als alleiniger Überlebender die Wahl hat, auf das Sterben zu warten oder sich auf den mühseligen Weg einer möglichen Rettung zu machen. Wer mit dem Rücken zur Wand steht und dem anerzogenen Friedfertigkeitsmythos zeitweilig den Rücken kehren kann, der kann es schaffen: für sich selbst einzutreten und zu kämpfen.

Der Betroffene ist allein. Er wird es bleiben. Es gibt nur ihn. *Nur* er allein kann kämpfen.

Die Kraft, die aus der Akzeptanz des Alleinseins gezogen werden kann, ist enorm. Denn sie ermöglicht dem Betroffenen, jene Entschlossenheit zu entwickeln, die nötig ist, um eine Chance auf ein für ihn erfolgreiches Ende des Mobbings zu haben.

Die Überwindung des schlechten Gewissens

Was hindert uns, uns zu wehren? Was lähmt uns so sehr, dass wir uns nicht zu einer angemessenen Gegenreaktion aufraffen können? Es ist nicht nur die Erziehung und das Umfeld, das einem signalisiert, alles zu erdulden, was einem widerfährt, wenn alle Möglichkeiten ausgeschöpft sind.

Es sind vor allem die Gedanken und Gefühle, die damit einhergehen und die man umgangssprachlich mit dem bezeichnen kann, was man schlechtes Gewissen nennt.[204]

Was ist ein Gewissen? Ein von Gott gegebenes Regulativ in uns, das uns als Richtschnur dient, damit wir es erkennen, wenn wir etwas falsch machen?

Ein im Kopf festgesetztes Denkgebot, das besagt: »Du darfst dies und jenes nicht tun, weil es verboten ist!«?

Ein Gefühl, das signalisiert: »Das fühlt sich falsch an, und deshalb darfst du es nicht tun!«?

Dass Gedanken und Gefühle getrennte Wege gehen können, weiß jeder. Und doch gehören sie grundlegend zusammen und bedingen sich gegenseitig.

Ein Beispiel: Ein Gedanke wie »damit komme ich nicht klar« erzeugt möglicherweise Körperreaktionen wie Herzrasen, Schwitzen oder Zittern. Diese Reaktionen führen zu der Benennung eines Gefühls – Angst – und verstärken den eingangs erwähnten Gedanken, der wiederum die Körperreaktion und das darauf basierende Gefühl weiter verstärkt. Es geht so lange weiter, bis sich Gedanke, Gefühl und Körperreaktion auf allen drei Ebenen verfestigt haben.[205]

Ein Beispiel für die Trennung zwischen Gedanke und Gefühl: Nach fast zehnjähriger Fahrpraxis in Deutschland wird eine Person nach Großbritannien versetzt. Dort herrscht bekanntlich Linksverkehr. Der Gedanke sagt, dass es richtig ist, dort nun links zu fahren. Denn ansonsten kommt es zwangsläufig zu einem Unfall. Das Gefühl sagt, dass dieser Gedanke falsch ist, und die Körperreaktion ist ein massives Unbehagen, was das Gefühl stärkt. Es fühlt sich falsch an. Und doch ist es richtig. Nach einer Weile hat sich die Person an den Linksverkehr gewöhnt. Das gegenteilige Gefühl und die dazu passende Körperreaktion verblassen.[206] Gedanke, Gefühl und Körperreaktionen werden wieder eins. Und würde diese Person wieder nach Deutschland zurückversetzt werden, begänne alles wieder von vorn.

Der Gedanke, das Gefühl, die Körperreaktion, sich nicht gegen den Mobber auf unkonventionelle Weise wehren zu dürfen, ist nichts anderes als das Ergebnis einer Gewöhnung und einer ihr vorgeschalteten Erziehungs- und Sozialisationspraxis. Und gegen Gewohnheiten anzukämpfen ist nicht leicht, wenn sie einer Person als richtig vermittelt worden sind. Grundlegend ist es natürlich aus einem sozialen Denken heraus richtig, seine Mitmenschen nicht schädigen zu wollen. Aber es gibt Ausnahmen, die es nötig machen, zeitweise über den eigenen Schatten zu springen, wenn man überleben will. Die Entscheidung, den Mobber zu mobben, ist eine Entscheidung mit großer Tragweite. Denn sie verändert einen. Man wird danach nicht mehr derselbe Mensch wie vorher sein.

Dieser Umstand muss nicht prinzipiell von Nachteil sein, solange man sich im Denken, Fühlen und Handeln nicht dem Mobber annähert. Für eine gewisse Zeit aus Notwehr für seine eigenen Belange einzutreten, und dies bedingungslos, ist ethisch vertretbar.

Der von Mobbing Betroffene wehrt sich nicht aus Zerstörungswut. Nicht aus Machtgier. Nicht aus Profitstreben. Sondern er setzt das Notwehr-Mobbing zur Selbstverteidigung ein, um die eigene Integrität zu erhalten und weil er nicht zulassen möchte, dass das Inhumane im eigenen Umfeld die Oberhand gewinnt oder behält.

Der Wille zum Sieg

Aus dem Wissen um die Skrupellosigkeit der Mobber, der Akzeptanz des Alleinseins in dieser unfairen Auseinandersetzung und aus der Überwindung des schlechten Gewissens entsteht der Wille zum Sieg.

Ohne Zweifel gibt es viele Gegner: der oder die Mobber, die Mittäter, die Wegseher, der kulturelle Nährboden des Mobbings in der Gesellschaft.

Dies verleitet zum Gedanken, es mit einem übermächtigen Feind zu tun zu haben, gegen den man nicht gewinnen kann. Doch jeder Gegner hat Schwächen, die man – wenn man sie zu erkennen vermag – zum eigenen Vorteil nutzen kann.

In jedem körperlich ausgetragenen Kampf entscheidet nicht nur die körperliche Kraft über den Sieg, sondern vor allem der Wille zum Sieg. Zwei körperlich gleich starke Gegner, die sich beispielsweise im Ring gegenüberstehen, haben rein theoretisch die gleiche Chance zu siegen. Doch der mental Stärkere von beiden wird letztlich den Sieg davontragen. Für diesen steht der Wille zum Sieg im Zentrum seines Denkens, Fühlens und Handelns. Er ist von Entschlossenheit beseelt. Es gibt nichts, was ihn davon ablenkt. Er ist bereit, alles zu geben, was nötig ist. Er mag Angst vor Verletzungen haben, aber diese Angst ist seinem Willen zum Sieg untergeordnet. Zweifel gibt es nicht. Denn jeder Zweifel wirkt sich auf die mentale Stärke negativ aus. Dabei geht es nicht darum, sich in eine falsche Stärke hineinzusteigern, sondern darum, nur noch Wille zu sein. Der Kämpfer wird eins mit seinen Aktionen. Alles ist auf den Sieg ausgerichtet.

Lässt sich eine solche Einstellung auf das Mobbing übertragen? Sicher nicht in einem Verhältnis von eins zu eins. Denn ein vollständiger Sieg über den Mobber steht nicht fest. Er ist auch nicht unbedingt wahrscheinlich. Es kommt deshalb darauf an, wie der Begriff Sieg in diesem Zusammenhang neu zu interpretieren ist. Folgende Möglichkeiten gibt es:

- Kein Opfer zu sein, sondern ein Gegner, um sich auf diese Weise vor psychischen Problemen zu schützen.[207]
- Das Mobbing durch die Gegenwehr zu beenden.
- Eine hohe Abfindung zu erzielen, um einen Neuanfang zu finanzieren oder Einbußen bei der Rente oder Pension zu verhindern.

Das alles sind mögliche Siege im Kampf gegen die Mobber. Um einen davon zu erreichen oder sogar mehrere, bedarf es aber des vollen Einsatzes. Denn einen Kampf ohne vollständigen Einsatz zu führen ist sinnlos, da man nur verlieren kann.

Die Entschlossenheit, Druck auszuüben

Die Bereitschaft, psychischen Druck ohne Kompromisse auf den oder die Mobber auszuüben, muss vorhanden sein. Damit das gelingt, muss die falsche Friedfertigkeit überwunden und das schlechte Gewissen ausgeschaltet werden. Nur dann ist es möglich, den nötigen Druck aufzubauen und ihn gegebenenfalls zu verstärken.

Mobbing ist eine Form psychologischer Kriegsführung. Der Mobber oder das mobbende Unternehmen geht mehr oder weniger systematisch vor, um das vermeintliche Opfer psychisch Schritt für Schritt zu demoralisieren. Der psychische Druck, der auf den Gemobbten ausgeübt wird, ist enorm. Dieser versetzt ihn in eine permanente Anspannungssituation. Er ist allein deshalb schon eine wichtige Waffe des Mobbers, weil der Gemobbte nie sicher sein kann, wann eine neue Aktion gegen ihn erfolgt. Eine Pause beim Mobbing führt nicht zur Erleichterung, sondern erhöht im Gegenteil nur den Druck auf den Gemobbten: Er erwartet schon den nächsten Angriff. Diese permanente Anspannungssituation gilt es auf den Mobber zu übertragen. Auch er soll möglichst keine ruhige Minute mehr in seinem Leben haben.

Der oder die Mobber, die mobbende Einrichtung – vertreten durch reale Personen – müssen systematisch und effektiv unter Druck gesetzt werden. Selbst wenn man den hier aufgestellten ethischen Richtlinien folgt, kann man sich als Betroffener sehr effektiv zur Wehr setzen. Skrupel sind nicht angebracht.

Notwehr-Mobbing erfolgt weitgehend blind. Dabei ist es ein »Spiel« der doppelten Blindheit. Weder der Mobber noch der Gemobbte – wenn er sich entsprechend vorbereitet hat – lassen sich anmerken, wie sehr sie angeschlagen sind. So entsteht auf beiden Seiten der in der Regel falsche Eindruck, dass die Aktionen und Reaktionen beim anderen nichts bewirken.

Doch der von Mobbing Betroffene muss stets bedenken, dass auch der Mobber nur ein Mensch ist, der nicht unverwundbar ist. Ziel des auszuübenden psychischen Drucks ist es, den Mobber durch mehr oder weniger ständige Attacken mürbe zu machen, ihn so zu verwirren, zu verunsichern, dass er an die Grenzen seiner Belastbarkeit kommt, aufgrund dessen Fehler begeht und im besten Fall aufgibt, was beim Kollegen-Mobbing durchaus möglich sein kann.

Mit allen Methoden, die im Folgenden beschrieben werden, wird dieser psychische Druck erzeugt.

Die Notwendigkeit der inneren Distanz

Es ist gut nachvollziehbar, dass der vom Psychoterror Betroffene Wut, Hass, Rachegedanken, Aggressionen gegenüber dem Mobber empfindet. Doch alle diese Gefühle stellen eine große Gefahr dar, wenn man das Notwehr-Mobbing durchführen will. Denn für dessen Erfolg ist von entscheidender

Bedeutung, eine innere Distanz zum Erleben des Mobbings zu entwickeln. Wer erfolgreich kämpfen will, muss es ohne Emotionen tun. Wer emotional kämpft, hat bereits verloren.

Niemals darf eine Handlung gegen den Mobber spontan ausgeführt werden, selbst wenn die Gelegenheit noch so verlockend erscheint. Die Möglichkeit, dass es sich um eine Falle handelt, in die man hineingerät, ist nicht auszuschließen. Jede Aktion muss genau durchdacht sein. Ständig muss darauf geachtet werden, sich selbst nicht in Gefahr zu bringen.

Es gilt daher, permanent zu überprüfen, aus welcher Motivation heraus man gerade eine Handlung ausführt. Denn es geht hier nicht um Selbstjustiz, die immer mit einer gewissen Reduktion der Verstandesfähigkeit einhergeht. Es geht um ein planmäßiges Vorgehen auf der Basis von Notwehr und Überlebenstrieb.

Spotten in Gegenwart Dritter über das Verhalten des Mobbers oder der Einrichtung ist erlaubt, um darüber dem Umfeld zu signalisieren, dass einem die Mobbinghandlungen nichts anhaben können. Aber der Spott darf nicht so weit gehen, dass die Äußerungen, die man von sich gibt, Beleidigungen enthalten oder Drohungen. Es wird Kollegen geben, die sich so verhalten, als ob sie auf der Seite des Betroffenen stehen oder großes Verständnis für diesen haben, aber letztlich nur Informationen an den Mobber weitergeben.

Innere Distanz bedeutet auch, dass Gemobbte nicht aus einer falschen Demonstration der Stärke heraus auf eine Waffe verzichten, die ihnen die Möglichkeit gibt, die eigenen Kräfte zu regenerieren. Die Rede ist vom Mittel der Krankschreibung. Sich vom Arzt krankschreiben zu lassen ist generell kein Zeichen von Schwäche, sondern – vor allem, wenn sie regelmäßig erfolgt – eines von Stärke. Damit wird dem Mobber demonstriert, dass man Abstand vom Geschehen hat, dass man sich einen »zusätzlichen Urlaub« gönnt, dass man nach der Krankschreibung Fröhlichkeit zur Schau stellend an den Arbeitsplatz zurückkehrt und sich schon bald den nächsten Krankenschein gönnen wird.[208]

Zur inneren Distanz gehört weiter, dass die Betroffenen ihre Lebensperspektive insofern verändern, dass sie ihren Lebensmittelpunkt nicht mehr im Unternehmen verorten, sondern darauf achten, in ihrer Freizeit angenehme Dinge zu tun.[209]

Der Umgang mit Zweifeln

Die Frage, die sich viele von Mobbing Betroffene stellen – insbesondere in der Anfangsphase des Mobbings –, lautet: »Bin *ich* selbst schuld?«

Niemanden, der gemobbt wird, trifft auch nur die geringste Schuld. Nichts rechtfertigt es, die Psyche eines Menschen so zu terrorisieren, dass er aufgrund dessen psychisch und physisch leidet und gegebenenfalls erkrankt. Es ist eher ein Zeichen der eigenen hohen Reflexionsfähigkeit, die einen diese Frage stellen lässt. Es ist das Abwägen der eigenen möglichen Unzulänglichkeiten, das einen überhaupt zu diesen Gedanken kommen lässt. Und es ist ein Zeichen dafür, dass man zunächst noch nicht begreifen kann, was da mit einem geschieht.

Wer den Fehler bei sich sucht, hat bereits im Kampf gegen den Mobber verloren. Weist man sich selbst eine Schuld zu, kann man nicht guten Gewissens kämpfen, da man dann davon ausgeht, dass die andere Seite womöglich nicht ganz im Unrecht ist.

Das Aushalten der Ungewissheit

Kontrolle und Sicherheit sind wichtige Bestandteile im Leben eines jeden Menschen. Menschen, die von Mobbing betroffen sind, haben nur wenig davon. Denn sie leben in einer permanent unsicheren Situation.

Zunächst müssen sie damit klarkommen, dass ihr normaler Lebensalltag, ihr vertrauter Lebensrhythmus für immer der Vergangenheit angehören. Zumindest was den beruflichen Kontext betrifft. Denn hier ist von nun an nichts mehr sicher.

Was sich der oder die Mobber gegenwärtig wie zukünftig noch alles ausdenken mögen, ist dem Gemobbten nicht bekannt. Jederzeit kann die nächste Mobbingattacke erfolgen. Dies alles erzeugt beim Betroffenen massiven Dauerstress. Er findet keine Ruhe. Weder äußerlich noch innerlich. Ständig muss er wachsam sein.

Der wirkungsvollste Nebeneffekt des Mobbings ist, dass es permanente Unsicherheit beim Gemobbten erzeugt, ganz egal, ob dies der Mobber in dem Moment beabsichtigt oder nicht. Dieser Dauerstress reduziert die Konzentrationsfähigkeit, minimiert die Widerstandskraft, zerstört die Fähigkeit, zu denken und zu planen. Zusammen mit dem psychischen Druck, dem der Gemobbte ausgesetzt ist, führt das dazu, dass dieser im Laufe der Zeit Fehler über Fehler begeht.

Wer sich für ein Notwehr-Mobbing entscheidet, muss sich darüber im Klaren sein, dass sich zwar das Gefühl der Unsicherheit aufseiten des Mobbers von nun an auch erhöhen wird, aber sich auch die eigene Unsicherheit weiter intensiviert. Denn nun wird der Mobber, der sich bislang nicht vorstellen konnte, dass sich sein Opfer wehrt, seine Bemühungen verstärken, um es endgültig zu Fall zu bringen.

Dies ist das eine.

Das andere ist, dass bei jedem Gegenangriff, der vonseiten des Betroffenen erfolgt, die Unsicherheit steigt, ob man sich dabei selbst so gut abgesichert hat, dass man keine Spuren hinterlässt. Deshalb ist es wichtig, sich die Frage zu stellen und zu beantworten, ob man bereit und fähig ist, mit diesem zusätzlichen Druck umzugehen. Denn er wird für eine ungewisse Zeit ein ständiger Begleiter sein.

Die Akzeptanz der Eskalation

Ist der von Mobbing Betroffene bereit und fähig, zusätzliche Unsicherheiten zu ertragen, akzeptiert er damit automatisch, dass jeder seiner Angriffe zur Eskalation des Mobbings beitragen wird.

Da das grundlegende Motiv des Mobbings die Herstellung eines Oben-unten-Verhältnisses ist, wird der Mobber nicht zulassen wollen, dass ihm diese Macht genommen oder auch nur ansatzweise demontiert wird.

Zunächst wird er nicht glauben, dass sich sein Opfer zur Wehr setzt. Er wird seine Bemühungen intensivieren, um ein für alle Mal klarzustellen, wer die Macht hat und wer nicht.

Der Vorteil für Gemobbte – insofern man dies so nen-

nen kann – ist in diesem Fall der, dass die Wahrscheinlichkeit sich nun erhöht, dass der Mobber Fehler macht.[210] Diese
Fehler können dazu führen, dass es nun leichter werden
kann, vor Gericht Beweise vorzulegen, die das Mobbing bele-
gen. Ein solcher Vorteil ist für den Gemobbten teuer erkauft,
kann aber dazu beitragen, um sich erfolgreich gegen seinen
Angreifer zur Wehr zu setzen.

Die Fähigkeit zur Geduld

Auch wenn sich Spinnen nicht gerade größter Beliebtheit er-
freuen, eine Fähigkeit haben sie, der man vollste Bewunderung zollen kann: Geduld. Sie warten, bis sich ein Insekt in
ihrem Netz verfängt. Auch bei allen jagenden Tieren ist diese
Fähigkeit perfektioniert: Sie warten, bis der optimale Zeitpunkt gekommen ist, blitzschnell zuzuschlagen.

Nicht anders ist es beim Notwehr-Mobbing: Auch hier ist
Geduld eine zentrale Fähigkeit. Ein zu schnelles Agieren, ein
Nicht-warten-Können, das Verpassen eines Einsatzes kann
den besten Plan zunichtemachen.

Wer sich auf einen Kampf mit dem Mobber einlässt,
möchte ihn so schnell wie möglich wieder beenden. Doch
dieser Kampf ist meist nicht schnell vorüber, er kann sich
über viele Monate oder sogar Jahre erstrecken. Nur selten ist
es möglich, mit einigen geschickten Zügen das Mobbing zu
beenden oder zumindest auszusetzen.[211]

Aufgrund des scheinbaren Ausbleibens von Erfolgen kann
der subjektive Eindruck entstehen, dass jede bisher eingesetzte Methode keinerlei Wirkung gezeigt hat. Wer einem
Mobber eine Falle stellt, ihn täuscht, ihn mit Nadelstichen

traktiert, ihn einem Schein-Gerücht aussetzt und ihn psychisch und früher oder später auch physisch unter Druck setzt, darf nicht erwarten, dass der Mobber schnell zu besiegen ist. Vor allem auch deshalb nicht, weil diesem in der Regel nicht anzusehen sein wird, ob er angeschlagen ist. Zunächst einmal muss der Mobber verkraften und auch erkennen, dass er kein Opfer vor sich hat, sondern einen Gegner. Das dauert.

Und selbst, wenn der Mobber es erkennen sollte, setzt er immer noch auf die Zeit. Denn diese ist es, mit der das Mobbing weitgehend gewonnen wird. Hier hat der Mobber eindeutig den Vorteil auf seiner Seite. Doch das bedeutet nicht selbstverständlich, dass die Zeit nicht auch für den von Mobbing Betroffenen von Vorteil sein kann.

Das Bedenken von Fehlern

Jede Notwehr-Handlung muss mit außergewöhnlicher Vorsicht durchgeführt werden. Es ist ein Risiko, auf Mobbing mit einem Notwehr-Mobbing zu reagieren. Der Vorteil des Mobbers ist hierbei eindeutig der, dass er sich in einer überlegenen Position befindet. Er ist weit weniger angreifbar als der Betroffene selbst. Wird dieser bei einem Gegenschlag beobachtet, kann dies zu einer Abmahnung oder sogar einer fristlosen Kündigung führen.

Ein Beispiel: Eine von Mobbing Betroffene druckte auf dem Kopierer der Firma, in der sie arbeitete, Flugblätter, die sie im ganzen Unternehmen anonym verteilen wollte. Darauf war zu lesen, dass sie den Mobber der Unehrlichkeit, der Hinterhältigkeit, des Versagens bezichtigte. Von ihrem Rachegedanken getrieben, vergaß sie die nötige Vorsicht und bedachte nicht, dass sich möglicherweise nach Dienstschluss noch jemand in der Firma aufhalten könnte. Dies war der Assistent des mobbenden Geschäftsführers. Er nahm die Flugblätter an sich. Am nächsten Tag wurde die Kündigung ausgesprochen.

Es ist überlebenswichtig, sich bei allen Aktionen abzusichern und zu bedenken, welchen Risiken man sich möglicherweise aussetzt. Es gilt, die Nah,- Neben- und Fernwirkungen von Aktionen vorab genau zu bedenken und sie situativ durchzuspielen, um auf diese Weise mögliche Fehlerquellen zu erkennen. Spricht ein von Mobbing Betroffener beispielsweise eine Drohung aus – etwa eine für den Mobber ungünstige Information an eine andere Stelle weiterzugeben –, kann dies durchaus für ihn vorteilhaft sein. Dies wäre die positive Nahwirkung. Die negative Nahwirkung wäre, dass die Drohung am Mobber selbst wirkungslos oder scheinbar wirkungslos abprallt. Eine positive Nebenwirkung wäre, wenn sich daraufhin auch die möglicherweise ebenfalls am Mobbing beteiligten Kollegen zurückziehen würden. Eine negative Nebenwirkung wäre, wenn der Gemobbte durch die Zurücknahme einer Drohung an dauerhafter Glaubwürdigkeit einbüßen würde. Eine positive Fernwirkung wäre, wenn von nun an der Gemobbte unbeschadet in der Firma weiterarbeiten könnte. Eine negative Fernwirkung wäre, wenn der Gemobbte von nun an einem noch stärkeren Mobbing ausgesetzt wäre, weil man seine Schwäche erkannt hat und seinen Drohungen prinzipiell keinen Glauben mehr schenkt.

Die Bereitschaft zur Selbstreflexion

Wer sich gegen Mobber auf unkonventionelle Weise zur Wehr setzen will, bedarf einer ständigen Reflexion seines Handelns. Zum einen geht es darum, sich hierbei immer der nötigen inneren Distanz dem Geschehen gegenüber zu vergewissern oder ob man sich bereits auf dem gefährlichen Pfad des Michael-Kohlhaas-Syndroms befindet.

Der Autor dieses Buches telefonierte vor Jahren mit einer Frau, die angab, schon seit sieben Jahren von einer Stadtverwaltung gemobbt zu werden. Sie hatte Missstände der Verwaltung öffentlich gemacht. Als Freiberuflerin hatte sie daraufhin mit Repressionen zu kämpfen. Jederzeit hätte sie sich aus diesem Kampf zurückziehen können, da sie auch finanziell weitgehend unabhängig war. Doch sie zog es vor, weiter zu kämpfen. Sie erzählte, dass sie durch ihre Kämpfe den Kontakt zu ihrer Familie (Ehemann, erwachsene Kinder) verloren hätte. Dies nahm sie jedoch in Kauf, weil sie nicht bereit gewesen war, kampflos die Bühne zu verlassen, obwohl sie wusste, dass der Kampf nicht zu gewinnen war.

Bei jedem Notwehr-Mobbing muss man darauf achten, ob man in eine Situation gleitet, die nur noch Nachteile und keinerlei Vorteile mehr bringt. Wie noch im Folgenden zu lesen sein wird, ist es sinnvoll, neben einem Plan A immer noch einen Plan B und auch Plan C zu haben.

Selbstreflexion ist ein schwieriges Unterfangen, wenn man niemanden hat, der einen begleitet. In den meisten Fällen wird es schwierig sein, sich professionelle Unterstützung zu holen, die einen bei einem Notwehr-Mobbing begleitet. In den Köpfen der meisten Helfer herrscht der Gedanke vor, dass jedes Problem mit etwas gutem Willen lösbar sei. So bleibt nur die Selbstreflexion, die allein oder im besten Fall mithilfe von Freunden durchgeführt werden kann.

Die bedingungslose Konzentration auf die eigenen Interessen

Der Gemobbte muss sich verabschieden. Es ist ein Abschied von allem Vertrauten, allen Hoffnungen, allen Illusionen. Was bleibt, ist die nicht mehr bezweifelbare Erkenntnis, dass man mit allen Mitteln skrupellos psychisch zerstört werden soll. Die Loyalität zum Arbeitgeber, die Identifikation mit dem Unternehmen, die vertrauensvolle Zusammenarbeit mit den Kollegen gehört ein für alle Mal der Vergangenheit an. Was jetzt nur noch zählt, ist das eigene Überleben.

Das zu erkennen ist nicht leicht, angesichts eines möglicherweise seit Jahren oder sogar Jahrzehnten währenden (scheinbaren) friedlichen Miteinanders. Doch nun sind die Karten neu verteilt. Und es stellt sich heraus, dass man als Betroffener des Psychoterrors wohl nie etwas anderes war als ein austauschbarer Faktor. Dem man zwar mit Freundlichkeit begegnete, aber nie aus einem Bedürfnis der Menschlichkeit heraus, sondern immer nur aus einem des Kosten-Nutzen-Verhältnisses.

Sich von der Illusion des humanen Miteinanders zu verabschieden bedarf eines radikalen Schnitts im Kopf.

Wer verinnerlicht hat, dass er in einem Arbeitsverhältnis gute Leistungen zu erbringen hat, dass er im Interesse der Firma auch bereit war, unbezahlte Überstunden zu machen, muss nun umdenken. Denn nun geht es nur noch darum, die eigenen Interessen über die anderer zu stellen. Und das heißt auch, dass die Firma, für die man bisher arbeitete, keine Bedeutung mehr für die eigenen Überlegungen hat.

Dazu gehört, sich ohne Bedenken am Arbeitsplatz Freiräume zu verschaffen, indem man bereit ist, sich großzügig Krankenscheine zu nehmen. Denn die sind bei der Massivität und Intensität des Psychoterrors unbedingt vonnöten. Hier sollte es kein Zögern mehr geben und auch keine Gedanken daran, ob nun die Kollegen zusätzliche Mehrarbeit haben, ob die Kunden enttäuscht sein werden. Es ist nicht sinnvoll darüber nachzudenken, ob nun die Firma höhere Kosten durch die eigene Krankschreibung haben wird.

All dies darf für den Gemobbten ab sofort kein Hinderungsgrund mehr sein, um die eigenen Interessen kompromisslos zu verfolgen. Denn aus welchem vernünftigen Grund heraus sollte man Personen oder einem Unternehmen gegenüber loyal sein, wenn diese einem selbst gegenüber illoyal sind?

Wichtig hingegen ist, die bisher geleistete Arbeit korrekt auszuführen, um den Gegnern keine Angriffsflächen zu bieten. Allerdings sollte man nur noch Dienst nach Vorschrift leisten und damit nur das, wozu man vertraglich verpflichtet ist.

Der Gegner – kein Opfer

Ein mächtiger Vorgesetzter, ausgestattet mit den Insignien der Macht, unangreifbar erscheinend, voller Selbstbewusstsein und Entschlossenheit, von dem Gefühl beseelt, ein kleiner Gott zu sein.

Eine Institution, die kraft ihrer unmenschlichen Regeln menschliche Regeln außer Kraft setzt, über unendliche Geldmittel verfügt und Menschen dirigiert wie Schachfiguren.

Eine Gruppe von Menschen, die sich kraft ihrer zahlenmäßigen Überlegenheit über einen Kollegen erhöht.

Wie nimmt man so einem Menschen, so einer Institution, so einem Team die Macht über einen?

Ein Gegner zu sein erfordert Mut. Es bedeutet nicht automatisch, auch ein Sieger zu sein. Denn es ist eine Sache, sich über Missstände aufzuregen – und eine andere, sie aktiv zu bekämpfen. Ein Gegner hat ein anderes Selbstbewusstsein als ein Opfer. Beide sind aus einer beruflichen Welt herausgeschleudert worden, die bisher der Mittelpunkt ihres Lebens war. Aber beide versuchen sich auf völlig gegensätzlichen Wegen. Beide können scheitern. Darin unterscheiden sie sich nicht.

Der Gegner rechnet sich eine Chance aus. Er bereitet sich vor. Er setzt seine Planungen in die Tat um. Er weiß, dass jeder – ob Mensch, ob Institution – eine Schwäche hat. Diese zu finden und sie für das eigene Überleben einzusetzen, das macht den Unterschied zwischen einem Opfer und einem Gegner aus.

Die zentrale Schwäche der Mobbenden – ob es nun Vorgesetzte oder Mitglieder eines Teams sind – ist, dass auch sie nur Menschen sind und deshalb empfänglich für psychischen Druck, für Unsicherheit und Angst. Die zentrale Schwäche einer Institution ist, dass es wohl kaum eine gibt, die nicht irgendwo »Leichen im Keller« verborgen hält. Sie zu finden ist schwierig. Aber auch die Angst vor Imageverlust ist ein Angriffspunkt für jeden Gemobbten, der nicht zu unterschätzen ist.

Der Gemobbte muss nur bereit sein zu kämpfen. Dann ist er ein Gegner. Wenn er verliert – was durchaus möglich ist –, ist ihm bewusst, dass er alles Menschenmögliche getan hat, um seine Situation zu verbessern. Seine Selbstachtung wird bleiben. Er hat sich zur Wehr gesetzt. Seine Wunden heilen, aber sie waren nicht so schwer, dass sie zu einer lang andauernden psychischen Krankheit oder zusätzlich zu einer körperlichen führten.

Ein Opfer kämpft nicht. Es resigniert, wenn die konventionellen Möglichkeiten ausgeschöpft sind. Im schlimmsten denkbaren Fall verfolgt einen das Mobbing – obwohl es vorbei ist – noch jahrelang oder gar für den Rest des Lebens. Auf ewig mit der Frage verbunden, ob es nicht doch noch einen anderen Weg gegeben hätte.

Wer sich dafür entscheidet, ein Gegner im hier verstandenen Sinne zu sein, muss sich auf den Kampf optimal vorbereiten.

Die Planung ist hierbei der wichtigste Schritt. Sie kostet viel Zeit. Aber die ist notwendig. Denn nur mit einer guten Planung, wie sie im Folgenden beschrieben wird, kann man seine Chancen erhöhen, den oder die Mobber zu besiegen.

Von jetzt an wird geplant und ausgeführt. Und anhand eines praktischen Beispiels wird im nächsten Kapitel verdeutlicht, was es heißt, ein wirklicher Gegner zu sein (siehe ab Seite 298).

Die strategische Planung

Strategische Planung beim Notwehr-Mobbing bedeutet, mittels eines mehr oder weniger langfristig angelegten Gesamtplans die Wahrscheinlichkeit zu erhöhen, aus einer Mobbingsituation als Gewinner hervorzugehen, indem eine Reihe von Methoden zum Einsatz kommen.

Dieser Gesamtplan besteht aus einer Reihe von Komponenten: dem genauen Ziel des Notwehr-Mobbings, die Entwicklung von Handlungsplänen, der Analyse des Mobbers oder des mobbenden Unternehmens und natürlich der Analyse der eigenen Person. Der Gesamtplan beinhaltet des Weiteren den Einsatz, die Auswahl und die Reihenfolge der hier ebenfalls noch aufzuführenden taktischen Methoden zur Erreichung des strategischen Ziels.

Das Ziel

Welches Ziel mit dem Notwehr-Mobbing konkret erreicht werden soll, ist die erste Frage, mit der sich jeder von Mobbing Betroffene auseinandersetzen sollte. Hierbei geht es ausschließlich um realistische Ziele. Häufig stellen sich Gemobbte diese Frage nicht. Sie wollen nur, dass das Mobbing aufhört und alles wieder so wird, wie es einmal war.

Dieses Ziel ist – wie schon an anderer Stelle ausgeführt – illusorisch. Opfer eines Gerüchts geworden zu sein bedeutet, dass es nie wieder zurückgenommen werden kann. Denn dies ist nun einmal das Wesen des Gerüchts: Es ist unzerstörbar. Selbst, wenn es sich als falsch erweisen sollte, bleibt es im Bewusstsein aller erhalten, und manche werden es trotzdem weiter glauben.

Das Ziel, sich zu rehabilitieren, dass der Mobber oder die Mobber bestraft werden, etwa durch Kündigung, Versetzung, ist eher ein unrealistisches Ziel. Es hängt von zu vielen Faktoren ab: Ein Vorgesetzter etwa, der sich mit Mobbing nicht auskennt, wird das Mobbing nur als einen lästigen Konflikt zwischen Mitarbeitern deuten und sich nicht weiter darum kümmern, oder er hegt Sympathien für den Mobber oder hat sogar Angst vor ihm, weil er beispielsweise der Schwager des Chefs ist.[212]

Bei der Zielermittlung geht es zunächst um eine Grundsatzentscheidung: Gehen oder Bleiben. Entscheidet sich ein von Mobbing Betroffener dafür, zu gehen, gibt es hierfür zwei Varianten: ohne Kampf zu gehen oder mit Kampf zu gehen.

Ohne Kampf zu gehen bedeutet zu kündigen.

Der Tatort des Verbrechens wird verlassen. Die Zelte werden abgebrochen. Man verschwindet und überlässt das Schlachtfeld dem oder den Mobbern. Eine nicht unkluge Entscheidung, wenn man bedenkt, dass jeder Kampf enorme Anstrengungen kostet – physische wie psychische. Und kommt hinzu, dass die Wahrscheinlichkeit eher gering ist, seine Ziele durch ein Notwehr-Mobbing zu erreichen, ist es eine sehr kluge Entscheidung.

Die Entscheidung zu kündigen ist leichter, wenn man in einem Alter ist, in dem die Wahrscheinlichkeit hoch ist, eine adäquate neue Anstellung zu finden, gegebenenfalls sogar mit besseren Karriereaussichten. Hinzu kommt die Fähigkeit, mit dem Mobbing psychisch so abschließen zu können, dass es nicht zu negativen Fernwirkungen kommt. Das bedeutet, sich keine Vorwürfe zu machen, kampflos gegangen zu sein und sich als Verlierer zu fühlen. Wer unter diesen Voraussetzungen geht, macht keinen Fehler.

Die Entscheidung zu kündigen ist schwerer, wenn man in einer Situation ist, in der die Wahrscheinlichkeit hoch ist, keine neue Anstellung zu finden oder nur eine ohne weitere Karriereaussichten oder mit einer schlechteren Dotierung.

Zu Gehen mit Kampf ist die Variante, bei der es das Ziel ist, eine hohe Abfindung zu erzielen. Die Mobber beziehungsweise das mobbende Unternehmen werden so lange unter Druck gesetzt, bis es bereit ist, eine hohe Abfindung für den Gemobbten zu zahlen. Es ist keine Variante, in der es darum geht, aus reinem Starrsinn zu kämpfen, nur um sein Recht auf die Unversehrtheit seiner Persönlichkeit durchzusetzen. Diese Form des Kampfes ist eine, bei der es nur einen Verlierer gibt: den Gemobbten. Hier entwickelt sich früher oder später das in diesem Buch schon beschriebene Michael-Kohlhaas-Syndrom.

Entscheidet sich ein von Mobbing-Betroffener dazu, zu bleiben, gibt es ebenfalls zwei Varianten: ohne Kampf zu bleiben oder mit Kampf zu bleiben. Ohne Kampf zu bleiben bedeutet, das Mobbing einfach »irgendwie« durchzustehen, vielleicht mit der Hoffnung verbunden, dass es irgendwann einmal beendet sein wird. Rein theoretisch mag das möglich sein, wenn das Mobbing vorgesetztenabhängig ist und der Vorgesetzte irgendwann das Unternehmen verlässt. Ist es hingegen ein Team, das mobbt, ist die Wahrscheinlichkeit schon wesentlich geringer. Und geschieht das Mobbing als Folge der Kostenreduzierung einer Firma, geht die Wahrscheinlichkeit eher gegen null.

Zu bleiben und zu kämpfen ist mit dem Ziel verbunden, früher oder später einen Waffenstillstand zu erreichen, den Mobber zu zwingen, sein Mobbing zu beenden oder eine hohe Abfindung zu bekommen. Auch hier besteht die Gefahr des Michael-Kohlhaas-Syndroms (siehe Seite 65). Zu bleiben und zu kämpfen ist vor allem dann sinnvoll, wenn man weiß, dass man auf dem Arbeitsmarkt aufgrund des Alters oder der allgemeinen Situation des Arbeitsmarktes keine oder nur geringe Chancen hätte, eine neue adäquate Stellung zu bekommen. Letztlich ist es eine Entscheidung für oder gegen das finanzielle Überleben auf dem bisherigen Niveau. Hat man sich für den Kampf entschieden, gibt es vier mögliche Ziele, die zu erreichen sind:

1. Eine hohe Abfindungssumme zu erzielen, wenn man gehen will,
2. einen Waffenstillstand zu erreichen, der für einen längeren Zeitraum anhält,
3. den Mobber dazu zu zwingen, das Mobbing zu beenden,
4. zu verdeutlichen, dass man unter allen Umständen bleiben wird, wenn nicht eine hohe Abfindungssumme gezahlt wird.

Die Pläne

Der Plan A ergibt sich aus den Methoden, die man einzusetzen gedenkt. Hierbei wird berücksichtigt, welche Methoden zum Einsatz kommen sollen, wann sie zum Einsatz kommen sollen, wie man sie miteinander kombinieren kann. An dieser Stelle ist es nicht möglich, die vielen verschiedenen Herangehensweisen aufzuführen, da sie immer auf die jeweiligen Gegebenheiten und Konstellationen vor Ort abgestimmt sein müssen. Die Entwicklung und Durchführung eines Plans wird jedoch im nächsten Kapitel an einem praktischen Beispiel verdeutlicht.

Einen Plan B zu haben bedeutet, während des Notwehr-Mobbings eine veränderte Vorgehensweise als bei dem Plan A zu wählen, wenn die bisherigen Ergebnisse nicht den Vorstellungen entsprechen. Hierbei ist allerdings immer zu bedenken, dass jede Methode Zeit erfordert und der Erfolg auch nicht immer für den Gemobbten sichtbar wird. Ein Plan B beinhaltet eine eventuelle Veränderung der Reihenfolge der einzusetzenden Methoden oder die Variante, Methoden hinzuzufügen.

Der Plan C bezieht sich darauf, sich parallel auf eine andere Stellung zu bewerben, sofern dies eine realistische Option ist, oder sogar eine selbstständige Tätigkeit ins Auge zu fassen. Hier geht es darum, für Optionen offen zu bleiben, selbst wenn man sie schließlich nicht ergreifen wird. Der Vorteil von Plan C ist, dass er das Selbstbewusstsein stärken kann. Man wird unabhängiger, wenn sich plötzlich neue Möglichkeiten auftun, an die man bisher nicht gedacht hat.

Problematisch wird ein Plan C nur dann, wenn sich eine lukrative Stelle auftut und diese Lösung mit dem Ziel, eine hohe Abfindung zu bekommen, kollidiert. Dann gilt es zu entscheiden, ob auf die Abfindung verzichtet werden soll, um stattdessen die neue Stelle anzunehmen. Die Entscheidung, in einem solchen Fall zu kündigen, ist sinnvoll und kein Zeichen von Schwäche.

Die Fremdanalyse

Ausgehend von Sunzis Erfahrung, dass, wer seinen Feind kennt, den Ausgang von hundert Schlachten nicht zu fürchten hat, ist für ein erfolgreich durchzuführendes Notwehr-Mobbing die Analyse des Mobbers und gegebenenfalls auch die des Unternehmens ein unabdingbarer Schritt. Denn erst von dem Augenblick an, in dem man die Stärken und Schwächen seines Gegners kennt, eröffnen sich Möglichkeiten, ihn empfindlich zu treffen und ihn zu schlagen.

Unterlässt man diesen Schritt, erhöht sich das Risiko zu scheitern. Die Analyse des Mobbers oder des mobbenden Unternehmens, das durch einen oder mehrere Auftragsmobber repräsentiert wird, kostet zugegebenermaßen viel Zeit.

Doch diese Zeit ist gut investiert.

Zunächst geht es darum, zu recherchieren. Um zu wissen, mit wem man es als Gegner zu tun hat, ist es von entscheidender Bedeutung, mehr über den Mobber und/oder das mobbende Unternehmen in Erfahrung zu bringen.

Je mehr ein von Mobbing Betroffener über die Vergangenheit des Mobbers herausfindet, umso besser kann sich seine eigene Position in diesem Kampf gegen ihn entwickeln. Im besten Fall entdeckt man Schwachstellen, wie etwa Fehlverhalten in vorherigen Arbeitsverhältnissen des Mobbers.[213]

Recherche bedeutet zunächst Internetrecherche. Immer mehr Menschen stellen Profile von sich ins Internet oder haben eine eigene Homepage. Selbst Informationen über Hobbys und Freizeitaktivitäten können von Bedeutung sein, denn sie geben Auskunft über das Denken, Fühlen und Handeln einer Person. So mag die Information, dass der Mobber in einem Verein tätig ist und dort vielleicht eine gewisse Position innehat, zunächst belanglos erscheinen. Doch von einem gewissen Zeitpunkt an, wenn der Mobber bereits angeschlagen ist, kann eine Frage, wie es denn im Verein läuft, oder die Platzierung eines Schein-Gerüchts ein weiterer Stich im Rahmen der Nadelstichtaktik sein.

Es gilt, einen guten Kontakt zu den Sekretärinnen des Hauses aufzubauen. Hier bündeln sich in der Regel viele Informationen. Die persönliche Sekretärin des Mobbers zu fragen macht gegebenenfalls im Rahmen der Nadelstichtaktik Sinn, wenn der Mobber erfahren soll, dass man über ihn Informationen einholt.

Wichtig ist es, in Erfahrung zu bringen, wo der Mobber in der Vergangenheit beschäftigt war. Man sollte versuchen, mit ehemaligen Kollegen des Mobbers in Kontakt zu treten, telefonisch oder persönlich. Möglicherweise hatte er Feinde in den Unternehmen, in denen er arbeitete. Solche Feinde sind häufig bereit, Informationen zu geben.

Nachdem alle möglichen Hintergrundinformationen gesammelt sind, geht es darum, die Persönlichkeit des Mobbers, seine Stärken und Schwächen, seine Kompetenzen und Inkompetenzen, seine Vorlieben und Abneigungen zu analysieren.

Bei der Recherche über die Vergangenheit des Mobbers sind sehr wahrscheinlich schon einige Persönlichkeitsmerkmale aufgefallen, welche den bisherigen Eindruck von ihm verstärkt oder ergänzt haben. Bevor mit diesem Teil der Fremdanalyse begonnen werden soll, ist es ratsam, ein Schema zu verwenden, um die Menge an Informationen sinnvoll zu ordnen und zu verknüpfen und aufgrund dessen noch zusätzlich neue Erkenntnisse zu gewinnen.

In dieses Schema werden alle Informationen stichwortartig eingetragen. In der Mitte steht der Name des Mobbers oder ein Bild vom ihm. Um den Namen oder das Bild herum werden Alter, Familienstand, berufliche Position geschrieben. Ausgehend von diesem Namen oder Bild werden eine Anzahl von Oberbegriffen notiert, die so auf der Tafel angeordnet werden, dass genügend Platz für die unterschiedlich dichten Informationen ist.

Die Oberbegriffe lauten: Stärken, Schwächen, Kompetenzen, Inkompetenzen, Persönlichkeitsmerkmale, soziales Verhalten, Feinde im Unternehmen, Intelligenz, Beziehungen zu Mitarbeitern, Beliebtheit, Unbeliebtheit, auffällige Verhaltensweisen, Reputation im Unternehmen, Führungsverhalten, Stellung im Team oder im Unternehmen, Vorlieben, Abneigungen, persönliche Ziele, berufliche Ziele, Vergangenheit. Unter jedem dieser Oberbegriffe werden stichwortartig die eigenen Einschätzungen oder die recherchierten Informationen eingetragen.

Einige Beispiele: Persönlichkeitsmerkmale sind zum Beispiel: Dominanz, Aggressivität, Unbeherrschtheit, Zwanghaftigkeit, Anfälligkeit für Schmeicheleien, Kontrollsucht, Perfektionismus, Harmoniebedürfnis, Machtgier, Hinterhältigkeit, Unterwürfigkeit (gegen Vorgesetzte), Narzissmus, Machiavellismus, Psychopathie, welche letztlich auch immer die vermeintlichen Stärken, aber auch Schwächen des Mobbers repräsentieren und mit einer Verbindungslinie zwischen diesen Oberbegriffen gekennzeichnet werden sollten.

Auffällige Verhaltensweisen wären etwa Tics oder Macho-Verhalten. Beziehungen zu Mitarbeitern beziehen sich auf Freundschaften, Arbeitsbündnisse, sexuelle Beziehungen.

Gibt es mehrere Mobber, wird auf die gleiche Weise verfahren. Es wird herausgearbeitet – falls noch nicht bekannt –, wer der vermutliche Hauptmobber ist und in welchem Verhältnis er zu den Mitmobbern steht. Dieses Verhältnis wird durch spezielle Linien gekennzeichnet, die verdeutlichen, ob es hier um Freundschaften geht, um Arbeitsbündnisse, um nur schlecht kaschierte Gegnerschaft (Konkurrenz, Feindschaft). Dies ist wichtig herauszufinden, um eventuell einen Keil in die Front der Mobber treiben zu können. Es kann sinnvoll sein, sich zuerst den Hauptmobber vorzunehmen. Gibt dieser auf, ziehen sich in der Regel die anderen ebenfalls zurück.

Ist es vordringlich das Unternehmen, das aus Kostengründen einen Mitarbeiter oder eine Mitarbeiterin mobbt, steht neben der Analyse des Auftragsmobbers auch die Analyse des Unternehmens im Fokus. Hierbei geht es darum, alles in Erfahrung zu bringen, was es über das Unternehmen an Informationen gibt: Unternehmensgeschichte, Verflechtungen mit anderen Firmen, Reputation, Bedeutung des Images, Unternehmenskultur, Unternehmensziele, Fehlverhalten in der Vergangenheit und in der Gegenwart, das Herausfinden von Unregelmäßigkeiten im Unternehmen (Unterschlagungen, Korruption, Vertuschung ...).

Je länger man sich in einem Unternehmen befindet, umso wahrscheinlicher ist es, dass man früher oder später auf »Leichen im Keller« stößt und eine entsprechende Veröffentlichung dem Unternehmen schaden könnte.

PERSÖNLICHKEIT DES MOBBERS

Name
Alter
Beruf

Eigenschaften

Intelligenz
hoch
Durchschnitt
niedrig

Persönliche Ziele

Berufliche Ziele

Vorlieben

Abneigungen

Persönlichkeitsakzentuierung
Narzisst
Machiavellist
Psychopath

VERHALTEN

Soziales Verhalten

Verhaltensauffälligkeiten

ARBEITSSTELLEN
IN DER VERGANGENHEIT

Arbeitsstelle 1
Vorfälle

Arbeitsstelle 2
Vorfälle

POSITION IM UNTERNEHMEN

Beliebtheit
hoch
Durchschnitt
niedrg

Führungsverhalten

Stellung im Team

Kompetenzniveau

Feinde

Stärken

Schwächen

Die Selbstanalyse

Der zweite Teil von Sunzis Erfahrungen im Umgang mit Sieg oder Niederlage ist die Bereitschaft, sich selbst kennenzulernen.

Diese Analyse ist genauso wichtig wie die Fremdanalyse. Sie wird auf die gleiche Weise verschriftlicht, wie dies bei der Fremdanalyse erfolgt ist. Dabei ist sinnvoll, dass bei der Beantwortung der Oberbegriffe möglichst Freunde oder der Partner mit einbezogen werden, weil die realistische Selbsteinschätzung nicht immer einfach ist.

Wie man mit den Ergebnissen aus der Fremd- und Selbstanalyse umzugehen hat, wie die einzelnen Informationen herauszufiltern und zu bewerten sind, ist im Rahmen dieses Buches nicht darstellbar. Es gibt zu viele Möglichkeiten, um sie zu interpretieren. Denn auch hier stellen die Gegebenheiten und Konstellationen vor Ort ein entscheidendes Kriterium dafür dar, um sie realistisch interpretieren zu können. Allerdings wird im nächsten Kapitel ein praktisches Beispiel vorgestellt, das den Einsatz der Fremd- und Selbstanalyse erleichtern sollte.

Die taktischen Methoden

Die Kunst der Täuschung

Als der Autor dieses Buches gemobbt wurde, kannte er das Buch von Sunzi nicht und wendete doch intuitiv Methoden an, die in seiner Kunst des Krieges zu finden waren. Was Sunzi grundlegend zum Führen eines Krieges sagte, gilt letztlich auch für den Kampf gegen Mobber. Denn jede Kriegsführung gründet auf Täuschung. So ist die Lüge als eine Maßnahme der Selbstverteidigung oder Notwehr nicht prinzipiell negativ zu bewerten. Ein scheinbar unterlegenes Opfer, das sich wehren und damit zum Gegner werden will, kann nicht gleichberechtigt mit einem real überlegenen Gegner kämpfen, wenn dieser seine Macht missbraucht. Es muss nach Möglichkeiten suchen, seine Gegner zu verwirren, sie in die Irre zu führen, eben: sie zu täuschen. Die Lüge ist ein legitimes Mittel der Gegenwehr. Die Lüge ist hierbei zu verstehen als das Zusammenspiel zwischen Simulation (Täuschung) und Dissimulation (Verbergung). Sie beinhaltet als Notwehr-Mobbing drei Varianten:

Die eine Variante ist die Basis-Simulation und Basis-Dissimulation. Das bedeutet, dass grundlegend dem Mobber vorgetäuscht werden muss, dass dessen Aktionen gegen den Gemobbten an diesem wirkungslos abprallen. Dies wird also vorgetäuscht, und gleichzeitig wird verborgen, wie schlecht es einem wirklich geht.

Der Mobber erhält die Bestätigung seiner Handlungen durch die äußerlich erkennbaren Anzeichen seines vermeintlichen Opfers: angespannter und gegebenenfalls verstörter Gesichtsausdruck, gebeugte Haltung, verunsichertes Auftreten, Angst, Verzweiflung. Er darf diese Anzeichen nicht mehr erkennen. Er muss blind werden. Selbst wenn er vermutet, dass der von ihm Gemobbte seine Stärke nur vortäuscht – vor allem dann, wenn der Betroffene vorher seine Schwäche gezeigt hat –, wird aus dieser Vermutung früher oder später ein großes Fragezeichen.

Schwäche vorzutäuschen und Stärke zu verbergen ist die zweite Variante. Sie beinhaltet bereits ein bestimmtes Vorgehen im Umgang mit dem Mobber. Schwäche wird vorgetäuscht, um den Mobber zu einem leichtsinnigen Verhalten zu bewegen. So sagt Sunzi unter anderem in diesem Zusammenhang: Wenn wir fähig sind anzugreifen, müssen wir unfähig erscheinen; einen Köder auslegen, um den Feind zu verführen; Unordnung vortäuschen, wenn er an Kräften überlegen ist.[214]

Dem Mobber eine Falle zu stellen setzt die strategische Planung voraus. Erst wenn ich den Mobber einzuschätzen weiß, kann ich eine Falle konstruieren. So kann dem Mobber durch vorgetäuschte Schwäche suggeriert werden, dass man keine Kraft mehr besitzt und kurz vor dem Zusammenbruch steht, sodass er dazu verleitet wird, in seinem Vorgehen nachlässiger zu werden. Man kann Arbeitsfehler vortäuschen, die keine sind,[215] wie dies im nächsten Kapitel deutlicher werden wird. Auf diese Weise besteht unter Umständen die Möglichkeit, Beweise zu sammeln, die vor dem Arbeitsgericht Bestand haben könnten.

Welche Möglichkeiten der Täuschung es im Einzelnen gibt und welche für Mobbing-Situationen anwendbar sind, lässt sich allgemein nicht sagen. Hilfreich sind die Täuschungs-Strageme in Harro von Sengers Buch »Anleitung zum Überleben«.[216] Hier findet man gute Anregungen, um einzelne Strategien auf die eigene Problematik zuzuschneiden.

Die dritte Variante der Täuschung und des Verbergens ist das Kreieren eines Schein-Gerüchts.

Ein Schein-Gerücht unterscheidet sich von einem echten Gerücht dadurch, dass es nicht in der Öffentlichkeit verbreitet wird, sondern nur dem Adressaten – dem Mobber – bekannt wird. Entweder basiert das Schein-Gerücht auf ermittelten Tatsachen, oder es ist einfach nur ein »Schuss ins Blaue«.

Ziel des Schein-Gerüchts ist es, massiven psychischen Druck beim Mobber aufzubauen.

Der Einsatz des Schein-Gerüchts kann in zwei Stufen aufgebaut werden. Zum einen erhält der Mobber die anonyme Information, dass man von seinem Fehlverhalten weiß. In der zweiten Stufe wird ihm mitgeteilt, dass das ganze Unternehmen oder die Führungsspitze von seinem Fehlverhalten in Kenntnis gesetzt wurde. Das Schein-Gerücht wird jedoch nicht weitergeleitet. Dann wäre es ein echtes Gerücht.

Aber der Mobber wird es glauben. Allein die Vermutung, dass alle von seinem Fehlverhalten wissen, verunsichert ihn massiv und setzt ihn unter Druck. Selbst, wenn es überhaupt kein Fehlverhalten gibt, wird es den Mobber massiv beunruhigen.

Die Anonymität des Gemobbten bei der Initiierung eines Schein-Gerüchts sollte weitgehend gewahrt bleiben. Unter Umständen kann es allerdings sinnvoll sein, sich dem Mobber gegenüber als Person zu outen, die über ein allerdings beweisbares Fehlverhalten Bescheid weiß, dies aber nicht öffentlich machen will, wenn das Mobbing eingestellt wird. Dann wird aus einem Schein-Gerücht die Methode der Bereitstellung von Informationen.

Eine weitere mögliche Täuschung ist die Vortäuschung

eines körperlichen Angriffs. Dazu dient als Beispiel eine Szene aus dem Film »Fight Club«. Hier wird der Hauptprotagonist des Films zu seinem Vorgesetzten ins Büro gerufen. Nach einem verbalen Schlagabtausch simuliert er einen körperlichen Angriff des völlig überforderten Vorgesetzten auf ihn, indem er sich selbst schlägt und sich gegen eine Wand wirft.

Dieses sicher recht heftige Beispiel kann in abgemilderter Form oder aber auch in aller Härte vom Gemobbten praktiziert werden, um psychischen Druck auf den Mobber auszuüben.

Die Taktik der Nadelstiche

Es sind nicht die großen Ereignisse, die einen Menschen auf Dauer zermürben und dessen Psyche zerstören können, sondern die vielen kleinen Nadelstiche, die für sich genommen kaum Schmerz verursachen, jedoch immer wieder den gleichen Punkt treffend verheerende Auswirkungen haben können.[217] Auf diese Weise geht der Mobber vor. Und genau so sollte der von Mobbing Betroffene auch vorgehen.

Diese Taktik ist eine übergreifende Methode. Sie erzeugt ein Feuerwerk von Notwehr-Handlungen, die hier auf den Mobber herunterprasseln: Es ist die Aneinanderreihung von Simulationen und Dissimulationen, von Fallen, die dem Mobber gestellt werden, von immer wiederkehrenden Aktionen des Lächerlich-Machens seiner Person, die – wenn möglich – zeitlich dicht erfolgen und zu dessen Demoralisierung führen sollen.[218] Und eines sollte dabei nie vergessen werden: Wirken diese Nadelstiche auch nicht augenblicklich, so ist es nur eine Frage der Zeit, bis sie Wirkung zeigen werden. Denn früher oder später wird der Mobber einen oder mehrere Fehler machen, weil nun er es ist, der sich nicht mehr konzentrieren kann, der angeschlagen ist, der wütend und voller Hass ist, dass ein vermeintliches Opfer ihm seine für ihn so wichtige Überlegenheit stiehlt.[219]

Permanente Belästigungen des Mobbers – sofern realistisch – durch ständiges Nachfragen, Sich vergewissern, Einholen neuer Detail-Informationen, absurder Gegenvorschläge ... wirken, weil hiermit das Nervenkostüm des Mobbers mit der Zeit angegriffen wird. Insbesondere dann, wenn dieser allein schon arbeitsmäßig unter enormem Stress steht. Auch private Anrufe beim Mobber zu Hause gehören dazu, im Sinne von: »Was ich Sie noch fragen wollte ...« Auch diese Methode verspricht, ständig oder häufig ausgeübt, eine gute Wirkung.

Aus einer Außenperspektive erscheint die Taktik der permanenten Belästigung eher lächerlich und kindisch, sodass die Wirkung derselben aus diesem Grunde völlig unterschätzt werden kann. Doch es muss bewusst werden und bleiben, dass die zunehmende Demoralisierung des Mobbers nur über die vielen Nadelstiche möglich ist.

Wichtig ist beim Einsatz der Taktik der Nadelstiche, dass sie einem systematischen Aufbau folgt. Sie sollte möglichst auf verschiedenen Ebenen erfolgen. Das heißt, dass sie auf der Ebene der Täuschungen und insbesondere über die Ebene der Verunsicherung des Mobbers zeitnah erfolgen soll.

Je rascher aufeinander die Nadelstiche erfolgen, umso besser. Deshalb ist es ratsam, sich schon zu Beginn des Notwehr-Mobbings Gedanken über die einzelnen zu setzenden Nadelstiche zu machen. Je mehr sich der Mobber durch Pausen erholen kann, umso mehr gewinnt er wieder die Kontrolle über sich.

Als Teil einer psychologischen Kriegsführung ist die Taktik der Nadelstiche eine reine Zermürbungstaktik. So wie der Mobber den Gemobbten zermürbt, indem er ihm unter anderem sinnlose Aufgaben gibt, ständig etwas überprüft, kann der Betroffene diese Taktik auch gegen den Mobber selbst anwenden.

In einem Unternehmen wurde ein älterer Mitarbeiter ständig dazu aufgefordert, ein von ihm angefertigtes Protokoll nach jeder Sitzung mindestens drei- bis viermal zu überarbeiten, weil sein Vorgesetzter ihm unterstellte, dass er dabei inhaltliche und formale Fehler gemacht habe, keine Protokolle schreiben könne, kurz: ihm damit Unfähigkeit unterstellte. Dies setzte den Gemobbten massiv unter Druck, da er noch viele andere schriftliche Arbeiten zu erledigen hatte und unter hohem Zeitdruck stand.

Ihm wurde empfohlen, das nächste Protokoll bei der Aufforderung, es zu verändern, nicht neu zu formulieren, sondern einfach wieder zurückzuschicken mit dem Vermerk, dass es verändert worden sei. Er bekam es mit der Aufforderung zurück, dass es schon besser formuliert, aber immer noch nicht korrekt sei. Dies lief mehrere Male so ab, wobei der gemobbte Mitarbeiter es nicht ein einziges Mal veränderte. Nach dem vierten Einreichen des immer gleichen Protokolls wurde ihm bestätigt, dass es nun endlich richtig sei. Ganz abgesehen davon, dass dies einen guten Beweisbaustein für das Arbeitsgericht darstellen würde, zeigt es auf plastische Art und Weise, wie systematisch Mobber vorgehen, um Mitarbeiter psychisch zu terrorisieren.

Was nie unterschätzt werden darf, ist, dass die Nerven des Mobbers nicht unendlich belastbar sind. Vor allem dann nicht, wenn bereits die anderen Methoden zum Einsatz gekommen sind.

Zermürbung bedeutet, sich die kleinen Dinge des Alltags zunutze zu machen, die dem Mobber das Leben schwer machen könnten. Den eigenen Wagen beispielsweise so lange auf dessen Parkplatz zu stellen, bis es nicht mehr möglich ist; ihn mit Anrufen zu traktieren (Blockieren der Telefonleitung), bis es nicht mehr möglich ist; Anfragen über Anfragen zu stellen, bis es nicht mehr möglich ist; den Mobber auf dem Weg nach Hause oder auf dem Weg zum Büro abzufangen und ihn mit Fragen zu belästigen und, und, und ...

Wichtig ist natürlich bei all diesen Aktionen möglichst keine Zeugen zu haben, insbesondere, wenn die Taktik der Nadelstiche mit der Verunsicherung des Mobbers kombiniert werden soll. Wie bereits erwähnt, für sich allein genommen bewirkt das Setzen von Nadelstichen nur wenig, doch in der Summe sind sie von großer Schlagkraft.

Ziel ist es, den Mobber so lange zu reizen, bis seine Widerstandskraft erlahmt. Ist er ein vielbeschäftigter Mensch, der sich eigentlich nur auf seine Hauptaufgaben konzentrieren will, muss ihm das erschwert werden. Alles, was ihn aus seiner Konzentration bringt, ist hilfreich und sinnvoll. Hindert man ihn am Arbeiten, ist das eine wirkungsvolle Taktik.

Bei Personen jedoch, die eher das Arbeiten vermeiden

wollen, ist es wichtig, sie zum Arbeiten zu bringen. Auch dies kann mittels ständiger Anfragen geschehen, eventuell durch Kundenmobilisierung (natürlich anonym). Eine gewisse Respektlosigkeit gegenüber dem Mobber und auch gegenüber dem mobbenden oder das Mobbing ignorierenden Unternehmen ist natürlich notwendig, um diese Aktionen planen und ausführen zu können.

Wichtig ist zu begreifen, dass die Respektlosigkeit gegenüber dem Betroffenen schon vor langer Zeit begonnen hat und dass ein Mobber oder ein mobbendes Unternehmen keinen Respekt verdient hat, wenn er oder es sich derartig verhält.

Das Über-Bande-Spiel

Beim Billard muss die Kugel, die in einem Loch versenkt werden soll, mit dem Queue nicht direkt angespielt werden. Es besteht die Möglichkeit, eine andere Kugel anzustoßen, welche die Kugel in Bewegung setzt, die eingelocht werden soll.

Das Über-Bande-Spiel funktioniert nach genau diesem Prinzip. Nicht immer sind der Mobber und vor allem das mobbende Unternehmen direkt angreifbar. Im Falle eines Mobbings unter Kollegen, wenn mehrere Mitarbeiter eine Person psychisch terrorisieren, kann der identifizierte Hauptmobber so mächtig sein, dass ein direkter Angriff auf ihn zu keinem großen Erfolg führen würde.[220] Dann ist es ratsam, sich auf einen der Mitmobber zu konzentrieren, dessen Unterstützung für den Hauptmobber sehr wichtig ist.

Schickt ein Unternehmen einen Auftragsmobber vor, dann kann in den meisten Fällen nur der Auftragsmobber bekämpft werden, insofern er bei seinen Aktionen keine Unterstützung durch von ihm akquirierte Mitmobber hat.

In einer Firma wurde eine Mitarbeiterin von ihren Kolleginnen gemobbt. Hauptmobberin war eine jüngere, ihr formal nicht übergeordnete Kollegin, die zusätzlich von einer weiteren älteren Kollegin unterstützt wurde. Offensichtliches Ziel der Hauptmobberin war, die Mitarbeiterin zum Verlassen des Dreier-Teams zu zwingen. Da die Hauptmobberin die Geliebte des Geschäftsführers war, war ein direktes Vorgehen gegen sie nicht so einfach möglich. Ebenso stand die Frage im Raum, ob sie nicht auf Geheiß des Geschäftsführers handelte. Einen Angriffspunkt bildete jedoch die ältere Kollegin, die sich vor jeder Arbeit zu drücken versuchte.

Die von Mobbing betroffene Mitarbeiterin ließ sich zweimal über einen längeren Zeitraum krankschreiben. Dies führte dazu, dass die ältere Kollegin zwangsweise die Arbeit der Krankgeschriebenen übernehmen musste. Als die gemobbte Mitarbeiterin nach der zweiten Krankschreibung wieder in die Firma kam, suchte sie ein Gespräch unter vier Augen mit der älteren Kollegin. Sie machte ihr deutlich, dass derartige Krankschreibungen immer wieder vorkommen könnten und der Arbeitsaufwand für sie sich aufgrund dessen für Monate massiv erhöhen würde. Des Weiteren machte sie ihr deutlich, dass sie eine Klage wegen Mobbings gegen sie anstreben würde, um sie auf Schadensersatz zu verklagen.

Schon bald wurde für die gemobbte Mitarbeiterin spürbar deutlich, dass sich die ältere Kollegin zunehmend aus dem Mobbinggeschehen zurückzog. Auch die Hauptmobberin stellte nach einer gewissen Zeit ihr mobbendes Verhalten ein, wahrscheinlich, weil sie sich allein für zu schwach hielt, ihr Ziel weiterzuverfolgen.

Eine andere Möglichkeit, das Über-Bande-Spiel einzusetzen wäre, die – falls vorhanden – Neben-Mobber gegen den Haupt-Mobber aufzuhetzen, Zweifel zu säen, sodass sie ihm die Unterstützung verweigern.[221]

Ein Unternehmen an sich ist nur in sehr seltenen Fällen direkt angreifbar, etwa wenn der Geschäftsführer des Unternehmens auch gleichzeitig der Inhaber ist. Hier ist dann das Image des Unternehmens der Angriffspunkt für ein Über-Bande-Spiel. Insbesondere in kirchlichen Einrichtungen steht zumindest offiziell die »Menschlichkeit und Nächstenliebe« an erster Stelle. Hier insofern Druck auszuüben, das Mobbing öffentlich zu machen und damit einen Imageschaden anzurichten, kann dazu führen, dass das Mobbing eingestellt wird. Die Angst vor der Öffentlichkeit darf nicht unterschätzt werden. Man muss als Betroffener nur kompromisslos deutlich machen, dass man für diesen Schritt in die Öffentlichkeit bereit wäre. Denn ist die Drohung erst einmal ausgesprochen, kann sie nicht mehr zurückgenommen werden, ohne dass man dabei selbst unglaubwürdig wirkt.

Die Bereitstellung von Informationen

Bevor der Ansatz des Shareholder-Value – die einseitige Verpflichtung des Unternehmens nur noch den Aktionären gegenüber – sich weltweit ausbreitete, herrschte der Stakeholder-Value-Ansatz vor. Dieser besagte, dass das Unternehmen als Ganzes oder der Unternehmer sich den Mitarbeitern und seiner Stadt gegenüber verpflichtet fühlte.[222]

In manchen größeren Unternehmen wird Gesundheitsmanagement betrieben. Hier geht es darum, die Mitarbeiter gesund zu erhalten. Es wird ihnen verdeutlicht, dass sie für das Unternehmen wichtig sind. So genannte »Rückkehrgespräche« aus dem Krankenstand sollen unter anderem den aus dem Krankenstand in das Unternehmen zurückgekehrten Mitarbeitern helfen, sich wieder in den Arbeitsprozess optimal einzufinden.

Letztlich muss klar sein, dass es bei allen diesen Aktionen nicht um den Menschen als Menschen geht, sondern lediglich um die Erhaltung seiner Arbeitskraft. Letztlich muss ebenfalls klar sein, dass es nur um ein gegenseitiges Geschäft geht, bei dem der Arbeitnehmer Arbeit gibt und der Arbeitgeber Arbeit nimmt: zu einen festgesetzten Gehalt für eine bestimmte Arbeitszeit.

Ersetzbar ist jeder Mitarbeiter nach wie vor. So wichtig er für ein Unternehmen auch erscheinen mag. Und stellt er ein zu großes Kostenrisiko dar, wird ihm gekündigt oder eben so lange gemobbt, bis er kündigt.

Loyalität ist keine Einbahnstraße. Sie gilt nicht nur dem Arbeitgeber, sondern auch dem Arbeitnehmer. Wird diese Loyalität einseitig gekündigt, gibt es nicht den geringsten Grund dafür, als Arbeitnehmer noch loyal zu sein.

Da die Wahrscheinlichkeit sehr hoch ist, dass früher oder später ein Arbeitsverhältnis mit unfairen Mitteln beendet werden soll, ist es ratsam, dass Arbeitnehmer vom Tag ihrer Anstellung an das Unternehmen auf Schwachstellen abtasten, Informationen über das Unternehmen sammeln, die man im Ernstfall gegen es einsetzen könnte.[223] Insbesondere langjährig beschäftigten Mitarbeitern werden früher oder später Missstände auffallen, die, wenn man sie publik machen würde, dem Unternehmen Schaden zufügen würden. Es ist auch sinnvoll, »Dossiers« über Kollegen und Vorgesetzte anzulegen, um eventuell herausgefundene verwertbare Informationen zu irgendeinem Zeitpunkt zum Schutz der eigenen Person einzusetzen.

Wenn man bedenkt, wie rücksichtslos Mobber oder mobbende Unternehmen vorgehen, sind Skrupel hier alles andere als angebracht. Dabei muss bei der Bereitstellung von Informationen zweierlei beachtet werden: die Drohung und die Umsetzung der Drohung.

Zum einen kann mit der Bereitstellung von Informationen aus der Überlegung heraus gedroht werden, dass sie ein Umsetzen der Drohung nicht erforderlich macht. Sie soll den Mobber oder das Unternehmen insofern gefügig machen, dass er oder es auf eine Forderung eingeht, um größeren Schaden zu vermeiden. Dabei ist zu bedenken, dass eine einmal ausgesprochene Drohung nicht ohne Nachteil für den Drohenden zurückgenommen werden kann. Denn er macht sich damit unglaubwürdig und wird nicht mehr ernst genommen. Wer droht, muss bereit sein, die Drohung umzusetzen. Ohne diese Bereitschaft sollte sie nicht ausgesprochen werden.

Hierbei kann eine Drohung oder der Vollzug der Bereitstellung von Informationen auch im Rahmen der Simulation erfolgen. Im nächsten Kapitel wird dies am Beispiel von Herrn Mertensbacher deutlich werden.

Setzt man die Methode der Bereitstellung von Informationen erfolgreich ein, besteht zwar die Möglichkeit, im Unternehmen mobbingfrei zu verbleiben, doch muss dieser Verbleib deshalb nicht zwangsläufig von Dauer sein. Informationen haben unter Umständen ein Verfallsdatum. Sie wirken möglicherweise nur innerhalb eines gewissen Zeitfensters. Deshalb kann es angebracht sein, das Verlassen des Unternehmens vorzubereiten. Alternativ wäre es möglich, durch die Bereitstellung von Informationen nur auf eine Abfindungssumme hinzusteuern, die höher liegen sollte als die, die gesetzlich vorgeschrieben ist.[224]

Je brisanter die Informationen sind, umso höher kann die Summe sein, die erstritten werden soll. Mit Zuhilfenahme eines Rechtsanwaltes – sofern dieser sich darauf einlässt – kann über entsprechende vorsichtige Formulierungen darauf hingearbeitet werden.[225]

Die Verunsicherung der Mobber

Die Verunsicherung der Mobber wird allein schon dadurch in Gang gesetzt, dass sich ein Betroffener mit den oben ausgeführten Methoden zur Wehr setzt. Doch um das Herz des Mobbers zu treffen, bedarf es mehr. Wie bei der Lektüre dieses Buches deutlich geworden sein sollte, geht es dem Mobber um die Erhöhung seiner Person beziehungsweise seines Sicherheitsgefühls – dafür erniedrigt er andere Menschen. Über das Leiden seiner vermeintlichen Opfer zieht er den größtmöglichen Gewinn.

Die formale und reale Macht, die ein Mobber über sein von ihm so deklariertes Opfer hat und ausübt, ist diesem im Allgemeinen nicht zu nehmen. Ein Vorgesetzter bleibt ein Vorgesetzter, ein Kollege, der das Team hinter sich weiß, befindet sich in einer starken Machtposition. Doch die persönliche Macht, die ein Mobber aufgrund seiner Handlungen über den Gemobbten zu haben glaubt und was ihm erst den »Kick« der Überlegenheit vermittelt, diese persönliche Macht kann massiv verunsichert werden.

Der Mobber ist sich der Wirksamkeit seiner Handlungen bewusst, befindet sich aufgrund seiner Durchsetzungsmacht in einer überlegenen Position, weiß die Gesellschaft hinter sich – da sie ihn nicht stoppt, fühlt er sich unangreifbar. An Gegenwehr vonseiten des Betroffenen denkt er nicht, außer in einigen für ihn hilflos erscheinenden Abwehrbewegungen seines Opfers.

Die berechtigte Frage, die sich in diesem Zusammenhang stellt, ist die, ob der Mobber seinen Psychoterror ausübte, wenn er nicht über die dafür nötige Durchsetzungsmacht verfügen würde? Denn da das Mobbing immer aus einer überlegenen Position heraus vollzogen wird, zeigt dies viel von der Persönlichkeit des Mobbers und, was nicht unbedingt auf den ersten Blick erkennbar ist: seine grundlegende Feigheit. Es ist zu bezweifeln, dass er einen Menschen erniedrigen, demoralisieren, psychisch zerstören würde, wenn er ganz alleine auf sich gestellt wäre, wenn der Ausgang ungewiss wäre oder der zu Mobbende sich mit ihm auf gleicher Höhe befinden würde.

Erst mit dem Wissen, in seinen Aktionen unangreifbar zu sein, stellt sich bei ihm der »Mut« ein, das zu tun, was er tut.

Ist der Mobber grundlegend feige – und davon wird hier ausgegangen –, gibt es für ihn nichts Verunsichernderes, als in seinen Handlungen und in seiner persönlichen Überlegenheit nicht ernst genommen zu werden.[226]

In dem Buch »Der Name der Rose« von Umberto Eco gibt es eine Stelle, an welcher der des Mordes an seinen geistlichen Brüdern überführte Mönch Jorge dem Hauptprotagonisten des Buches, William von Baskerville, einen Vortrag über das Lachen hält, in dem er zum Ausdruck bringt, dass das Lachen den Respekt vor den heiligen Dingen des Lebens nimmt. Und es nimmt jemandem die Macht über andere Menschen. So tötete Jorge seine Mitbrüder, um das Lachen zu bekämpfen.

Übertragen auf den Prozess des Mobbings ist das Auslachen, das Lächerlich-Machen des Mobbers dessen größte Qual. Wie soll sich jemand fühlen, der sich überlegen wähnt und trotzdem ausgelacht wird? Wie kann er sich seiner Macht noch subjektiv sicher sein, wenn sie nicht anerkannt und stattdessen mit Hohn und Spott quittiert wird – natürlich unter vier Augen?

Dies demoralisiert den Mobber. Es konfrontiert ihn mit seiner tief in ihm sitzenden Angst vor Unsicherheit, Kontrollverlust und Ohnmacht. Es schürt seinen Hass und seinen Willen, sein von ihm so deklariertes Opfer wieder in die ihm gebührende hilflose Position zurückzustoßen.

Die Wahrscheinlichkeit, dass der Mobber nun Fehler begehen wird, die wie schon erwähnt unter Umständen vor dem Arbeitsgericht Verwendung finden oder die als Druckmittel in der Firma eingesetzt werden könnten, erhöht sich massiv.

Wenn dem Mobber mit einem ständig überheblichen

Lächeln begegnet wird, wenn dessen Bemerkungen, Anordnungen ständig auf Hohn und Spott treffen, wenn mit übertriebener Höflichkeit oder sogar Freundlichkeit auf den Mobber reagiert wird, wenn er regelrecht ausgelacht wird bei dem, was er einem androht, wenn gezielt an ihm vorbeigeredet wird, erschüttert dies die Überlegenheit des Mobbenden auf das Stärkste.[227]

Das ständige überhebliche Lächeln des Gemobbten vermittelt dem Mobber eine unausgesprochene, aber deutlich spürbare Botschaft: »Ich habe keine Angst vor dir. Du bist eine lächerliche Person!«[228]

Übertriebene Höflichkeit oder Freundlichkeit, gepaart mit Hohn und Spott, eingesetzt als ironische Stilmittel, erschüttern ebenfalls die Überlegenheit des Mobbers[229] und zeigen die Verachtung, die man für ihn empfindet. Bemerkungen wie »Na, heute wieder in Mobbing-Laune?«, »Heute schon gemobbt?«, »Sie haben mich heute noch nicht gemobbt. Sind Sie etwa krank? Das täte mir aber leid«, »Ich kann es kaum erwarten, dass durch Sie mein Tag wieder etwas spannender wird« sind hervorragend geeignet, um eigene Überlegenheit und Stärke aufzubauen und zu demonstrieren.

Auch die Ganser-Technik kann problemlos im Kontext des Notwehr-Mobbings eingesetzt werden. Sigbert Josef Maria Ganser, ein deutscher Psychiater des ausgehenden 19. Jahrhunderts, beschrieb dieses Aneinander-Vorbeireden als eine psychiatrische Krankheit, die sich als das Ganser-Syndrom noch heute im wissenschaftlichen »Katalog« aller psychischen Störungen befindet.[230]

Der Aphoristiker, Übersetzer und Völkerkundler Hans Jürgen von der Wense setzte dieses gezielte Aneinander-Vorbei-reden im Umgang mit Nationalsozialisten ein, um vor ihnen Ruhe zu haben. So schreibt er:

»Es kann mich niemand hindern, unvernünftig zu ant-worten auf lästige Fragen. Neulich: ›H.H. Ich bin der Block-wart. Möchte fragen, welche Zeitung Sie lesen.‹ Ich: ›Danke sehr! Bestellen Sie bitte einen schönen Gruß, und wir wür-den sehr gerne kommen.‹ Er: näher, laut: ›Blockwart…Zei-tung lesen.‹ Ich: ›Doch doch! Erste Straße links, drittes Haus. Also viele Grüße.‹ Tür zu!«[231]

Übertragen auf eine Unter-vier-Augen-Begegnung mit dem Mobber würde es beispielsweise bedeuteten, auf eine Frage oder ein Statement eines Mobbers nicht direkt zu reagieren und stattdessen etwa zu antworten: »Sie haben völlig recht, das Gemüse in Supermärkten ist wieder teurer geworden!«

Deutlicher kann man einer Person nicht vermitteln, dass man sie nicht ernst zu nehmen bereit ist.

Aus der Distanz betrachtet, erscheinen die Vorgehens-weisen bei dieser Methode wiederum als lächerlich und kin-disch. Doch sie eignen sich, um dem Mobber zu verdeut-lichen, dass man ihn nicht ernst nimmt, ihn für lächerlich hält, ihn als eine Witzfigur betrachtet. Mit dem nötigen Ernst praktiziert, bleibt der Erfolg nicht aus.

In diese Methode spielt die Nadelstich-Technik mit hinein. Im Zusammenspiel mit den anderen Methoden zerfällt im Laufe der Zeit die persönliche Macht und Sicherheit des Mobbers.

Nun dämmert ihm, dass er einen Gegner vor sich hat und kein Opfer mehr. Die Karten sind neu gemischt.

Das Notwehr-Mobbing in der Praxis –
Der Fall Mertensbacher

Wenn ich dem Feind gegenüberstehe, ist es natürlich
wie in finsterer Nacht. Wenn ich jedoch nur ein wenig mein
Herz zur Ruhe bringe, ist es, als würde der Mond schwach
scheinen. Wenn ich dann losschlage, fühle ich, dass ich
nicht verwundet werde.

Baba Mino-no-kami, zitiert in Tsunetomo

Herr Mertensbacher, 57 Jahre alt, ist Abteilungsleiter in einem überregional tätigen Unternehmen, in dem er seit dreißig Jahren arbeitet. Er hat zwei Kinder, die studieren, und eine herzkranke Frau. Vor sechs Jahren hat er sich ein Haus gekauft, das noch abbezahlt werden muss.

Er wird seit etwa eineinhalb Jahren gemobbt.

Fast ein halbes Jahr war ihm nicht bewusst, dass er gemobbt wurde. Er bemerkte in dieser Zeit lediglich, dass sich sein Arbeitspensum ständig zu erhöhen begann. Immer wieder bekam er neue Aufgaben zugeteilt, die in immer kürzerer Zeit erledigt werden sollten.

Vor neun Monaten hatte er einen neuen Chef bekommen,

Herrn Glaser, 38 Jahre alt. Mit viel Mühe schaffte es Herr Mertensbacher, dessen Anforderungen gerecht zu werden. Dabei fiel ihm auf, dass die anderen Abteilungsleiter wesentlich weniger zu leisten hatten als er, Herr Mertensbacher dachte aber nicht weiter darüber nach. Weiter fiel ihm auf, dass ihm wichtige Termine nicht oder zu spät mitgeteilt wurden.

Herr Glaser war durchgehend freundlich zu ihm und lobte stets seine Arbeit.

Eines Tages wird nun Herrn Mertensbacher von Herrn Glaser Fehlverhalten vorgeworfen. Die Vorwürfe sind sachlich nicht korrekt, doch Herr Glaser erhält sie aufrecht und stattet Herrn Mertensbachers bisherigen Stellvertreter, Herrn Simon, 36 Jahre alt, mit neuen Kompetenzen aus, die in letzter Konsequenz dazu führen, dass sie beide einander hierarchisch nun fast gleichgestellt sind.

Herr Mertensbacher bekommt zufällig mit, wie Herr Glaser und Herr Simon sich über ihn auf der Toilette unterhalten, wobei Herr Simon den Auftrag erhält, den Druck auf Herrn Mertensbacher zu erhöhen. Herr Simon verhält sich Herrn Mertensbacher gegenüber immer häufiger respektlos und lässt in Gesprächen immer wieder einfließen, dass er ihn für zu alt für seine Position hält.

Langsam wird Herrn Mertensbacher bewusst, dass sein Vorgesetzter ihn mobbt. Er frischt seine Kontakte zu den Sekretärinnen der Firma auf. So erfährt er nach einiger Zeit, dass eine Sekretärin unter dem Siegel der Verschwiegenheit von der Chefsekretärin erfahren hat, dass das Unternehmen verschlankt werden müsse, unter anderem sei auch die Stelle von Herrn Mertensbacher betroffen. Seine Abteilung soll ganz aufgelöst und einer anderen Abteilung zugeordnet werden. Innerhalb der nächsten drei Jahre sollen insgesamt 15 Stellen eingespart werden.

Herr Mertensbacher wusste von einer Analyse durch eine Unternehmensberatung. Ihm und seinen Kollegen war jedoch mitgeteilt worden, dass sich in der Firma keine Veränderungen ergeben würden.

Er entscheidet sich für ein Notwehr-Mobbing. Er weiß, dass er vom Betriebsrat keine Unterstützung bekommen wird, da dessen Vorsitzender sich zum einen noch nie für seine Kollegen eingesetzt hat und zum anderen mit Herrn Glaser befreundet ist.

Herr Mertensbacher vermutet, dass es beschlossene Sache ist, sich von ihm zu trennen. Er weiß, dass er mit 57 Jahren nie mehr eine adäquate Stelle mit dem gleichen Verdienst bekommen würde. Er weiß, dass es nur zwei Möglichkeiten gibt, die Firma zu verlassen: durch eine freiwillige Kündigung oder indem er zwangsweise aufgrund physischer oder psychischer Probleme frühverrentet wird.

Beides kann sich Herr Mertensbacher finanziell nicht leisten.

Ihm wird klar, dass er weiter massiv unter Druck gesetzt werden wird, dass seine Arbeitsleistungen falsch bewertet werden, dass er aufgrund enormer Arbeitsverdichtung früher oder später Fehler machen wird, dass sein Stellvertreter ihn beobachten, seine Entscheidungen unterlaufen oder ihn zu Fehlentscheidungen verleiten soll.

Herr Mertensbacher überprüft seine Möglichkeiten: Zu kündigen ist für ihn ausgeschlossen. Mit einer Abfindung, die höher wäre als die, die ihm per Gesetz zustehen würde, wenn man ihm kündigte, könnte er es finanziell bis zu seiner Verrentung schaffen. Mit einer regulären Abfindung ginge es nicht.

Zu bleiben, ohne zu kämpfen, ist für ihn keine Option, da er weiß, dass sein Vorgesetzter nicht aufhören wird, ihn zu mobben, und dass er das Mobbing nicht über Jahre psychisch und physisch aushalten könnte.

Er entschließt sich dafür, zu bleiben und zu kämpfen. Ein zu erreichender Waffenstillstand erscheint ihm sehr unwahrscheinlich, da Stellen nach Vorgabe eingespart werden müssen. Er selbst müsste noch acht Jahre arbeiten.

Was ihm nach Abwägung aller Optionen möglich erscheint, ist, dass er durch seine Bereitschaft zu kämpfen seinem Vorgesetzten signalisiert, dass er bereit wäre, mit einer höheren Abfindung das Unternehmen zu verlassen.

Er identifiziert Herrn Glaser als Haupt-Mobber und Herrn Simon als Mit-Mobber. Ob Herr Glaser aus eigenen Karrieregründen mobbt oder ob er als Auftragsmobber fungiert, ist für ihn nicht erkennbar. Für einen späteren Zeitpunkt behält er sich deshalb vor, das Mobbing öffentlich zu machen und sich damit an seine nächsthöheren Vorgesetzten zu wenden. Auf diese Weise will er herausfinden, inwieweit das Mobbing von der Unternehmensführung geduldet, veranlasst oder unterbunden wird.

Zunächst beginnt Herr Mertensbacher mit der Recherche über Herrn Glaser. Er findet heraus, dass dieser vor seiner Anstellung im Unternehmen schon in zwei anderen kleineren Firmen gearbeitet hat. In der ersten Firma wurde er entlassen, weil er der Jüngste im Unternehmen war. Über Glasers Zeit im zweiten Unternehmen findet er erst einmal nichts heraus. Dann gerät er an einen ehemaligen Kollegen, der ihm bereitwillig erzählt, dass Herr Glaser im Verdacht stand, Unterschlagungen begangen zu haben. Es konnte ihm allerdings nie nachgewiesen werden, und die Beweislage wäre sehr dünn gewesen. Vermutet wurde auch, dass alles nur ein Gerücht hätte sein können.

Herr Mertensbacher baut die Tafel zur Fremdanalyse auf.

Die Stärken von Herrn Glaser: Zielbewusst, dominant, selbstsicheres und scheinbar verbindliches Auftreten, machtorientiert, karrierebesessen: Er will in den Vorstand.

Seine Schwächen: Ungeduld, phasenweise herrisches Auftreten.

Kompetenzen sind vorhanden.

Inkompetenzen sind nicht bekannt.

Hervorstechende Persönlichkeitszüge: Sehr selbstverliebt, er hält sich für wichtig. Die Meinungen anderer interessieren ihn nicht wirklich. Herr Glaser hat narzisstische Persönlichkeitszüge.

Sein soziales Verhalten ist nach außen hin hervorragend.

Feinde im Unternehmen hat er nicht.

Er verfügt über eine durchschnittliche Intelligenz. Er agiert systematisch, macht sich Pläne.

Die Beziehungen zu den Mitarbeitern sind distanziert, aber freundlich bis jovial. Die meisten Mitarbeiter im Unternehmen stehen ihm eher gleichgültig gegenüber. Manche finden ihn sympathisch.

Auffällige Verhaltensweisen sind nicht festzustellen. Seine

Reputation im Unternehmen ist gut, sein Führungsverhalten formal zufriedenstellend.

Herr Glaser flirtet gern mit gutaussehenden Frauen, die ihn jedoch eher abweisen, da er kein attraktiver Mann ist.

Was er nicht ertragen kann, ist Widerspruch.

Auf die gleiche Weise verfährt Herr Mertensbacher mit Herrn Simon, den er bereits seit über 15 Jahren kennt. Herr Simon ist eine Person, die sich immer an den Mächtigen orientiert. Herr Mertensbacher weiß, dass Herr Simon gern seine Position einnehmen würde. Dieser ist unsicher in seinem Verhalten und eher unbeliebt in der Firma. Er orientiert sich strikt an Vorgaben und zeigt keine Eigeninitiative.

Bei der Hintergrundrecherche über das Unternehmen erfährt Herr Mertensbacher keine großen Neuigkeiten, außer dass in den letzten zehn Jahren insgesamt drei Unternehmensberatungen hier tätig waren. Und dass erst, nachdem der Vorstand vor etwa zwei Jahren fast vollständig ausgewechselt wurde, neue interne Unternehmensziele entwickelt wurden, die auch umgesetzt wurden. Dabei veränderte sich das Klima im Unternehmen. Es folgten Arbeitsverdichtungen auf Arbeitsverdichtungen. Neue Stellen wurden nicht geschaffen. Alte Stellen nicht nachbesetzt, sondern gestrichen.

Orientierte sich das Unternehmen davor stark an seinen Mitarbeitern, wird dies vom Geschäftsführer und dem Vorstand zwar weiter propagiert, aber im Unternehmen nicht mehr gelebt.

Das Image ist der Firma sehr wichtig.

Obwohl Herr Mertensbacher seit 30 Jahren im Unternehmen arbeitet, ist ihm nie etwas zu Ohren gekommen, was in die Richtung gehen könnte, dass das Unternehmen »Leichen im Keller« haben könnte. Außerdem befindet er sich nicht in der Position, um an solcherart Informationen heranzukommen.

Bei der Eigenanalyse ergibt sich für Herrn Mertensbacher folgendes Bild:

Seine Stärken liegen im konzentrierten Arbeiten, auf seiner auf Harmonie bedachten Führung, die allerdings nicht zu jedem Preis erfolgt. Er ist dem Unternehmen gegenüber sehr loyal. Im Rahmen seines Führungsverhaltens ist er sehr sachlich und zielorientiert.

Seine »Schwächen« liegen in seiner Loyalität dem Unternehmen gegenüber. Er ist ein ausgesprochen friedfertiger Mensch, dem man ansieht, dass er nicht gerne Auseinandersetzungen führt, obwohl er sie führen kann. Es ist ihm wichtig, dass seine Vorgesetzten ihn positiv wahrnehmen. Er ist beinahe zwanghaft korrekt in der Ausübung seiner Tätigkeiten. Aufgrund dessen benötigt er längere Zeit, um seine Aufgaben auszuführen. Danach ist seine Arbeit allerdings nahezu perfekt. Es ist ihm wichtig, keine Fehler zu machen.

Seine Kompetenzen sind vorhanden.

Inkompetenzen gibt es keine.

Sein hervorstechendes Persönlichkeitsmerkmal ist sein Perfektionismus.

Er ist im Unternehmen beliebt. Sein Führungsverhalten wird geschätzt.

Auffällige Verhaltensweisen sind sein Perfektionismus und sein Bedürfnis nach Harmonie und seine Loyalität gegenüber der Firma.

Seine Reputation im Unternehmen ist gut.

Sein Ziel: Mit 65 Jahren in Rente zu gehen und bis dahin gute Arbeit zu leisten.

Herr Mertensbacher lernt, insbesondere die Voraussetzungen »die Überwindung des schlechten Gewissens«, »die Entschlossenheit, Druck auszuüben«, »die Akzeptanz der Eskalation« und »die bedingungslose Konzentration auf die eigenen Interessen« zu verinnerlichen. Letzteres fällt ihm sehr schwer, da er ein sehr sozial eingestellter Mensch ist, was sich jedoch jetzt in der Mobbingsituation als ein eklatanter Schwachpunkt herausstellt.

Herr Mertensbacher stellt eine Linie zwischen Herrn Glaser und Herrn Simon her. Die Beziehung zwischen den beiden ist rein geschäftlich. Herr Mertensbacher geht davon aus, dass Herr Glaser ihn lediglich für seine Ziele ausnutzt. Er vermutet, dass sein Vorgesetzter Herr Simon versprochen oder angedeutet hat, dass dieser die Position von Herrn Mertensbacher bekommen soll, wenn dieser die Firma verlassen hat. Dies wird im Folgenden noch eine wichtige Bedeutung für das Notwehr-Mobbing haben.

Bei der Auswahl und Reihenfolge der Methoden geht Herr Mertensbacher zunächst standardmäßig vor. Er beginnt mit der Basis-Simulation und der Basis-Dissimulation: Bisher konnte man Herrn Mertensbacher immer sehr gut anmerken, dass er arbeitsmäßig überfordert war. Seitdem er weiß, dass er gemobbt wird, ist er in seinem Verhalten fast allen Mitarbeitern gegenüber unsicherer geworden, insbesondere gegenüber Herrn Simon, der sich immer mehr wie der eigentliche Abteilungsleiter aufführt.

Er trainiert, sich so gelassen und zuversichtlich zu verhalten (Vortäuschung), dass ihm niemand mehr seine Besorgnis und Angst anmerkt (Verbergen). Er lacht häufiger und macht Scherze – so wie früher.

Herrn Simon gegenüber verhält er sich jedoch aus taktischen Gründen in Zweiergesprächen nach wie vor fast unterwürfig. Er erzählt ihm, dass er seine Stärke den anderen gegenüber nur vortäuschen würde. Eigentlich sei er mit seinen Kräften am Ende, und er habe im letzten Bericht einen großen Fehler gemacht, und er hoffe, dass dies niemand bemerken würde. Herr Simon zeigt Verständnis und verspricht, zu schweigen. Herr Mertensbacher ist ihm dankbar.

Bereits am nächsten Tag wird Herr Mertensbacher zu Herrn Glaser zitiert. Dieser zeigt auf die vermeintlich falsche Berechnung im Bericht und droht ihm Konsequenzen an. Er wirft ihm Unfähigkeit vor und dass er den Vorstand über sein Fehlverhalten informiert habe. Man würde ihn schriftlich abmahnen. Und er solle sich überlegen, ob er nicht frühzeitig in den Ruhestand gehen wolle, da er der Firma jetzt viel Geld gekostet habe.

Herr Mertensbacher ist auf das Gespräch vorbereitet. In aller Ruhe unterbreitet er seinem Vorgesetzten, dass er keinen Fehler gemacht habe, und fragt ihn, wie er darauf gekommen sei. Er weist ihm nach, dass alle Zahlen stimmen. Dann steht er auf und verlässt ohne ein weiteres Wort den Raum.

Der Kampf ist offiziell geworden.

Lächelnd empfängt Herr Mertensbacher Herrn Simon zum nächsten Gespräch, ohne auf den Vorfall einzugehen. Er tritt ihm gegenüber stark und selbstbewusst auf und drängt ihn fast spielerisch wieder in seine alte offizielle Position zurück.

Weder Herr Glaser noch Herr Simon können Herrn Mertensbacher noch einschätzen. Das tut diesem sehr gut. Er fühlt sich wohler und dem Kampf gewachsen.

Er wird weiterhin mit Arbeit überhäuft. Herr Mertensbacher macht deutlich, dass er sich sichtlich unterfordert fühlt, und fordert Mehrarbeit ein. Dies wird ihm gewährt.

Herr Mertensbacher lässt sich daraufhin für einen längeren Zeitraum krankschreiben. Die zeitlich gebundenen Aufträge können nicht erledigt werden. Herr Simon als sein Vertreter muss nun alle anstehenden Aufgaben zeitnah erledigen. Als Herr Mertensbacher wieder in die Firma zurückkehrt, trifft er auf einen völlig erschöpften Stellvertreter.

Er bittet ihn in sein Büro und fragt ihn unverblümt, ob dieser seine Position haben wolle. Herr Simon antwortet nicht, ist sichtlich verlegen. Herr Mertensbacher erklärt ihm, dass er aus sicherer Quelle wisse, dass seine Position in Zukunft eingespart werden würde und Herr Simon diese Position niemals bekommen wird. Außerdem solle die Abteilung einer anderen zugeordnet werden. Er deutet ihm gegenüber an, dass eine Allianz zwischen Herrn Simon und Herrn Glaser nur dazu führen würde, dass Herr Simon letztlich mit leeren Händen dastehen würde. Dies solle er sich überlegen. Zusätzlich deutet er ihm gegenüber an, dass er gern noch weitere Aufgaben von Herrn Glaser zugeteilt bekommen würde, und lächelt Herrn Simon daraufhin vielsagend an. Dann bittet er ihn, sein Büro zu verlassen. Seit diesem Gespräch hält sich Herr Simon zurück. Er stellt für Herrn Mertensbacher keine Bedrohung mehr da.

Etwa eine Woche später findet Herr Glaser auf seinem Schreibtisch einen verschlossenen Umschlag. In dem anonymen Brief steht: »Ich weiß, dass du in deiner alten Firma Geld unterschlagen hast!«

Eine weitere Woche später findet Herr Glaser hinter dem Scheibenwischer seines Autos eine weitere Nachricht: »Ich habe alle im Unternehmen über deine Unterschlagung informiert!«

Wieder einige Wochen später spricht Herr Mertensbacher Herrn Glaser auf dem Flur an und informiert ihn darüber, dass er weiß, dass dieser ihn aus der Firma mobben möchte, und wünscht ihm viel Glück dabei.

In all ihren zukünftigen Begegnungen verhält sich Herr Mertensbacher übertrieben freundlich zu Herrn Glaser.

Herr Glaser wirkt zunehmend unkonzentriert.

Als ihm Herr Mertensbacher eines Tages auf dem Flur begegnet, flüstert er ihm im Vorbeigehen zu: »Ich habe Beweise für Ihr Fehlverhalten«, und geht weiter.

Schritt für Schritt planen und vorgehen

Beim Notwehr-Mobbing ist es wichtig, genau zu bedenken, wann und welche Reaktion auf welche Aktion erfolgen soll. Die Information, dass Herr Glaser möglicherweise in seiner alten Firma Geld unterschlagen haben könnte, setzt er nicht sofort ein, sondern spart sie für einen geeigneten Zeitpunkt auf. Zunächst ist es ihm wichtig, im Unternehmen Stärke zu zeigen. Da er sich zuvor anders verhalten hat, besteht die Wahrscheinlichkeit, dass man ihm diese Stärke nicht abnimmt, sondern sie als Vortäuschung von Stärke interpretiert. Dies gesteht er Herrn Simon im Gespräch ein, woraufhin sein zweites Geständnis, einen großen Fehler in einer Berechnung gemacht zu haben, glaubhafter erscheint. Er geht davon aus, dass Herr Simon dies Herrn Glaser mitteilen wird. Aufgrund der Einschätzung von dessen Persönlichkeit geht Herr Mertensbacher davon aus, dass Herr Glaser den Fehler nicht überprüfen wird, sondern Herrn Simon glauben wird.

Von dem Zeitpunkt an, wo Herr Glaser bemerkt, dass er in eine Falle gelockt wurde, wird er Herrn Mertensbacher nicht mehr einschätzen können. Er weiß nicht, ob das bisher so interpretierte Vortäuschen von Stärke nicht vielleicht wirkliche Stärke war und ob die bisher so interpretierte Schwäche nur vorgetäuscht war. Dies macht es für Herrn Glaser viel schwieriger, Herrn Mertensbacher zu mobben. Zum anderen wird Herr Glaser Herrn Simon nicht mehr vertrauen können, da dieser die Lage falsch eingeschätzt hat.

Mit der angeforderten Mehrarbeit verfolgt Herr Mertensbacher den Plan, dass Herr Simon diese Mehrarbeit erledigen muss, da er sich gezielt krankschreiben lassen wird. Nach seiner Rückkehr aus dem Krankenstand zitiert er den sichtlich angeschlagenen Herrn Simon zu sich und informiert ihn über die Auflösung der Abteilung. Es ist nicht so entscheidend, ob Herr Simon ihm glauben wird. Es reicht, Verwirrung zu stiften. Dann macht er ihm unausgesprochen deutlich, dass er das Spiel mit der Mehrarbeit beliebig oft wiederholen kann. Damit hat er Herrn Simon schachmatt gesetzt.

Aus einem Zwei-Fronten-Krieg ist für Herrn Mertensbacher ein Ein-Fronten-Krieg geworden – und er nimmt sich jetzt Herrn Glaser vor. Er deponiert den Brief in dessen Büro. Selbst wenn Herr Glaser niemals eine Unterschlagung begangen hat, ist es seinem Ruf nicht zuträglich, wenn ein solcher Verdacht in der Firma auftauchen würde. Vor allem, weil er noch in der Firma Karriere machen möchte.

Es ist vorauszusehen, dass ihm der Brief schlaflose Nächte bereiten wird. Nach etwa einer Woche folgt die Information, dass die Firma über die Unterschlagung in Kenntnis gesetzt worden ist. Das ist zwar nicht der Fall – es handelt sich um ein Schein-Gerücht. Herr Mertensbacher spielt lediglich mit den Befürchtungen, die Herr Glaser jetzt haben wird. Denn in alle Gesten, Blicke, Bemerkungen von Kollegen und Vorgesetzten wird Herr Glaser nun hineininterpretieren, dass diese Leute von der »Unterschlagung« wissen. Seine Verunsicherung wird massiv steigen. Vor allem, wenn er keine Reaktion von Kollegen und Vorgesetzten auf die Anschuldigung hin bekommt.

Die Bemerkung von Herrn Mertensbacher, dass er von dem Mobbing weiß, ist nur ein Nadelstich. Die Bemerkung von Herrn Mertensbacher, dass er von Glasers Fehlverhalten weiß, ist hingegen ein gewaltiger Stich. Denn nun muss sich Herr Glaser fragen, ob es Herr Mertensbacher war, der ihm den Brief geschrieben und alle Mitarbeiter darüber informiert hat. Oder bezog sich die Bemerkung zum Fehlverhalten doch nur auf das Mobbing? Herr Mertensbacher wird für Herrn Glaser zu einer gefährlichen Person.

Herr Mertensbacher ist immer noch in der Firma beschäftigt. Herr Glaser hat das Mobbing eingestellt. Herr Mertensbacher hat ihm signalisiert, dass er gegen Zahlung einer höheren Abfindung bereit ist, die Firma zu verlassen. Die Verhandlungen laufen noch.

Ausblick: Wo bleibt die Hoffnung?

Die ganze Erziehung, die nicht nur unsere Kirche, sondern auch unsere Schulen abliefern, geht wesentlich dahin, daß wir anständige Menschen werden, beispielsweise daß wir nicht stehlen – sie geht nicht dahin, daß wir uns wehren, wo immer gestohlen wird, und daß wir für das Gute, das sie uns lehrt, kämpfen sollen. Das Gute, wir wissen es, läßt sich allerhöchstens in deiner eigenen Brust verwirklichen.
Ein guter Gedanke, gewiß, gut für die Herrschenden.
Max Frisch

Ein Blick in die Zukunft ist unweigerlich ein Blick in die Vergangenheit. Denn das gewalttätige Erbe, das der Mensch seit seiner Geburt mit sich trägt, kann er nicht ausschlagen. Die Wurzel der Gewalt – und sei es auch nur im Gewand psychischen Terrors – kann aus ihm nicht herausgerissen, sondern bestenfalls an ihren Spitzen beschnitten werden.

Wir sind gezwungen, mit den Hinterzimmern der menschlichen Psyche und denen der Gesellschaft zu leben. Wir können uns ihnen nur stellen und dafür Sorge tragen, dass ihre Mechanismen und automatisierten Abläufe zunehmend bewusster werden.

Ein Gegenmobbing aus Notwehr ist sicher nicht der Weisheit letzter Schluss. Aber es ist unverzichtbar in einer Gesellschaft, die häufig nur oberflächlich um ein friedliches Miteinander und gegenseitige Rücksichtnahme bemüht ist, solange der Einzelne dem Psychoterror schutzlos ausgeliefert ist. Dann reicht es nicht, selbst gut zu sein, sondern wir müssen uns gegen Unrecht wehren, wie auch Max Frisch verdeutlicht.

In Abwandlung von Karl Poppers Ausspruch, dass im Namen der Toleranz die Intoleranz nicht toleriert werden darf, darf im Namen der Humanität die Inhumanität nicht toleriert werden.

Das Quintett des Bösen ist mit den Mitteln des Guten, mit Kooperation, Empathie, Friedfertigkeit, Rücksichtnahme, Fairness und Ehrlichkeit nicht zu besiegen. Denn die Menschen, die das Quintett des Bösen verkörpern, verstehen das Gute nicht oder halten es für Schwäche. Auf diese Weise kann keine Waffengleichheit hergestellt werden, und das Ende des Menschlichen wäre weitgehend besiegelt. Sich bis zu einem gewissen Grad der Mittel des Bösen zu bedienen, ist so weit sinnvoll, wie der Gedanke der Humanität dabei nicht geopfert wird.

Die Ära des Mobbings ist noch lange nicht vorbei. Sie hat noch nicht einmal ihren Höhepunkt erlangt. In einer Zeit, die wieder einmal von massiven Verunsicherungen geprägt ist, reduziert sie den Menschen fast zwangsläufig auf den Gegensatz von Stärke und Schwäche. Sieht man das Massenphänomen Mobbing in diesem Zusammenhang als eine Facette von Ausgrenzung, dann sind die sogenannten zivilisierten Gesellschaften westlicher Prägung auf dem Weg, zu einer globalen Ausgrenzungsgesellschaft zu werden. In einer solch weltumspannenden Unkultur des Inhumanen würde der Mensch nur nach seiner Verwertbarkeit und Unverwertbarkeit beurteilt.

Wollen wir diesem Szenario des Inhumanen die Stirn bieten, dann dürfen wir das Schlachtfeld nicht den Machtmenschen überlassen, die nur ihren eigenen Interessen folgen. Auch wenn sich die Welt zurzeit im Fahrwasser einer alles überlagernden Ausgrenzungswelle bewegt, müssen wir nicht zwangsläufig weiter in diese Fahrtrichtung schwimmen. Die Fahrt kann verlangsamt, gestoppt, möglicherweise sogar umgekehrt werden.

Alles ist hierbei nur eine Frage der Zeit – wenn auch einer längeren. Denn ganz gleich ob Gesellschaft oder Individuum: beides unterliegt einem Prozess der permanenten Veränderung. Die Geschichte zeigt es. Nichts besteht auf Ewigkeit. Weder Humanität noch Inhumanität. Vielmehr oszillieren Gesellschaften und Individuen zwischen diesen beiden Extremen, wobei zeitweilig – oft über Jahre und Jahrzehnte hin – das eine oder das andere vorübergehend überwiegt, schlussendlich aber beides in einem mehr oder weniger stabilen Gleichgewicht bleibt.

Zurzeit ist es das globale Funktionssystem Wirtschaft, das allem seine binäre Logik des Verwertbaren und Nichtverwertbaren aufzwingt. Mit dieser simplen Ja-Nein-Logik geht der Ausverkauf des Menschlichen einher.

Es brauchte Jahrzehnte, bis das Funktionssystem Wirtschaft so an Macht gewann, dass es selbst Regierungen und

Staaten in die Knie zwingen konnte. Der einstigen Regulation des Marktes durch die Staaten folgte die Deregulierung des Marktes, die nur eine andere Form der Regulierung darstellt. Es sind nun ihre mächtigen Vertreter, welche die Deregulierung regulieren.

Heute sieht es so aus, als wäre der Siegeszug des Vampirkapitalismus nicht zu stoppen. Doch es sieht eben nur so aus.

Die Regulation des Marktes ist ein Schutzschild für die Allgemeinheit. So wie es im Straßenverkehr nicht ohne Regulation geht, geht es auch in der Wirtschaft nicht ohne sie. Würde jeder auf den Straßen fahren wollen, wie er wollte, wären es die Rücksichtslosen, welche den Rücksichtsvollen ohne die geringsten Skrupel jederzeit die Vorfahrt nähmen, Fahrradfahrer und Fußgänger an den Rand der Fahrbahn drängen würden.

Hier setzt die Hoffnung an, wenn Regierungen das täten, wofür sie von einem Volk gewählt worden sind: im Interesse dieses Volkes zu handeln. Ihre Bürger zu schützen. Für Bedingungen zu sorgen, unter denen Individuen menschlich werden und menschlich bleiben können. Denn ein Mensch kann nur unter menschlichen Bedingungen menschlich sein, wie es Gustav Herling, ein Überlebender von Stalins Gulag, ausdrückte.

Eine Utopie?

Nicht unbedingt, wenn man wiederum bedenkt, dass wir noch in einer Zeit leben, in der das Menschliche und der Solidaritätsgedanke nicht vollends an den Rand einer Gesellschaft gedrängt worden sind. Deshalb besteht die Aussicht, Humanität gegen Inhumanität erfolgreich positionieren zu können. Selbst, wenn es Jahrzehnte dauern kann, bis die Welle des Ausgrenzungswahns abgeschwächt oder sogar gestoppt werden könnte.

Wer oder was wäre dazu in der Lage? Es geht nicht nur um den persönlichen Widerstand Einzelner gegen die Gruppe ihre Macht missbrauchender Menschen. Es geht nicht nur um die Mobilisierung von Bürgern, die sich erheben und engagieren sollen. Es geht vor allem um die Bildung eines die Gesellschaft umfassenden Geistes von Solidarität, Empathie, Rücksichtnahme und Zivilcourage.

Ein Langzeitprojekt. Ohne Zweifel.

Wovon ist die Rede?

Es sind die Schulen unseres Landes.

Was können sie tun angesichts einer aus den sozialen Fugen gerissenen Welt? Sie sind die einzigen Orte, wo junge Menschen für einen langen Zeitraum zusammenkommen und lernen können, was es heißt, ein Mensch zu sein. Obwohl gerade an diesen Orten das Inhumane um sich greift, weil die Welt der Erwachsenen im Radius der kindlichen Sphäre ihre Kreise zieht. Dennoch: Hier besteht die realistische Möglichkeit, gezielt, systematisch und nachhaltig die Masse der Wegseher in den Schulklassen zu stärken gegen Intoleranz, Rücksichtslosigkeit und Egoismus. Hier können Zivilcourage und Solidarität unter dem Schutzmantel der Schule entwickelt werden, sodass Mobbing und andere Formen von Ausgrenzung sich nicht mehr entwickeln können.

Dafür müsste sich der bisher nicht oder nur unzureichend

erfüllte Erziehungsauftrag der Schulen verwirklichen: Kindern die Möglichkeit zu gewähren, sich zu Menschen zu bilden – und sie nicht darauf zu trainieren, Rechenmaschinen zu werden.

Auf dass es sich in späteren Zeiten im Interesse aller auswirkt.

Eine Hoffnung.

Mehr nicht.

Aber Hoffnung ist das Einzige, was bleibt.

Quellennachweis

1   Zweig, 1949
2   Müller, 2011
3   Leymann, 1994, 1995
4   Wyrwa, 2012
5   Teuschel, 2009
6   BAUA, 2009; Meschkutat/Stackelbeck/Langenhoff, 2002; Bündnis gegen Cybermobbing, 2014
7   Teuschel/Heuschen, 2013; Schäfer/Herpell, 2010
8   vgl. Zapf, 2004
9   Leymann, 1994; vgl. Zapf, 2004; BAUA, 2009
10 Wyrwa, 2012
11 Esser/Wolmerath, 2001; vgl. Glasl, 1999; Hirigoyen, 2004; Teuschel, 2009
12 Meschkutat et al., 2002; Bündnis gegen Cybermobbing, 2014; Teuschel, 2009
13 Teuschel/Heuschen, 2013
14 Leymann, 1994, 1995
15 Esser/Wolmerath, 2011; Gourmelon/Knabe-Gourmelon, 2002
16 Art. 6 EMRK §§ 286, 448,141 Abs.1, Satz 1 ZPO; vgl. auch: Ruberg, 2004
17 Wyrwa, 2012; Leymann, 1994, 1995
18 Meschkutat et al., 2002; vgl. Zapf, 1999, 2004
19 Teuschel/Heuschen, 2013; Schäfer/Herpell, 2010
20 Wyrwa, 2012; Bämayr, 2012
21 Wyrwa, 2012, 2016; Bämayyr, 2012
22 Meschkutat et al., 2002; vgl. Bündnis gegen Cybermobbing, 2014

23 Meschkutat et al., 2002
24 Meschkutat et al. 2002; vgl. Zapf, 1999, 2003
25 Clausewitz, 1980
26 Simon, 2008; Wyrwa 2012
27 Meschkutat et al., 2002
28 Zapf, 1999, 2000, 2004
29 Teuschel/Heuschen, 2013; Scheithauer/Hayer/Petermann, 2003
30 Arentewicz et al., 2009; Katzer, 2014; vgl. Ortega, 2007; Jäger et al. 2007
31 vgl. Ortega, 2007
32 Bündnis gegen Cybermobbing, 2013 (vgl. hierzu die Kritik an der Studie: Steppich, 2013); Katzer, 2014; Arentewicz et al., 2009, Medienpädagogischer Forschungsverbund Südwest, 2010; Jäger et al., 2007
33 Katzer, 2014; Bündnis gegen Cybermobbing, 2013; Jäger et al. 2007
34 Arentewicz et al., 2009; Bündnis gegen Cybermobbing, 2014
35 Wyrwa, 2012
36 Wyrwa, 2012
37 Wyrwa, 2012
38 Bauer, 2011
39 Bauer, 2011
40 Bauer, 2011
41 Wyrwa, 2012
42 Benkert, 2005
43 Dilling et al., 2005
44 Schwickerath, 2004a,b, 2009
45 Bauer, 2011; Benkert, 2005; Schiller et al. 2004
46 vgl. Schauenburg/Zimmer in Senf/Broda, 2005
47 Bämayr, 2001
48 vgl. Fischer/Riedesser, 2009; Schmidt-Traub, 2005
49 Bassler/Leidig in Senf/Broda, 2005; Möller, 2006
50 Dilling et al., 2005
51 Dilling et al., 2005; Fischer/Riedesser, 2009
52 Schnyder in Senf/Broda, 2005

53   Keller, 2004

54   Dilling et al., 2005; Teuschel 2009

55   Teuschel, 2009; Linden et al., 2004

56   Horn, 2004; Teuschel, 2009

57   Kleist, 1967

58   Wyrwa, 2012

59   Kleist, 1967

60   Kleist, 1967

61   Wyrwa, 2012; vgl. Leymann, 1994; Fischer/Riedesser, 2009

62   Wyrwa, 2012

63   Wyrwa, 2012

64   Wyrwa, 2012

65   Wyrwa, 2012

66   Bämayr, 2012

67   BPtK.de

68   Wyrwa, 2012

69   Bämayr, 2012

70   Bämayr, 2012

71   Galtung, 1972, 1975, 1993; Neuberger, 1999; Bämayr, 2012

72   Deutsches Ärzteblatt, 2015

73   Benecke, 2008; Litzcke et al. 2013

74   Benecke, 2008; Litzcke et al. 2013

75   Dormann, 2012

76   Bauer/Krieger, 2014; Antidiskriminierungsstelle, 2006

77   Horváth-Bentz, 2008

78   Bämayr, 2012

79   Schwartz, 1988

80   Schwartz, 1988

81   vgl. Wyrwa, 2016a

82   Kafka, 2004

83   Teuschel/Heuschen, 2013; Scheithauer/Hayer/Petermann, 2003

84   vgl. Teuschel/Heuschen, 2013

85   Hurrelmann, 1994

86   Meschkutat et al., 2002

87   Meschkutat et al., 2002

88   Kronauer, 2010

89   Kronauer, 2010

90   Bämayr, 2012

91   Kronauer, 2010

92   Baumann, 1996, 2005; vgl. Dörner, 2007; Bude/Willisch, 2008

93   Fussek/Schober, 2013

94   Fromm, 1981

95   Wyrwa, 1996, 2012, 2016

96   Bämayr, 2012

97   Siehe dazu: Postman, 1999

98   Bämayr, 2012

99   Institut für Arbeitsmarkt- und Berufsforschung, 2013

100   Roth in Schmidt, 1992; Roth, 1994, 2001; Foerster von, 1985; Wyrwa, 1996

101   Haken/Schiepek, 2010; Heider, 1977; Fitzek/Salber, 1996

102   Grawe, 2004

103   Wyrwa, 1996

104   Haken/Schiepek, 2010

105   Cramer, 1993; Gerok, 1989; Kriz, 1998

106   Haken/Schiepek, 2010; Fitzeck/Salber, 1996

107   Bateson, 1987; Spencer-Brown, 1997; Luhmann, 1987

108   Wyrwa, 1996

109   Haken/Schiepek, 2010

110   Schiepek, 2003, 2007; Simon, 2008; Haken/Schiepek, 2010

111   Haken/Schiepek, 2010

112   vgl.: Krohn/Küppers, 1992; Greve/Schnabel, 2011: Simon, 2008

113   Grawe, 2004; Haken/Schiepek, 2010

114   Siehe: Haken/Schiepek, 2010; Damasio, 2010

115   Wyrwa, 2012

116   Haken/Schiepek, 2010

117   Wyrwa, 1996, 2012, 2016; Kaufmann, 1970

118   Wyrwa, 1996, 2012, 2016

119   Bowlby, 2010

120 Wyrwa, 1996

121 Grawe, 2004

122 Bude, 2008

123 Bude, 2014

124 Wyrwa, 1996

125 Wyrwa, 2016

126 Wyrwa, 2012

127 Wyrwa, 2012

128 Wyrwa, 2012

129 Baberowski/Doering-Manteuffel, 2007

130 Baberowski/Doering-Manteuffel, 2007

131 Baberowski/Doering-Manteuffel, 2007

132 Baberowski/Doering-Manteuffel, 2007

133 Bollnow, 1942; Bastian, 2000; Wehler, 2000

134 Wyrwa, 2016

135 vgl. Buchanan, 2008

136 Haken/Schiepek, 2010

137 Fritzsche; 1999, Gellately, 2002; Goldhagen, 1996

138 Eagleton, 2010; Safranski, 2003; Zimbardo, 2008

139 Burschel et al., 2000

140 Reemtsma in Burschel et al., 2000

141 Oeser, 2015

142 Bollnow, 1942

143 Sofsky, 2009; Haubel, 2001

144 Dreikurs, 1981

145 Wyrwa, 2012

146 Wyrwa, 2011

147 Kast, 1999

148 Wyrwa, 2012

149 Selbsthilfegruppe-mobbing-graz.at/für-gekaufte-supervisoren-
     von-firmen/09.10.2015, 9.50 Uhr

150 Dollard/Miller, 1994

151 siehe: Goleman, 2006

152 Goleman, 2006; Dilling et al; 2005

153 Machiavelli, 1980

154 Goleman, 2006

155 Noll/Scherer, 2011

156 siehe: Buchanan, 2008

157 Kast, 1999

158 vgl. Luhmann, 1987; Haken/Schiepek, 2010; Wyrwa, 2016

159 vgl. Luhmann, 1987; Wyrwa, 2012, 2016

160 Wyrwa, 2012, 2016; vgl. Schimank, 2007

161 Haken/Schiepek, 2010

162 Reese-Schäfer, 1999; Berghaus, 2003

163 Reese-Schäfer, 1999

164 Reese-Schäfer, 1999

165 Sartre, 1980; Foucault, 2005

166 Bollnow, 1995

167 Wyrwa, 2012

168 Botton, 2004

169 Bude, 2014

170 Bude, 2008, 2014

171 Wyrwa, 2012

172 Wyrwa, 2011

173 Guillebaud, 2004

174 Winterhoff-Spurk, 2008; Nölting, 2000

175 Vgl. Haken/Schiepek, 2010; Wyrwa, 2016

176 Crouch, 2013

177 Crouch, 2013a, 2013b, 2015

178 Kurbjuweit, 2003

179 Kurbjuweit, 2003

180 Kurbjuweit, 2003

181 Wyrwa, 2011; vgl. Strasser, 2001

182 Guillebaud, 2004

183 Hazard, 1939

184 Gruen, 2015

185 Reese-Schäfer, 1999

186 BPtK, 2015

187 vgl. Sullivan, 2004; Nyberg, 1994
188 Bude, 2014; Sloterdijk, 2012
189 Mills, 1955
190 Hochschild, 2006
191 Bude, 2014; Winterhoff-Spurk, 2005
192 Hochschild, 2006
193 Heath/Potter, 2011
194 Wyrwa, 2012
195 vgl. Elias, 1977; Foucault, 1994, 2005
196 Richter in Bittermann/Henschel, 1994
197 Broder, 2008
198 Wyrwa, 2006
199 Wyrwa, 2016
200 Deutsches Ärzteblatt, 2015
201 Wyrwa, 2006
202 Wyrwa, 2006
203 Senger, 1996, 2004
204 Wyrwa, 2006
205 Damasio, 1994
206 König et al., 2012
207 Wyrwa, 2006
208 Wyrwa, 2006
209 Wyrwa, 2006
210 Wyrwa, 2006
211 Wyrwa, 2006
212 Wyrwa, 2006
213 Wyrwa, 2006
214 Clavell, 1999
215 Wyrwa, 2006
216 Senger, 1996, 2004
217 Hirigoyen, 2006
218 Wyrwa, 2006
219 Wyrwa, 2006
220 Wyrwa, 2006

221   Wyrwa, 2006
222   Winterhoff-Spurk, 2008
223   Wyrwa, 2006
224   Wyrwa, 2006
225   Wyrwa, 2006
226   Wyrwa, 2006
227   Wyrwa, 2006
228   Wyrwa, 2006
229   Wyrwa, 2006
230   Dilling et al., 2005
231   Niehoff/Bertoncini, 2005

Quellennachweis der Mottozitate

Die Mottozitate stammen aus den im Literaturverzeichnis angegebenen Quellen. Ist kein anderer Autor als Urheber genannt, stammen die Zitate vom Autor selbst.

Wir haben uns bemüht, alle Rechteinhaber ausfindig zu machen, verlagsüblich zu nennen und zu honorieren. Sollte uns dies im Einzelfall aufgrund der Quellenlage bedauerlicherweise einmal nicht möglich gewesen sein, werden wir begründete Ansprüche selbstverständlich erfüllen.

Literaturverzeichnis

Antidiskriminierungsstelle des Bundes (2006): Forschungsprojekt. Diskriminierung im Alltag. Wahrnehmung von Diskriminierung und Antidiskriminierungspolitik in unserer Gesellschaft. Band 4. Nomos. Heidelberg.

Arentewicz, Gerd; Fleisner, Alfred; Struck, Dieter (2009): Mobbing. Psychoterror am Arbeitsplatz, in der Schule und im Internet – Tipps und Hilfsangebote. Ellert & Richter. Hamburg.

Bämayr, Argeo (2001): Mobbing: Hilflose Helfer in Diagnostik und Therapie. Aus: Deutsches Ärzteblatt, Jg. 98. Heft 27. S. 1811–1831.

Bämayr, Argeo (2012): Das Mobbingsyndrom. Diagnostik, Therapie und Begutachtung im Kontext zur in Deutschland ubiquitär praktizierten psychischen Gewalt. Europäischer Universitätsverlag. Berlin.

Baberowski, J.; Doering-Manteuffel, A. (2007): Ordnung durch Terror. Gewaltexzesse und Vernichtung im nationalsozialistischen und im stalinistischen Imperium. 2. Aufl. Dietz. Bonn.

Bastian, Till (2000): Das Jahrhundert des Todes. Zur Psychologie von Gewaltbereitschaft und Massenmord im 20. Jahrhundert. Vandenhoeck & Ruprecht. Göttingen.

Bateson, Gregory (1987): Geist und Natur. Eine notwendige Einheit. Suhrkamp. Frankfurt a. M.

BAUA (Bundesanstalt für Arbeitsschutz und Arbeitsmedizin) (Hrsg.) (2009): Wenn aus Kollegen Feinde werden … Der Ratgeber zum Umgang mit Mobbing. DruckVerlag Kettler. Bönen.

Bauer, Joachim (2006): Prinzip Menschlichkeit. Warum wir von Natur aus kooperieren. Hoffmann und Campe. Hamburg.

Bauer, Joachim (2011): Schmerzgrenze. Vom Ursprung alltäglicher und globaler Gewalt. Blessing. München.

Bauer, Jobst-Hubertus; Krieger, Steffen (2014): Allgemeines Gleichbehandlungsgesetz. 4. Aufl. Beck. München.

Bauman, Zygmunt (1996): Gewalt – modern und postmodern. In: Miller, Max; Soeffner, Hans-Georg (Hrsg.): Modernität und Barbarei. Soziologische Zeitdiagnose am Ende des 20. Jahrhunderts. 2. Aufl. Suhrkamp. Frankfurt a. M. S. 36–67.

Bauman, Zygmunt (2005): Verworfene Leben. Die Ausgegrenzten der Moderne. Bundeszentrale für politische Bildung. Bonn.

Bauman, Zygmunt (2008): Flüchtige Zeiten. Leben in der Ungewissheit. Hamburger Edition. Hamburg.

Benkert, Otto (2005): Stressdepression. Die neue Volkskrankheit und was man dagegen tun kann. Beck. München.

Berghaus, Margot (2003): Luhmann leicht gemacht. 2. Aufl. Böhlau. Köln.

Bitterman, K.; Henschel, G. (Hrsg.) (1994): Das Wörterbuch des Gutmenschen. Zur Kritik der moralisch korrekten Schaumsprache. 3. Aufl. Edition Tiamat. Berlin.

Böll, Heinrich: Interview im Oktober 1974. www.boell.de

Bollnow, Otto-Friedrich (1942): Existenzphilosophie. In: Hartmann, Nicolai (Hrsg.): Systematische Philosophie. Stuttgart u. Berlin. S. 315–430.

Bollnow, Otto-Friedrich (1995): Das Wesen der Stimmungen. 8. Aufl. Vittorio Klostermann. Frankfurt a. M.

Botton, Alain de (2004): Status Angst. Fischer. Frankfurt a. M.

Bowlby, John (2010): Bindung als sichere Basis. Grundlagen und Anwendung der Bindungstheorie. Reinhardt. München.

BPtk (Hrsg.): BPtK-Newsletter. 4/2015. Senser-Druck. Augsburg. S. 7.

Brecht, Bertold (1995): Me-Ti. Buch der Wendungen. In: ders., Werke. Große kommentierte Berliner und Frankfurter Ausgabe, Band 18: Prosa 3. © Bertolt-Brecht-Erben/Suhrkamp Verlag.

Broder, Henryk. M. (2008): Kritik der reinen Toleranz. 3. Aufl. Pantheon. München.

Brodkey, Harold (1994): Profane Freundschaft. Rowohlt. Reinbek bei Hamburg.

Buchanan, Mark (2008): Warum die Reichen reicher werden und Ihr

Nachbar so aussieht wie Sie. Neue Erkenntnisse aus der Sozialphysik. Campus. Frankfurt.

Bündnis gegen Cybermobbing (2013): Cyberlife – Spannungsfeld zwischen Faszination und Gefahr. Karlsruhe.

Bündnis gegen Cybermobbing (2014): Mobbing und Cybermobbing bei Erwachsenen. Eine empirische Bestandsaufnahme in Deutschland. Karlsruhe.

Bude, H.; Willisch, A. (Hrsg.) (2006): Das Problem der Exklusion. Ausgegrenzte. Entbehrliche. Überflüssige. Hamburger Edition. Hamburg.

Bude, Heinz (2008): Die Ausgeschlossenen. Das Ende vom Traum einer gerechten Gesellschaft. Hanser. München.

Bude, Heinz (2014): Gesellschaft der Angst. Hamburger Edition. Hamburg.

Burck, Erich (Hrsg.) (1987): Wege zu Livius. 3. Aufl. wissenschaftliche Buchgesellschaft. Darmstadt.

Burschel, Peter; Distelrath, Götz; Lembke, Sven (2000): Eine historische Anthropologie der Folter. Thesen, Perspektiven, Befunde. In: Burschel, Peter; Distelrath, Götz; Lembke, Sven (Hrsg.) (2000): Das Quälen des Körpers. Eine historische Anthropologie der Folter. Böhlau. Köln. Weimar. Wien.

Chamfort, Nicolas (1987): Ein Wald voller Diebe. Maximen. Charaktere. Anekdoten. Greno. Nördlingen.

Chargaff, Erwin (1988): Kritik der Zukunft. 3. Aufl. Klett-Cotta. Stuttgart.

Clausewitz, C. von (1980): Vom Kriege. Ullstein. Frankfurt a. M.

Clavell, James (1999): Sunzi. Die Kunst des Krieges. Droemer. München.

Cramer, Friedrich (1993): Chaos und Ordnung. Die komplexe Struktur des Lebendigen. Insel. Frankfurt a. M., Leipzig.

Crouch, Colin (2013a): Postdemokratie. 10. Aufl. Suhrkamp. Frankfurt a. M.

Crouch, Colin (2013b): Das befremdliche Überleben des Neoliberalismus. 4. Aufl. Suhrkamp. Frankfurt a. M.

Crouch, Colin (2015): Die bezifferte Welt. Wie die Logik der Finanzmärkte das Wissen bedroht. 2. Aufl. Suhrkamp. Berlin.

Damasio, Antonio, R. (1994): Descartes' Irrtum, Fühlen, Denken und das menschliche Gehirn. List. München.

Damasio, Antonio, R. (2010): Selbst ist der Mensch. Körper. Geist und die Entstehung des menschlichen Bewusstseins. 3. Aufl. Siedler. München.

Deutsches Ärzteblatt für Psychologische Psychotherapeuten und Kinder- und Jugendlichenpsychotherapeuten. Heft 3. März 2014.

Deutsches Ärzteblatt für Psychologische Psychotherapeuten und Kinder- und Jugendlichenpsychotherapeuten. Heft 7. Juli 2015.

Dilling, H.; Mombour, W.; Schmidt, M.H. (Hrsg.) (2005): Internationale Klassifikation psychischer Störungen. 5. durchgesehene und ergänzte. Aufl. Verlag Hans Huber. Bern. Götting. Toronto. Seattle.

Dörner, Klaus (2007): Tödliches Mitleid. Zur Sozialen Frage der Unerträglichkeit des Lebens. Fortgeschriebene Neuauflage. Paranus Verlag. Neumünster.

Dollard, John; Miller, Neal E. (1994): Frustration und Aggression. Beltz. Weinheim.

Dormann, Wilfried (2012): Stolpersteine im arbeitsgerichtlichen Mobbingprozess. In: Wolmerath, Martin; Esser, Axel (Hrsg.): Werkbuch Mobbing. Offensive Methoden gegen psychische Gewalt am Arbeitsplatz. Bund-Verlag. Frankfurt a.M. S. 205–215.

Dreikurs, Rudolf (1981): Grundbegriffe der Individualpsychologie. 4. Aufl. Klett-Cotta. Stuttgart.

Eco, Umberto (1986): Der Name der Rose. 4. Aufl. dtv. München.

Elias, Norbert (1977): Über den Prozeß der Zivilisation. Soziogenetische und psychogenetische Untersuchungen. Zweiter Band: Wandlungen der Gesellschaft. Entwurf zu einer Theorie der Zivilisation. 3. Aufl. Suhrkamp. Baden-Baden.

Elias, Norbert (1978): Über den Prozeß der Zivilisation. Soziogenetische und psychogenetische Untersuchungen. Erster Band: Wandlungen des Verhaltens in den westlichen Oberschichten des Abendlandes. 5. Aufl. Suhrkamp. Baden-Baden.

Escher, M.C. (2000): Die Magie des M.C. Escher. Taschen GmbH. Köln.

Esser, Axel; Wolmerath, Martin (2001): Mobbing. Der Ratgeber für Betroffene und ihre Interessenvertretung. 4. Aufl. Bund-Verlag. Frankfurt a.M.

Esser, Axel; Wolmerath, Martin (2011): Mobbing und psychische Gewalt.

Der Ratgeber für Betroffene und ihre Interessenvertretung. 8., völlig überarb. und aktual. Aufl. Bund-Verlag. Frankfurt a. M.

Fischer, Gottfried; Riedesser, Peter (2009): Lehrbuch der Psychotraumatologie. 4. Aufl. Reinhard. München. Basel.

Fitzeck, Herbert; Salber, Wilhelm (1996): Gestaltpsychologie. Geschichte und Praxis. Wissenschaftliche Buchgesellschaft. Darmstadt.

Foerster, Heinrich von (1985): Sicht und Einsicht. Versuche einer operativen Erkenntnistheorie. Vieweg. Wiesbaden.

Foucault, Michel (1994): Überwachen und Strafen. Die Geburt des Gefängnisses. Suhrkamp. Frankfurt a. M.

Foucault, Michel (2005): Analytik der Macht. Suhrkamp. Frankfurt a. M.

Frisch, Max (1975): Stich-Worte. Suhrkamp. Frankfurt a. M.

Fritzsche, Peter (1999): Wie aus Deutschen Nazis wurden. Pendo. Zürich.

Fromm, Erich (1981): Die Kunst des Liebens. Suhrkamp. Frankfurt a. M.

Fussek, Claus; Schober, Gottlob (2013): Es ist genug. Auch alte Menschen haben Rechte. Droemer/Knaur. München.

Galtung, Johan (1972): Gewalt, Frieden, Friedensforschung. In: Senghaas, D. (Hrsg.): Kritische Friedensforschung. Frankfurt.

Galtung, Johan (1975): Strukturelle Gewalt. Rowohlt. Reinbek bei Hamburg.

Galtung, Johan (1993): Kulturelle Gewalt. In: Landeszentrale für politische Bildung Baden-Württemberg (Hrsg.): Aggression und Gewalt. Kohlhammer. Stuttgart. S. 52-73.

Gellately, Robert (2002): Hingeschaut und weggesehen. Hitler und sein Volk. DVA. Stuttgart. München.

Gerok, Wolfgang (1989): Ordnung und Chaos in der unbelebten und belebten Natur. Wissenschaftliche Verlagsgesellschaft. Stuttgart.

Goldhagen, Daniel J. (1996): Hitlers willige Vollstrecker. Ganz gewöhnliche Deutsche und der Holocaust. Siedler. Berlin

Goleman, Daniel (2006): Soziale Intelligenz. Wer auf andere zugehen kann, hat mehr vom Leben. Droemer. München.

Gourmelon, A.; Knabe-Gourmelon, G. (2002): Die ersten 100 Tage oder Wie Sie es vermeiden ein Mobbingopfer zu werden. In: Psychologie Heute. Heft 5/2002. S. 36–41.

Grawe, Klaus (2004): Neuropsychotherapie. Hogrefe. Göttingen. Bern. Toronto. Seattle. Oxford. Prag.

Greene, Robert (1999): Power. Die 48 Gesetze der Macht. Hanser. Stuttgart.

Greve, Jens; Schnabel, Annette (Hrsg.) (2011): Emergenz. Zur Analyse und Erklärung komplexer Strukturen. Suhrkamp. Berlin.

Gruen, Arno (2015): Dem Leben entfremdet. Warum wir wieder lernen müssen zu empfinden. dtv. München.

Guillebaud, Jean-Claude (2004): Das Prinzip Mensch. Ende einer abendländischen Utopie? Luchterhand. München.

Haken, H.; Schiepek, G. (2010): Synergetik in der Psychologie. Selbstorganisation verstehen und gestalten. 2., korrigierte Aufl. Hogrefe. Göttingen.

Haubel, Rolf (2001): Neidisch sind immer nur die anderen. Über die Unfähigkeit, zufrieden zu sein. C.H. Beck. München.

Hazard, Paul (1939): Die Krise des europäischen Geistes. 5. Aufl. Hoffmann und Campe. Hamburg.

Heath, Joseph; Potter, Andrew (2011): Konsumrebellen. Der Mythos der Gegenkultur. Rogner & Bernhard bei Zweitausendeins. Berlin. Frankfurt a. M.

Heider, Fritz (1977): Psychologie der interpersonalen Beziehungen. Klett-Verlag. Stuttgart.

Heisenberg, Werner (2003): Der Teil und das Ganze. 4. Aufl. Piper. München.

Held, Klaus (1980): Heraklit, Parmenides und der Anfang von Philosophie und Wissenschaft. Eine phänomenologische Besinnung. De Gruyter. Berlin.

Herkner, W. (1981): Einführung in die Sozialpsychologie. Hans Huber. Bern. Stuttgart. Wien.

Herling, Gustav (2000): Welt ohne Erbarmen. Hanser Verlag. München. Wien.

Hessel, Stéphane (2011): Empört euch. 22. Aufl. Ullstein. München.

Hessel, Stéphane; Vanderpoorten, Gilles (2011): Engagiert euch. Ullstein. München.

Hirigoyen, Marie-France (2004): Mobbing. Wenn der Job zur Hölle wird.

Seelische Gewalt am Arbeitsplatz und wie man sich dagegen wehrt. dtv. München.

Hirigoyen, Marie-France (2006): Die Masken der Niedertracht. Seelische Gewalt im Alltag und wie man sich dagegen wehren kann. 6. Aufl. dtv. München.

Hochschild, Arlie, R. (2006): Das gekaufte Herz. Die Kommerzialisierung der Gefühle. Erw. Neuausgabe. Campus. Frankfurt/New York.

Horn, Jürgen (2004): »Da könnte einem Hören und Sehen vergehen...« Mobbing, Hörsturz und chronischer Tinnitus. In: Schwickerath, J.; Carls, W.; Zielke, W.; Hackhausen, W. (Hrsg.): Mobbing am Arbeitsplatz. Grundlagen, Beratungs- und Behandlungskonzepte. Pabst. Lengerich. S. 231–261.

Horváth-Bentz, Eva (2008): Politik gegen Mobbing im europäischen Vergleich. Diplomarbeit. Universität Wien.

Hurrelmann, Klaus (1994): Die alten Kinder. In: Psychologie Heute. Heft 10.

Institut für Arbeitsmarkt- und Berufsforschung (2013): Menschen mit psychischen Störungen SGB 11.

Jackson, Gabriel (1999): Zivilisation und Barbarei. Europa im 20. Jahrhundert. Insel. Frankfurt a. M. und Leipzig.

Jäger, R. S.; et al. (2007): Mobbing bei Schülerinnen und Schülern in der Bundesrepublik Deutschland. Eine empirische Untersuchung auf der Grundlage einer Online-Befragung. Zentrum für empirische pädagogische Forschung. Koblenz-Landau.

Kafka, Franz (2004): Das Werk. Zweitausendeins. Frankfurt a. M.

Kast, Verena (1999): Der Schatten in uns. Die subversive Lebenskraft. Walter. Zürich. Düsseldorf.

Katzer, Catarina (2014): Cybermobbing. Wenn das Internet zur W@ffe wird. Springer-Verlag. Heidelberg.

Kaufmann, Franz-Xaver (1970): Sicherheit als soziologisches und sozialpolitisches Problem. Ferdinand Enke Verlag. Stuttgart.

Keller, Rolf (2004): Besonderheiten bei der Behandlung traumatisierter Mobbingpatienten. In: Schwickerath, J.; Carls, W.; Zielke, W.; Hackhausen, W. (Hrsg.): Mobbing am Arbeitsplatz. Grundlagen, Beratungs- und Behandlungskonzepte. Pabst. Lengerich. S. 262–302.

Kleist, Heinrich von (1967): Heinrich von Kleist. Sämtliche Werke. Winkler-Verlag. München.

Knorz, C.; Zapf, D. (1996): Mobbing – eine extreme Form sozialer Stressoren am Arbeitsplatz. In: Zeitschrift für Arbeits- und Organisationspsychologie. 40. Hogrefe. Göttingen. S. 12–21.

König, Julia; et al. (2012): Posttraumatische Belastungsstörung. Ein Manual zur Cognitive Processing Therapy. Hogrefe. Göttingen.

Kriz, Jürgen (1998): Chaos, Angst und Ordnung. Wie wir unsere Lebenswelt gestalten. Vandenhoeck & Ruprecht. Göttingen.

Krohn, Wolfgang; Küppers, Günter (Hrsg.) (1992): Emergenz. Die Entstehung von Ordnung, Organisation und Bedeutung. Suhrkamp. Berlin.

Kronauer, Martin (2010): Exklusion. Die Gefährdung des Sozialen im hoch entwickelten Kapitalismus. 2., akt. u. erw. Aufl. Campus. Frankfurt a. M./New York.

Kurbjuweit, Dirk (2003): Unser effizientes Leben. Die Diktatur der Ökonomie und ihre Folgen. 2. Aufl. Rowohlt. Reinbek bei Hamburg.

Leymann, Heinz (1994): Mobbing. Psychoterror am Arbeitsplatz und wie man sich dagegen wehren kann. Rororo. Reinbek bei Hamburg.

Leymann, Heinz (Hrsg.) (1995): Der neue Mobbing-Bericht. Erfahrungen und Initiativen, Auswege und Hilfsangebote. Rororo. Reinbek bei Hamburg

Linden, M.; et al. (2004): Die Posttraumatische Verbitterungsstörung (PTED). Abgrenzung einer spezifischen Form der Anpassungsstörungen. In: Nerverarzt. 75. S. 51–57.

Litzcke, S.; Schuh, H.; Pletke, M. (2013): Stress, Mobbing, Burn-out am Arbeitsplatz. 6., vollst. überarb. Aufl. Springer. Berlin. Heidelberg.

Luhmann, Niklas (1987): Soziale Systeme. Grundriß einer allgemeinen Theorie. Suhrkamp. Frankfurt a. M.

Luhmann, Niklas (1988): Macht. 2., durchgeseh. Aufl. Enke. Stuttgart.

Machiavelli, Niccolò (1980): Der Fürst. VMA-Verlag. Wiesbaden.

Matt, Peter von (2008): Die Intrige. Theorie und Praxis der Hinterlist. dtv. München.

Mattheus, Bernd (1995): Georges Bataille. Eine Thanatographie. Band III. Matthes & Seitz. München.

Mazower, Mark (2000): Der dunkle Kontinent. Europa im 20. Jahrhundert. Alexander Fest Verlag. Berlin.

Medienpädagogischer Forschungsverbund Südwest (2010): JIM-Studie. Jugend, Information, (Multi-)Media. Basisuntersuchung zum Medienumgang 12- bis 19-jähriger. Stuttgart.

Meschkutat, B.; Stackelbeck, M.; Langenhoff, G. (2002): Der Mobbing-Report. Repräsentativstudie für die Bundesrepublik Deutschland. 2. Aufl. Schriftenreihe der Bundesanstalt für Arbeitsschutz und Arbeitsmedizin. Dortmund. Berlin. Dresden.

Metz, Markus; Seeßlen, Georg (2012): Bürger erhebt euch! Postdemokratie, Neoliberalismus und ziviler Ungehorsam. Laika-Verlag. Hamburg.

Michalik, Regina (2011): Intrige. Machtspiele – wie sie funktionieren – wie man sie durchschaut – was man dagegen tun kann. Econ. Berlin.

Miller, Max; Soeffner, Hans-Georg (Hrsg.) (1996): Modernität und Barbarei. Soziologische Zeitdiagnose am Ende des 20. Jahrhunderts. 2. Aufl. Suhrkamp. Frankfurt a. M.

Mills, C. Wright (1955): Menschen im Büro: Ein Beitrag zur Soziologie der Angestellten. Köln.

Möller, Hans-Jürgen (Hrsg.) (2006): Therapie psychischer Erkrankungen. 3., vollst. überarb. Aufl. Thieme. Stuttgart.

Mommsen, Hans (2007): Vorwort. In: Baberowski, J.; Doering-Manteuffel, A.: Ordnung durch Terror. Gewaltexzesse und Vernichtung im nationalsozialistischen und im stalinistischen Imperium. 2. Aufl. Dietz. Bonn. S. 7–14.

Müller, Thomas A. (2011): Von Troja bis PSYOPS. Facetten der psychologischen Kriegsführung. ibidem. Stuttgart.

Musashi, Myamoto (1983): Das Buch der fünf Ringe. Knaur. Düsseldorf.

Neidhardt, F. (1986): Gewalt. Soziale Bedeutung und sozialwissenschaftliche Bestimmung des Begriffs. In: Bundeskriminalamt (Hrsg.): Was ist Gewalt? Wiesbaden.

Neuberger, Oswald (1999): Mobbing. Übel mitspielen in Organisationen. Rainer Hampp Verlag. München und Mering.

Niehoff, R.; Bertoncini, V. (2005): Über Hans Jürgen von der Wense. Zweitausendeins. Frankfurt a. M.

Noll, T.; Scherer, P. (2011): Professionelle Trader in einer Gefangenen-dilemma-Situation. MBA These, Universität St. Gallen.

Nölting, Andreas (2000): Die neue Supermacht Börse. Wie die Fondsma-nager unsere Welt verändern. Rowohlt. Reinbek bei Hamburg.

Nyberg, David (1994): Lob der Halbwahrheit. Warum wir so manches verschweigen. Junius. Hamburg.

Oeser, Erhard (2015): Die Angst vor dem Fremden. Die Wurzeln der Xenophobie. Theiss. Darmstadt.

Ortega, R.; Mora-Merchán, J. A.; Jäger, Th. (Hrsg.) (2007): Gewalt, Mob-bing und Bullying in der Schule. Die Rolle der Medien, Kommunen und des Internet. Empirische Pädagogik e.V. Koblenz-Landau.

Pessoa, Fernando (2006): Die Rückkehr der Götter. Ammann. Zürich.

Pinker, Steven (2013): Gewalt. Eine neue Geschichte der Menschheit. Fischer. Frankfurt a. M.

Popper, Karl R. (2003): Die offene Gesellschaft und ihre Feinde. Band I+II. Mohr Siebeck. Tübingen.

Postman, Neal (1999): Die zweite Aufklärung. Vom 18. bis 21. Jahrhun-dert. Berlin-Verlag. Berlin.

Pourroy, Gustav, A. (1986): Das Prinzip Intrige. Über die gesellschaftliche Funktion eines Übels. Edition Interfrom. Zürich.

Reese-Schäfer, Walter (1999): Niklas Luhmann. Zur Einführung. Junius. Hamburg.

Riedl, Rupert (1990): Die Ordnung des Lebendigen. Systembedingungen der Evolution. Piper. München.

Rilke, Rainer Maria (2000): Die Aufzeichnungen des Malte Laurids Brigge. Fischer Verlag. Frankfurt a. M.

Roth, Gerhard (1994): Das Gehirn und seine Wirklichkeit. Suhrkamp. Frankfurt a. M.

Roth, Gerhard (2001): Fühlen, Denken, Handeln. Wie das Gehirn unser Verhalten steuert. Suhrkamp. Frankfurt a. M.

Ruberg, Bernd (2004): Schikane am Arbeitsplatz – Abhilfe nicht in Sicht? Betrachtungen zu Erfolgsbarrieren und Erfolgsbedingungen im ge-richtlichen Rechtsschutz gegen Mobbing. In: Schwickerath, J.; Carls, W.; Zielke, W.; Hackhausen, W. (Hrsg.): Mobbing am Arbeitsplatz.

Grundlagen, Beratungs- und Behandlungskonzepte. Pabst. Lengerich. S. 107–174.

Safranski, Rüdiger (2003): Das Böse oder das Drama der Freiheit. 3. Aufl. Fischer. Frankfurt a. M.

Sartre, Jean-Paul (1980): Kritik der dialektischen Vernunft. Theorie der gesellschaftlichen Praxis. Band 1. Rowohlt. Reinbek bei Hamburg.

Sartre, Jean-Paul (1993): Das Sein und das Nichts. Versuch einer phänomenologischen Ontologie. Rowohlt. Reinbek bei Hamburg.

Saussure, Ferdinand de (1967): Grundfragen der allgemeinen Sprachwissenschaft. Walter de Gruyter. Berlin.

Schäfer, Mechthild; Herpell, Gabriela (2010): Du Opfer. Wenn Kinder Kinder fertigmachen. Der Mobbing-Report. Rowohlt. Reinbek bei Hamburg.

Schiepek, Günther (Hrsg.) (2003): Neurobiologie der Psychotherapie. Stuttgart. Schattauer.

Schiepek, Günther (2007): Die neuronale Selbstorganisation des Selbst. Ein Beitrag zum Verhältnis von neuralen und mentalen Prozessen aus Sicht der Synergetik. In: Fuchs, T.; Vogeley, K.; Heinze, M. (Hrsg.): Subjektivität und Gehirn. Pabst Science Publishers. Lengerich. S. 139–160.

Schiller, A.; Schwickerath, J.; Kneip, V. (2004): Stressoren der beruflichen Tätigkeit als Prädiktoren depressiver Verstimmung von »Mobbingopfern« im Vergleich zu psychosomatischen Patienten. In: Schwickerath, J.; Carls, W.; Zielke, W.; Hackhausen, W. (Hrsg.): Mobbing am Arbeitsplatz. Grundlagen, Beratungs- und Behandlungskonzepte. Pabst. Lengerich. S. 86–106.

Schimank, Uwe (2007): Theorien gesellschaftlicher Differenzierung. 3. Aufl. VS-Verlag. Wiesbaden.

Schmidt, Siegfrid, J. (1992): Kognition und Gesellschaft. Der Diskurs des Radikalen Konstruktivismus. Suhrkamp. Frankfurt a. M.

Schmidt-Traub, Sigrun; Lex, Tina-Patricia (2005): Angst und Depression. Hogrefe. Göttingen. Bern. Wien. Toronto. Seattle. Oxford. Prag.

Schnyder. U.: (2005): Posttraumatische Störungen. In: Senf, W.; Broda, M. (Hrsg.): Praxis der Psychotherapie. Ein integratives Lehrbuch. 3., völlig neu bearbeitete Auflage. Thieme. Stuttgart. New York. S. 493–501

Schwartz, Steven (1988): Wie Pawlow auf den Hund kam ... Die 15 klassischen Experimente der Psychologie. Beltz. Weinheim.

Schwickerath, J.; Carls, W.; Zielke, W.; Hackhausen, W. (Hrsg.) (2004a): Mobbing am Arbeitsplatz. Grundlagen, Beratungs- und Behandlungskonzepte. Pabst. Lengerich.

Schwickerath, J.; Kneip, V. (2004b): Mobbing am Arbeitsplatz – Konzept und Evaluation stationärer Verhaltenstherapie psychosomatischer Reaktionsbildungen bei Mobbing. In: Schwickerath, J.; Carls, W.; Zielke, W.; Hackhausen, W. (Hrsg.): Mobbing am Arbeitsplatz. Grundlagen, Beratungs- und Behandlungskonzepte. Pabst. Lengerich. S. 186–230.

Schwickerath, Josef (2009): Mobbing am Arbeitsplatz. Stationäre Verhaltenstherapie von Patienten mit Mobbingerfahrungen. Pabst. Lengerich.

Senf, Wolfgang; Broda, Michael (2005): Praxis der Psychotherapie. Ein integratives Lehrbuch. 3., völlig neu bearb. Aufl. Thieme. Stuttgart.

Senger, Harro von (1996): Strageme. Anleitung zum Überleben. dtv. München.

Senger, Harro von (2004): Die Kunst der List. Strageme durchschauen und anwenden. 4. Aufl. Beck. München.

Simon, Fritz B. (2001): Tödliche Konflikte. Zur Selbstorganisation privater und öffentlicher Kriege. Carl-Auer-Systeme Verlag. Heidelberg.

Simon, Fritz B. (2008): Einführung in Systemtheorie und Konstruktivismus. 3. Aufl. Carl-Auer-Verlag. Heidelberg.

Sloterdijk, Peter (2005): Im Weltinnenraum des Kapitals. Suhrkamp. Frankfurt a. M.

Sloterdijk, Peter (2012): Zeilen und Tage. Suhrkamp. Frankfurt a. M.

Sofsky, Wolfgang (2005): Traktat über Gewalt. Fischer. Frankfurt a. M.

Sofsky, Wolfgang (2009): Das Buch der Laster. C.H. Beck. München.

Spencer-Brown, George (1997): Laws of Form. Gesetze der Form. Bohmeier. Lübeck.

Steppich, Günther (2013): Neue Studie zu Cybermobbing irreführend. medien-sicher.de/2013/neue-studie-zu-cybermobbing-irreführend (16.05.2013).

Strasser, Johano (2001): Leben oder Überleben. Wider die Zurichtung des Menschen zu einem Element des Marktes. Pendo-Verlag. Zürich

Sullivan, Evelin (2004): Lügen, nichts als Lügen. Reise durch ein vertrautes Land. DVA. München.

Teuschel, Peter (2009): Mobbing. Dynamik – Verlauf – gesundheitliche und soziale Folgen. Schattauer. Stuttgart. New York.

Teuschel, Peter; Heuschen, Klaus Werner (2013): Bullying. Mobbing bei Kindern und Jugendlichen. Schattauer. Stuttgart. New York.

Thau, Martin (1990): Intrigen. Heimtücke und Verschlagenheit im Alltag. Leitfaden der öffentlichen und privaten Hinterlist. Aktuell-Verlag. Stuttgart. München. Landsberg.

Tsunetomo, Yamamoto (2006): Hagakure. Die Weisheiten der Samurai. area. Erfstadt.

Watzlawick, Paul; Beavin, Janet H.; Jackson, Don. D. (1974): Menschliche Kommunikation. Formen. Störungen. Paradoxien. 4., unveränderte Aufl. Hans Huber. Bern. Stuttgart. Wien.

Wehler, Hans-Ulrich (2000): Umbruch und Kontinuität. Essays zum 20. Jahrhundert. Beck. München.

Wilhelm, Richard (1926): Mong Dsi. Jena.

Winterhoff-Spurk, Peter (2008): Unternehmen Babylon. Wie die Globalisierung die Seele gefährdet. Klett-Cotta. Stuttgart.

Winterhoff-Spurk, Peter (2005): Kalte Herzen. Wie das Fernsehen unseren Charakter formt. 2. Aufl. Klett-Cotta. Stuttgart

Wolmerath, Martin, Esser, Axel (Hrsg.): Werkbuch Mobbing. Offensive Methoden gegen psychische Gewalt am Arbeitsplatz. Bund-Verlag. Frankfurt a. M.

Wyrwa, Holger (1996): Pädagogik, Konstruktivismus und kognitive Sicherheit. Zur kognitiven Autonomie in pluralistischen Gesellschaftssystemen. Entwurf einer konstruktivistischen Denkerziehung. Mainz-Verlag. Aachen.

Wyrwa, Holger (1998): Supervision in der Postmoderne. Systemisch-konstruktivistische Selbsterfahrung für SupervisorInnen. In: Neumann-Wirsig, K, H. J.: Supervision in der Postmoderne. ibs. Aachen. S. 13–30.

Wyrwa, Holger (2003): Die Schlaraffenlandkinder. Entmachten Sie die kleinen Tyrannen zu Ihrem eigenen Besten. 3. Aufl. Ullstein. München.

Wyrwa, Holger (2006): Mobbt die Mobber. So setzen Sie sich gekonnt zur Wehr. 4. Aufl. Goldmann. München.

Wyrwa, Holger (2007): Die gesellschaftliche Konstruktion von Kindheit. In: Borg-Laufs, Michael (Hrsg): Lehrbuch der Verhaltenstherapie mit Kindern und Jugendlichen. Band I: Grundlagen. 2., überarb. u. erw. Aufl. dgvt-Verlag. Tübingen. S. 239–255.

Wyrwa, Holger (2007): Mobbing im Kontext Schule. Skizzierung eines systemisch-existentialistischen Therapie- und Beratungsmodells. In: Zeitschrift für systemische Therapie und Beratung. Heft 4. 25. Jahrgang. S. 251–259.

Wyrwa, Holger (2011): Zen und die Indifferenz der Differenz. Reflexionen über das Denken in Zeiten der Irritation. In: Jäpelt, B.; Schildberg, H. (Hrsg): Wi(e)der die Erfahrung. Zum Stand der Kunst systemischer Pädagogik. borgmann publishing. Dortmund. S. 71–78.

Wyrwa, Holger (2012): Konfliktsystem Mobbing. Ein Theorie- und Praxismodell für Therapie und Beratung. Carl-Auer-Verlag. Heidelberg.

Wyrwa, Holger (2016): Pro Mensch – contra Mobbing. Ein systemisches Interventionsprogramm für Schulen. Carl-Auer-Verlag. Heidelberg.

Zapf, Dieter; Warth, Konstantin (1997): Mobbing – Subtile Kriegsführung am Arbeitsplatz. In: Psychologie Heute. 24 Jg. Heft 8. S. 21–29.

Zapf, Dieter (1999): Mobbing in Organisationen. Überblick über den Stand der Forschung. In: Zeitschrift für Arbeits- und Organisationspsychologie. 43. Hogrefe. S. 1–25.

Zapf, Dieter (2000): Mobbing – eine extreme Form sozialer Belastungen in Organisationen. In: Musahl, H-P.; Eisenhauer, T. (Hrsg.): Psychologie der Arbeitssicherheit. Beiträge zur Förderung von Sicherheit und Gesundheit in Arbeitssystemen. Asanger. Heidelberg. S. 142–149.

Zapf, Dieter (2004): Mobbing in Organisationen – Wissenschaftliche und konzeptionelle Grundlagen. In: Schwickerath, J.; Carls, W.; Zielke, W.; Hackhausen, W. (Hrsg.): Mobbing am Arbeitsplatz. Grundlagen, Beratungs- und Behandlungskonzepte. Pabst. Lengerich. S. 11–35.

Zimbardo, Philip (2008): Der Luzifer-Effekt. Die Macht der Umstände und die Psychologie des Bösen. Spektrum Akademischer Verlag. Heidelberg.

Zweig, Stefan (1949): Marie Antoinette. Bildnis eines mittleren Charakters. Suhrkamp. Frankfurt a. M.

Sachregister

Personenregister

Unsere Leseempfehlung

256 Seiten

Mobber mit ihren eigenen Waffen schlagen! Nie wieder Opfer: 20 bewährte Strategien, wie man subtile Angriffe erfolgreich abwehrt. Mobbing – das ist Psychoterror am Arbeitsplatz, der den Betroffenen das Leben zur Hölle macht und sogar ihre Gesundheit angreift. Gegen die üblen Machenschaften der Mobber hilft nur eins: Man muss sie mit ihren eigenen Waffen schlagen. Holger Wyrwa stellt erfolgreiche Gegenmobbing-Strategien anhand realer Fallgeschichten vor und rüstet seine Leser mit dem nötigen Selbstvertrauen aus.

Unsere Leseempfehlung

368 Seiten

Unsere Sehnsucht nach Ruhe, Orientierung und mehr Zeit wächst von Tag zu Tag. Marco von Münchhausen stellt individuelle „Rastplätze" für die Seele vor und gewährt erhellende Einblicke in die Welt des Erlebens. Er hat 15 Möglichkeiten zusammengetragen, wie und wo wir neue Kraft schöpfen, wieder zu uns selbst finden und unseren inneren Seelenraum pflegen können. Das Buch ist so inspirierend geschrieben, dass das Auftanken schon mit dem Lesen der ersten Seite beginnt.

www.goldmann-verlag.de
www.facebook.com/goldmannverlag

Unsere Leseempfehlung

208 Seiten

Gelassenheit ist das Programm der Stunde, wenn es darum geht, mit schwierigen Vorgesetzten oder Mitarbeitern, pubertierenden Kindern, komplizierten Eltern oder anstrengenden Mitmenschen umzugehen. Denn sie hilft, den Überblick zu behalten, gute Entscheidungen zu treffen – und: gesund zu bleiben. Managementtrainerin Sabine Asgodom gibt 12 Schlüssel an die Hand, die den Weg öffnen, um in jeder Situation gelassen zu agieren.